Figures II

Du même auteur

aux mêmes éditions

Figures I
coll. Tel Quel
repris dans la coll. Points

Figures II
coll. Tel Quel
repris dans la coll. Points

Figures III
coll. Poétique

Mimologiques
coll. Poétique

Introduction à l'architexte
coll. Poétique

Palimpsestes
coll. Poétique

Nouveau discours du récit
coll. Poétique

Gérard Genette

Figures II

Éditions du Seuil

EN COUVERTURE

P.-M. de Biasi, *désymbolisation plastique n° 2*,
acrylique sur toile, 1976, format 93 × 73,
Paris (collection particulière).

ISBN 2.02.005323.3
(ISBN 2.02.001947.7-1re publication)

RAISONS DE LA CRITIQUE PURE

Je voudrais indiquer à grands traits quelques-unes des caractéristiques de ce que pourrait être une critique vraiment *actuelle*, c'est-à-dire d'une critique qui répondrait aussi exactement que possible aux besoins et aux ressources de notre entente et de notre usage de la littérature, ici et maintenant [1]. Mais pour bien confirmer que l'actuel n'est pas nécessairement et simplement le nouveau, et parce qu'on ne serait pas (si peu que ce soit) critique sans l'habitude et le goût de parler en feignant de laisser parler les autres (à moins que ce ne soit le contraire), nous prendrons comme texte de ce bref sermon quelques lignes écrites entre 1925 et 1930 par un grand critique de cette époque, qui pourrait lui aussi figurer, à sa manière, mais à plus d'un titre, au nombre de ces *grands prédécesseurs* dont a parlé Georges Poulet. Il s'agit en effet d'Albert Thibaudet, et il va sans dire que le choix de cette référence n'est pas tout à fait dépourvu ici d'intentions éristiques, si l'on songe à l'antithèse exemplaire qui unit le type d'intelligence critique incarné par Thibaudet et celui que représentait à la même époque un Charles du Bos — sans oublier toutefois l'opposition beaucoup plus profonde qui pouvait les séparer ensemble de ce type d'inintelligence critique qui portait, alors, le nom de Julien Benda.

Dans une chronique publiée par Thibaudet dans la *N.R.F.*

1. Communication à la décade de Cerisy-la-Salle sur « Les Chemins actuels de la critique », septembre 1966.

7

du 1er avril 1936 et reprise après sa mort dans les *Réflexions sur la critique*, on peut relever le passage suivant :

« L'autre jour, dans l'*Europe nouvelle*, M. Gabriel Marcel indiquait comme une des principales qualités d'un critique digne de ce nom l'*attention à l'unique*, soit « l'attention à la façon dont le romancier dont il s'occupe a éprouvé la vie et l'a sentie passer ». Il louait M. Charles du Bos d'avoir su poser ce problème en termes précis... Il regrettait qu'un autre critique, tenu pour bergsonien, n'eût pas suffisamment, ou plutôt, eût de moins en moins bien tiré parti de la leçon du bergsonisme en cette matière, et il imputait cette défaillance, cette baisse de température, à un excès d'esprit classificateur. Après tout, c'est possible. Mais s'il n'y a pas de critique littéraire digne de ce nom sans l'attention à l'unique, c'est-à-dire sans le sens des individualités et des différences, est-il bien sûr qu'il en existe une en dehors d'un certain sens social de la République des Lettres, c'est-à-dire d'un sentiment des ressemblances, des affinités, qui est bien obligé de s'exprimer de temps en temps par des classements [1] ? »

Notons d'abord que Thibaudet ne fait ici aucune difficulté pour se reconnaître un « excès d'esprit classificateur », et rapprochons aussitôt cet aveu d'une phrase de Jules Lemaitre sur Brunetière, que Thibaudet citait dans une autre chronique en 1922, et qui s'appliquerait aussi bien à lui-même, à une seule réserve près :

« M. Brunetière est incapable, ce semble, de considérer une œuvre, quelle qu'elle soit, grande ou petite, sinon dans ses rapports avec un groupe d'autres œuvres, dont la relation avec d'autres groupes, à travers le temps et l'espace, lui apparaît immédiatement, et ainsi de suite... *Tandis qu'il lit un livre, il pense, pourrait-on dire, à tous les livres qui ont été écrits depuis le commencement du monde.* Il ne touche à rien qu'il ne le classe, et pour l'éternité [2]. »

---

1. *Réflexions sur la critique*, p. 244.
2. *Ibid.*, p. 136. Souligné par nous.

La réserve porterait évidemment sur ce dernier membre de phrase, car Thibaudet n'était pas, à la différence de Brunetière, de ceux qui pensent travailler pour l'éternité, ou que l'éternité travaille pour eux. Il aurait sans doute volontiers adopté, lui aussi, cette devise de M. Teste — *Transiit classificando* — qui, somme toute, et selon qu'on pose l'accent sur le verbe principal ou sur le gérondif, signifie à la fois « Il a passé (sa vie) en classant », mais aussi « Il a classé en passant ». Et, toute contrepèterie mise à part, il y a dans cette idée qu'une classification puisse valoir autrement que pour l'éternité, qu'une classification puisse passer avec le temps, appartenir au temps qui passe et porter sa marque, il y a dans cette idée, certainement étrangère à Brunetière, mais non pas à Thibaudet, quelque chose qui nous importe aujourd'hui, en littérature et ailleurs. L'histoire aussi *transit classificando*. Mais ne nous éloignons pas trop de nos textes, et laissons-nous plutôt conduire par la référence à Valéry vers une autre page des *Réflexions sur la critique*, qui date de juin 1927. Nous y retrouvons ce défaut d'attention à l'unique, que Gabriel Marcel reprochait à Thibaudet, attribué cette fois, et plus légitimement encore, à celui qui faisait dire à son héros : « L'esprit ne doit pas s'occuper des personnes. *De personis non curandum.* » Voici le texte de Thibaudet :

« J'imagine qu'une critique de philosophe rajeunirait notre intelligence de la littérature en pensant des mondes là où la critique classique pensait des ouvriers d'art qui travaillent comme le démiurge du *Timée* sur des modèles éternels des genres, et où la critique du xixe siècle a pensé des hommes qui vivent en société. Nous possédons d'ailleurs un échantillon non approximatif, mais paradoxalement intégral, de cette critique. C'est le *Léonard* de Valéry. De Léonard, Valéry a ôté délibérément tout ce qui était le Léonard homme, pour ne retenir que ce qui faisait le Léonard monde. L'influence de Valéry sur les poètes est assez visible. J'aperçois déjà une influence de *Monsieur Teste* sur les romanciers. Une influence du *Léonard* sur nos jeunes critiques

9

philosophes ne pourrait-elle être raisonnablement souhaitée ?
En tout cas, ils ne perdront rien à le lire une fois de plus [1]. »

Déclinons poliment l'appellation de *critiques philosophes*, dont on imagine sans difficulté ce qu'aurait pensé Valéry lui-même, et complétons cette citation par une autre, qui sera la dernière et la plus longue, empruntée cette fois à la *Physiologie de la critique*. Thibaudet vient de citer et de commenter une page de *William Shakespeare*, et il ajoute :

« En lisant ces lignes de Hugo et le commentaire qui les suit, on aura pensé peut-être à Paul Valéry. Et en effet l'*Introduction à la Méthode de Léonard de Vinci* est bien conçue de manière analogue à *William Shakespeare*, et elle tend au même but. Seulement le parti est encore plus franc. Valéry prévient son lecteur que son Léonard n'est pas Léonard, mais une certaine idée du génie pour laquelle il a emprunté seulement certains traits à Léonard, sans se borner à ces traits et en les composant avec d'autres. Ici et ailleurs, le souci de Valéry, c'est bien cette algèbre idéale, ce langage non pas commun à plusieurs ordres, mais indifférent à plusieurs ordres, qui pourrait aussi bien se chiffrer en l'un qu'en l'autre, et qui ressemble d'ailleurs à la puissance de suggestion et de variation que prend une poésie réduite à des essences. L'*Introduction à la Méthode de Léonard*, pas plus que d'autres œuvres de Valéry, n'aurait sans doute été écrite, s'il ne lui avait été donné de vivre avec un poète qui, lui aussi, avait joué sa vie sur cette impossible algèbre et cette ineffable mystique. Ce qui était présent à la méditation de Valéry et de Mallarmé l'était aussi à celle de Hugo. La critique pure naît ici des mêmes sources glacées que la poésie pure. *J'entends par critique pure la critique qui porte non sur des êtres, non sur des œuvres, mais sur des essences, et qui ne voit dans la vision des êtres et des œuvres qu'un prétexte à la méditation des essences* [2].

« Ces essences, j'en aperçois trois. Toutes trois ont occupé,

1. *Ibid.*, p. 191.
2. C'est nous qui soulignons.

ont inquiété Hugo, Mallarmé, Valéry, leur ont paru le jeu transcendant de la pensée littéraire : le génie, le genre, le Livre.

« Le génie, c'est à lui que sont consacrés *William Shakespeare* et l'*Introduction*. Il est la plus haute figure de l'individu, le superlatif de l'individuel, et cependant le secret du génie c'est de faire éclater l'individualité, d'être Idée, de représenter, par-delà l'invention, le courant d'invention.

« Ce qui, en littérature, figure, au-dessus même du génie individuel, cette Idée, et sous lui le courant qui le porte, ce sont ces formes de l'élan vital littéraire qu'on appelle les genres. Brunetière a eu raison de voir là le problème capital de la grande critique, dont une théorie des genres doit rester la plus haute ambition. Son tort a été d'en confondre le mouvement avec une évolution calquée sur une évolution naturelle, dont une science mal apprise lui fournissait les éléments arbitraires et sommaires... Mais il est certain que les genres sont, vivent, meurent, se transforment, et les artistes, qui travaillent dans le laboratoire même des genres, le savent encore mieux que les critiques... Mallarmé n'a fait de la poésie que pour préciser l'essence de la poésie, il n'est allé au théâtre que pour chercher cette essence du théâtre, qu'il lui plaisait de voir dans le lustre.

« Enfin le Livre. La critique, l'histoire littéraire ont souvent le tort de mêler en une même série, de jeter en un même ordre ce qui se dit, ce qui se chante, ce qui se lit. La littérature s'accomplit en fonction du Livre, et pourtant il n'y a rien à quoi l'homme des livres [1] pense moins qu'au Livre... On sait jusqu'à quels paradoxes Mallarmé a poussé l'hallucination du Livre [2]. »

Arrêtons ici la citation, et essayons de retrouver le mouvement de pensée qui se dégage de ces quelques textes, et qui peut nous aider à définir une certaine idée de la critique, pour

1. Il s'agit ici du critique.
2. *Physiologie de la critique*, p. 120-124.

laquelle nous retiendrons volontiers, ne serait-ce que pour leur valeur de provocation à l'usage des âmes simples, les termes de *critique pure*, et aussi le patronage de Valéry : Valéry, dont on ne rappellera jamais trop souvent, pour le même effet, qu'il proposait une histoire de la littérature comprise comme une « Histoire de l'esprit en tant qu'il produit ou consomme de la littérature », et qui pourrait se faire « sans que le nom d'un écrivain y fût prononcé ». Remarquons toutefois que Thibaudet, moins absolu que Valéry, ne répudie nullement l'attention à l'unique (qu'il interprète d'ailleurs, de façon très caractéristique, comme le sens des individualités *et des différences*, ce qui est déjà sortir de l'unicité et entrer, par le jeu des comparaisons, dans ce que Blanchot appellera l'*infini littéraire*), mais qu'il y voit simplement, non pas un terme, mais le point de départ d'une recherche qui doit finalement porter, non sur les individualités, mais sur la totalité d'un univers dont il a rêvé souvent de se faire le géographe (le géographe, insistons-y, non l'historien), et qu'il nomme, ici et ailleurs, la République des Lettres. Il y a dans cette appellation quelque chose qui fait époque, et qui connote un peu lourdement, à notre gré, l'aspect « social », et donc trop humain, de ce que l'on appellerait aujourd'hui plus sobrement, d'un mot dont la curieuse modernité ne s'est pas encore dissipée, la Littérature. Retenons surtout ce mouvement caractéristique d'une critique peut-être encore « impure », qu'on pourrait aussi bien dire critique *paradigmatique*, en ce sens que les occurrences, c'est-à-dire les auteurs et les œuvres, y figurent encore, mais seulement à titre de cas ou d'exemples de phénomènes littéraires qui les dépassent et auxquels ils servent pour ainsi dire d'*index*, un peu comme ces poètes éponymes, Hoffmann par exemple, ou Swinburne, à qui Bachelard confie la charge et l'illustration d'un complexe, sans leur laisser ignorer qu'*un complexe n'est jamais très original*. Étudier l'œuvre d'un auteur, disons Thibaudet pour prendre un exemple tout à fait imaginaire, ce serait donc étudier un Thibaudet qui ne serait pas plus Thibaudet que le Léonard de Valéry n'est Léonard, mais une certaine idée du génie pour laquelle on emprunterait certains traits à Thibaudet, sans se borner à ces traits et en les composant avec d'autres. Ce ne serait pas étudier un être, ni même étudier une œuvre, mais, à travers cet être et cette œuvre, ce serait poursuivre une *essence*.

Il nous faut maintenant considérer d'un peu plus près les trois types d'essences dont parle Thibaudet. Le premier porte un nom dont nous avons quelque peu perdu l'usage, en son apparente indiscrétion, mais que nous n'avons su remplacer par aucun autre. Le génie, dit Thibaudet d'une manière un peu énigmatique, c'est à la fois le superlatif de l'individuel et l'éclatement de l'individualité. Si nous voulons trouver le commentaire le plus éclairant de ce paradoxe, c'est peut-être du côté de Maurice Blanchot (et de Jacques Lacan) que nous devrons le chercher, dans cette idée aujourd'hui familière à la littérature, mais dont la critique n'a sans doute pas encore assumé toutes les conséquences, que l'auteur, que l'artisan d'un livre, comme disait encore Valéry, *n'est positivement personne* — ou encore, que l'une des fonctions du langage, et de la littérature comme langage, est de détruire son locuteur et de le désigner comme absent. Ce que Thibaudet nomme le génie, ce pourrait donc être ici cette absence du sujet, cet exercice du langage décentré, privé de centre, dont parle Blanchot à propos de l'expérience de Kafka découvrant « qu'il est entré dans la littérature dès qu'il a pu substituer le *il* au *je*... L'écrivain, ajoute Blanchot, appartient à un langage que personne ne parle, qui ne s'adresse à personne, qui n'a pas de centre, qui ne révèle rien [1] ». La substitution du *il* au *je* n'est évidemment ici qu'un symbole, peut-être trop clair, dont on trouverait une version plus sourde, et apparemment inverse, dans la façon dont Proust renonce au *il* trop bien centré de *Jean Santeuil* pour le *je* décentré, équivoque, de la *Recherche*, le *je* d'un

1. *L'Espace littéraire*, p. 17.

Narrateur qui n'est positivement ni l'auteur ni qui que ce soit d'autre, et qui manifeste assez bien comment Proust a rencontré son *génie* au moment où il trouvait dans son œuvre le lieu de langage où son individualité allait pouvoir éclater et se dissoudre en Idée. Ainsi, pour le critique, parler de Proust ou de Kafka, ce sera peut-être parler du génie de Proust ou de Kafka, non de sa personne. Ce sera parler de ce que Proust lui-même appelle le « moi profond », dont il a dit, plus fortement que quiconque, qu'il ne se montre que dans ses livres, et dont il a montré, plus fortement que quiconque, et dans son livre même, qu'il est un moi sans fond, un moi sans moi, soit à peu près le contraire de ce que l'on a coutume d'appeler un *sujet*. Et, soit dit en passant, cette considération pourrait enlever beaucoup de son intérêt à toute controverse sur le caractère objectif ou subjectif de la critique : le *génie* d'un écrivain n'est à proprement parler pour le critique (pour le lecteur) ni un objet ni un sujet, et le rapport critique, le rapport de lecture pourrait assez bien figurer ce qui précisément, dans la littérature, dissipe et congédie cette opposition trop simple.

La seconde *essence* dont nous parle Thibaudet, en des termes peut-être mal choisis, ce sont ces *genres* en quoi il voit des « formes de l'élan vital littéraire », formule assez aventureuse où son propre bergsonisme vient relayer le pseudo-darwinisme de Brunetière, et qu'il vaudrait sans doute mieux appeler, en dehors de toute référence vitaliste, les structures fondamentales du discours littéraire. La notion de genre est aujourd'hui plutôt mal reçue, peut-être à cause, précisément, de cet organicisme grossier dont elle a été entachée à la fin du siècle dernier, et sans doute aussi et surtout parce que nous vivons un âge littéraire qui est celui de la dissolution des genres et de l'avènement de la littérature comme abolition des frontières intérieures de l'écrit. S'il est vrai, comme on l'a déjà dit, que la critique a pour une de ses tâches de reverser sur la littérature du passé l'expérience littéraire du présent et de lire les anciens à la lumière des modernes, il peut paraître singulier et même saugrenu, à une époque dominée par des noms tels que ceux de Lautréamont, de Proust, de Joyce, de Musil, de Bataille, de s'attacher à ressusciter, fût-ce en les renouvelant, les catégories d'Aristote et de Boileau. Il reste cependant que quelque chose nous parle et nous requiert lorsque Thibaudet nous rappelle que Mallarmé n'a fait de la poésie que pour préciser l'essence de la poésie, qu'il n'est allé au théâtre que pour chercher l'essence du théâtre. Il n'est peut-être pas vrai, ou plus vrai, que les genres vivent, meurent et se transforment, mais il reste vrai que le discours littéraire se produit et se développe selon des structures qu'il ne peut même transgresser que parce qu'il les trouve, encore aujourd'hui, dans le champ de son langage et de son écriture. Pour ne retenir ici qu'un exemple particulièrement clair, Émile Benveniste a bien montré, dans un ou deux chapitres [1] de ses *Problèmes de linguistique générale*, la façon dont s'opposent, dans les structures mêmes de la langue, au moins de la langue française, par l'emploi réservé de certaines formes verbales, de certains pronoms, de certains adverbes, etc., les systèmes du *récit* et du *discours*. De ces analyses, et de celles qu'on peut mener à partir d'elles et dans leur prolongement, il se dégage à tout le moins que le récit représente, même sous ses formes les plus élémentaires, et même du point de vue purement grammatical, un emploi très particulier du langage, soit à peu près ce que Valéry nommait, à propos de la poésie, un *langage dans le langage*, et toute étude des grandes formes narratives (épopée, roman, etc.) devrait au moins tenir compte de cette donnée, comme toute étude des grandes créations poétiques devrait commencer par considérer ce que l'on a appelé récemment la *structure du langage poétique*. Il en irait de même, cela va de soi, pour toutes les autres formes de l'expression littéraire, et par exemple il peut sembler étrange que l'on n'ait jamais

---

1. XIX « Les relations de temps dans le verbe français » et XXI « De la subjectivité dans le langage ».

songé (du moins à ma connaissance) à étudier pour lui-même, dans le système de ses ressources et de ses contraintes spécifiques, un type de discours aussi fondamental que la description. Ce genre d'études, qui est encore à peine en voie de constitution, et d'ailleurs en marge des cadres officiels de l'enseignement littéraire, il est vrai qu'on pourrait le baptiser d'un nom fort ancien et plutôt décrié : c'est la rhétorique, et pour ma part je ne verrais aucun inconvénient à admettre que la critique telle que nous la concevons serait, partiellement du moins, quelque chose comme une nouvelle rhétorique. Ajoutons seulement (et la référence à Benveniste était un peu ici pour le laisser entendre) que cette nouvelle rhétorique entrerait tout naturellement, comme l'avait d'ailleurs prévu Valéry, dans la mouvance de la linguistique, qui est sans doute la seule discipline scientifique ayant actuellement son mot à dire sur la littérature *comme telle*, ou, pour reprendre une fois de plus le mot de Jakobson, sur la *littérarité* de la littérature.

La troisième essence nommée par Thibaudet, la plus haute, bien sûr, et la plus large, c'est le Livre. Ici, nul besoin de transposer, et la référence à Mallarmé nous dispenserait aisément de tout commentaire. Mais il faut savoir gré à Thibaudet de nous rappeler aussi fortement que *la littérature s'accomplit en fonction du Livre*, et que la critique a tort de penser si peu au Livre et de mêler en une même série « ce qui se dit, ce qui se chante, ce qui se lit ». Que la littérature ne soit pas seulement du langage, mais, à la fois plus précisément et plus largement, de l'*écriture*, et que le monde soit pour elle, devant elle, en elle, ainsi que le disait si justement Claudel, non pas comme un spectacle, mais comme un *texte* à déchiffrer et à transcrire, voilà une de ces vérités auxquelles la critique ne s'est peut-être, aujourd'hui encore, pas assez rendue, et dont la méditation mallarméenne sur le Livre doit nous enseigner l'importance. Contre une tradition très ancienne, presque originaire (puisqu'elle remonte à Platon) de notre culture, qui faisait de l'écriture un simple auxiliaire de la mémoire, un simple instrument de notation et de conservation du langage, ou plus précisément de la parole — parole vive, jugée irremplaçable comme présence immédiate du locuteur à son discours —, on est aujourd'hui en train de découvrir ou de mieux comprendre, grâce en particulier aux études de Jacques Derrida sur la *grammatologie*, ce qu'impliquaient déjà les plus pénétrantes intuitions de la linguistique saussurienne, que le langage, ou plus précisément la langue, est elle-même d'abord une *écriture*, c'est-à-dire un jeu fondé sur la différence pure et l'espacement, où c'est la relation vide qui signifie, non le terme plein. « Système de relations spatiales infiniment complexes, dit Blanchot, dont ni l'espace géométrique ordinaire ni l'espace de la vie pratique ne nous permettent de saisir l'originalité [1]. » Que le temps de la parole soit toujours déjà situé et en quelque sorte préformé dans l'espace de la langue, et que les signes de l'écriture (au sens banal) soient d'une certaine façon, dans leur disposition, mieux accordés à la structure de cet espace que les sons de la parole dans leur succession temporelle, cela n'est pas indifférent à l'idée que nous pouvons nous faire de la littérature. Blanchot dit bien que le *Coup de dés* voulait être cet espace « devenu poème ». Tout livre, toute page est à sa façon le poème de l'espace du langage, qui se joue et s'accomplit sous le regard de la lecture. La critique n'a peut-être rien fait, ne peut rien faire tant qu'elle n'a pas décidé — avec tout ce que cette décision implique — de considérer toute œuvre ou toute partie d'œuvre littéraire d'abord comme un *texte*, c'est-à-dire comme un tissu de figures où le temps (ou, comme on dit, la vie) de l'écrivain écrivant et celui (celle) du lecteur lisant se nouent ensemble et se retordent dans le milieu paradoxal de la page et du volume. Ce qui entraîne à tout le moins, comme l'a dit très précisément Philippe Sollers, que « la question essentielle n'est plus aujourd'hui celle de l'*écrivain* et de l'*œuvre*, mais celle de l'*écri-*

1. *Le Livre à venir*, p. 286.

ture et de la *lecture*, et qu'il nous faut par conséquent définir un nouvel espace où ces deux phénomènes pourraient être compris comme réciproques et simultanés, un espace courbe, un milieu d'échanges et de réversibilité où nous serions enfin du même côté que notre langage... L'écriture est liée à un espace où le temps aurait en quelque sorte *tourné*, où il ne serait plus que ce mouvement circulaire et opératoire [1] ». Le *texte*, c'est cet anneau de Möbius où la face interne et la face externe, face signifiante et face signifiée, face d'écriture et face de lecture, tournent et s'échangent sans trêve, où l'écriture ne cesse de se lire, où la lecture ne cesse de s'écrire et de s'inscrire. Le critique aussi doit entrer dans le jeu de cet étrange circuit réversible, et devenir ainsi, comme le dit Proust, et comme tout vrai lecteur, « le propre lecteur de soi-même ». Qui lui en ferait reproche montrerait simplement par là qu'il n'a jamais su ce que c'est que *lire*.

Il y aurait certes beaucoup plus à dire sur les trois thèmes que Thibaudet propose à la méditation de la « critique pure », mais il faut nous en tenir ici à ce bref commentaire. Il est évident d'ailleurs que ces trois essences ne sont pas les seules qui puissent et qui doivent arrêter la réflexion critique. Il semble plutôt que Thibaudet nous indique ici des sortes de cadres ou de catégories *a priori* de l'espace littéraire, et que la tâche de la critique pure serait, à l'intérieur de ces cadres, de s'attacher aussi à des essences plus particulières, quoique transcendantes à l'individualité des œuvres. Ces essences particulières, je proposerais de les nommer simplement des *formes* — à condition de prendre le mot « forme », ici, dans un sens un peu spécial, qui serait à peu près celui que lui donne en linguistique l'école de Copenhague. On sait en effet que Hjelmslev opposait la forme, non pas, comme le fait la tradition scolaire, au « fond », c'est-à-dire au *contenu*, mais à la *substance*, c'est-à-dire à la masse inerte,

---

1. « Le roman et l'expérience des limites », conférence *Tel Quel* du 8 décembre 1965, in *Logiques*, p. 237-238.

soit de la réalité extra-linguistique (substance du contenu), soit des moyens, phoniques ou autres, utilisés par le langage (substance de l'expression). Ce qui constitue la langue comme système de signes, c'est la façon dont le contenu et l'expression se découpent et se structurent dans leur rapport d'articulation réciproque, déterminant l'apparition conjointe d'une *forme du contenu* et d'une *forme de l'expression*. L'avantage de cette nouvelle répartition, pour ce qui nous concerne ici, c'est qu'elle évacue l'opposition vulgaire entre forme et contenu, comprise comme opposition entre les mots et les choses, entre « le langage » et « la vie », et qu'elle insiste au contraire sur l'implication mutuelle du signifiant et du signifié, qui commande l'existence du signe. Si l'opposition pertinente n'est pas entre forme et contenu, mais entre forme et substance, le « formalisme » ne consistera pas à privilégier les formes aux dépens du sens — ce qui ne veut rien dire — mais à considérer le sens lui-même comme une forme imprimée dans la continuité du réel, selon un découpage d'ensemble qui est le système de la langue : le langage ne peut « exprimer » le réel qu'en l'*articulant*, et cette articulation est un système de formes, aussi bien sur le plan signifié que sur le plan signifiant.

Or, ce qui vaut pour le fait linguistique élémentaire peut valoir à un autre niveau, *mutatis mutandis*, pour ce fait « supra-linguistique » (selon l'expression appliquée par Benveniste au langage onirique) que constitue la littérature : entre la masse littérairement amorphe du réel et la masse, littérairement amorphe elle aussi, des moyens d'expression, chaque « essence » littéraire interpose un système d'articulation qui est, inextricablement, une forme d'expérience et une forme d'expression. Ces sortes de nœuds formels pourraient constituer l'objet par excellence d'un type de critique que l'on nommera, indifféremment, formaliste ou thématique — si l'on veut bien donner à la notion de *thème* une ouverture sur le plan du signifiant symétrique de celle qu'on vient de donner à la notion de forme sur le plan du signifié. Car un formalisme tel que nous l'envisageons ici ne s'oppose pas à une critique du sens (il n'y a de critique que du sens), mais à une critique qui confondrait sens et substance, et qui négligerait le rôle de la forme dans le *travail du sens*. Notons d'ailleurs qu'il s'opposerait tout autant (comme l'ont fait justement certains formalistes russes) à une critique qui ramènerait l'expression à sa seule substance, phonique, graphique ou autre. Ce qu'il recherche de préférence, ce sont ces thèmes-formes, ces structures à deux faces où s'articulent ensemble les partis pris de langage et les partis pris d'existence dont la liaison compose ce que la tradition appelle, d'un terme heureusement équivoque, un *style*. C'est ainsi, pour prendre un exemple dans ma propre expérience critique (ce qui m'évitera au moins de compromettre autrui dans une tentative théorique à l'issue incertaine), que j'ai cru jadis trouver dans le baroque français, tel que nous l'ont révélé Marcel Raymond et Jean Rousset, quelque prédilection pour une situation qui peut sembler caractéristique à la fois de sa « vision du monde » et, disons, de sa rhétorique. Cette situation, c'est le *vertige*, et plus précisément ce vertige de la *symétrie*, dialectique immobile du même et de l'autre, de la différence et de l'identité, qui se marque aussi bien, par exemple, dans une certaine façon d'organiser le monde autour de ce que Bachelard appellera la « réversibilité des grands spectacles de l'eau », et dans le recours à une figure de style consistant à réconcilier deux termes réputés antithétiques dans une alliance de mots paradoxale : *oiseaux de l'onde*, *poissons du ciel*. Le fait de style est ici, bien évidemment, pour recourir au vocabulaire proustien, tout à la fois de l'ordre de la *technique* et de la *vision* : ce n'est ni un pur « sentiment » (qui « s'exprimerait » du mieux qu'il pourrait), ni une simple « façon de parler » (qui n'exprimerait rien) : c'est précisément une *forme*, une manière qu'a le langage de diviser et d'ordonner à la fois les mots et les choses. Et, bien entendu, cette forme n'est pas le privilège exclusif du baroque, même si l'on peut constater qu'il en a fait un usage particulièrement immodéré; on peut aussi bien la chercher ailleurs, et il est sans doute permis de s'intéresser davantage à cette « essence » qu'aux diverses occurrences à travers lesquelles il lui est arrivé de se manifester. Pour éclairer encore ce propos par un second exemple aussi personnel, et donc aussi peu exemplaire, je dirai que la forme du *palimpseste*, ou de la surimpression, m'est apparue comme une caractéristique commune de l'écriture de Proust (c'est la fameuse « métaphore »), de la structure de son œuvre, et de sa vision des choses et des êtres, et qu'elle n'a sollicité en moi, si je puis me permettre cette expression, le *désir critique*, que parce qu'elle organisait chez lui, d'un seul et même geste, l'espace du monde et l'espace du langage.

Pour finir, et sans nous écarter trop sensiblement de notre guide d'un jour, disons un mot d'une question que Thibaudet a soulevée lui-même en mainte page de ses réflexions critiques, et qui n'a guère cessé depuis lors d'alimenter la discussion. Cette question est celle des rapports entre l'activité critique et la littérature, ou, si l'on veut, de savoir si le critique est ou n'est pas un écrivain.

Notons d'abord que Thibaudet est le premier à avoir fait sa juste place dans le paysage critique à ce qu'il appelait la critique des Maîtres. Il s'agit évidemment de l'œuvre critique de ceux que l'on considère ordinairement comme des créateurs, et il suffit d'évoquer les noms de Diderot, de Baudelaire, de Proust, pour savoir que le meilleur de la critique, peut-être depuis qu'elle existe, se trouve là.

Mais on sait bien aussi que cet aspect critique de l'activité littéraire n'a cessé de croître depuis un siècle, et que les frontières entre l'œuvre critique et l'œuvre non-critique tendent de plus en plus à s'effacer, comme l'indiquent suffisamment à eux seuls les noms de Borges ou de Blanchot. Et l'on pourrait assez bien définir, sans ironie, la critique moderne comme une critique de créateurs sans création, ou dont la création serait en quelque sorte ce vide central, ce désœuvrement profond dont leur œuvre critique dessinerait comme la forme en creux. Et à ce titre, l'œuvre critique pourrait bien apparaître comme un type de création très caractéristique de notre temps. Mais à vrai dire, cette question n'est peut-être pas très pertinente, car la notion de création est bien l'une des plus confuses qu'ait enfantée notre tradition critique. La distinction significative n'est pas entre une littérature critique et une littérature « créatrice », mais entre deux fonctions de l'écriture qui s'opposent aussi bien à l'intérieur d'un même « genre » littéraire. Ce qui définit pour nous l'écrivain — par opposition au scripteur ordinaire, celui que Barthes a nommé l'*écrivant* —, c'est que l'écriture n'est pas pour lui un moyen d'expression, un véhicule, un instrument, mais le lieu même de sa pensée. Comme on l'a déjà dit bien souvent, l'écrivain est celui qui ne sait et ne peut penser que dans le silence et le secret de l'écriture, celui qui sait et éprouve à chaque instant que lorsqu'il écrit, ce n'est pas lui qui pense son langage, mais son langage qui le pense, et pense hors de lui. En ce sens, il nous paraît évident que le critique ne peut se dire pleinement critique s'il n'est pas entré lui aussi dans ce qu'il faut bien appeler le vertige, ou si l'on préfère, le jeu, captivant et mortel, de l'écriture. Comme l'écrivain — comme écrivain — le critique ne se connaît que deux tâches, qui n'en font qu'une : écrire, se taire.

RHÉTORIQUE ET ENSEIGNEMENT

On trouve dans la *Correspondance* de Flaubert [1] cette devi-
nette qui a dû amuser, au XVIIIe et au XIXe siècle, plusieurs
générations de collégiens, et qui n'aurait aujourd'hui aucune
chance d'être comprise dans aucune classe : « Quel est le
personnage de Molière qui ressemble à une figure de rhétorique ? — C'est Alceste, parce qu'il est mis en trope. »
Quel bachelier sait aujourd'hui ce qu'est un trope ?

Cette distance qui sépare l'enseignement littéraire actuel
de ce qu'était l'enseignement rhétorique voici seulement un
siècle, on se propose ici de la mesurer d'une manière plus
précise, et de s'interroger sur sa signification. A vrai dire, notre
culture s'intéresse médiocrement à l'histoire des méthodes
et des contenus de l'enseignement. Il suffit de considérer
la façon naïve dont l'opinion se passionne autour de chaque
projet de réforme pour constater qu'il s'agit toujours, dans
la conscience publique, de *la* réforme de *l'*enseignement,
comme s'il s'agissait de « réformer » une fois pour toutes
un enseignement vieux comme le monde mais entaché de
quelques « défauts » qu'il suffirait de corriger pour lui donner
la perfection intemporelle et définitive qui lui revient de
droit : comme s'il n'était pas de la nature et de la norme de
l'enseignement d'être en réforme perpétuelle. L'idée commune implicite est que l'enseignement est une pratique qui
va de soi, un pur organe de transmission du savoir, dépourvu
de signification idéologique, dont il n'y a rien de plus à dire

1. Lettre du 31 décembre 1841, *Corr.*, I, p. 90.

23

qu'il n'y a à voir dans une vitre parfaitement transparente. Ce tabou de silence n'est pas sans analogie avec celui qui pèse sur le langage, considéré lui aussi comme un véhicule neutre, passif, sans influence sur les « idées » qu'il transmet : préjugé naturaliste que Staline exprimait fidèlement en décrétant : « la langue n'est pas une institution ». Ici, de même, c'est l'institutionnalité, c'est-à-dire l'*historicité* de l'enseignement que notre culture ne sait pas ou ne veut pas percevoir.

Or il est bien évident, au contraire, que l'enseignement est une réalité historique qui n'a jamais été ni transparente ni passive : les structures du savoir et celles de l'enseignement ne coïncident jamais parfaitement, une société n'enseigne jamais tout ce qu'elle sait, et inversement elle continue souvent d'enseigner des connaissances périmées, déjà sorties du champ vivant de la science; l'enseignement constitue donc un choix significatif, et à ce titre il intéresse l'historien. D'autre part, les méthodes et les contenus de l'enseignement participent — éminemment — de ce que Lucien Febvre appelait l'*outillage mental* d'une époque, et par là encore ils sont objet d'histoire.

Le destin de la rhétorique nous offre d'ailleurs un exemple caractéristique de cette relative autonomie par rapport au savoir, qui fonde l'historicité de l'enseignement. Dans la conscience littéraire générale, l'esprit de la rhétorique traditionnelle est mort, on le sait bien, dès le début du XIXᵉ siècle, avec l'avènement du romantisme et la naissance — conjointe — d'une conception historique de la littérature; mais ce n'est qu'un siècle plus tard (en 1902) que l'enseignement secondaire prendra acte de cette révolution en débaptisant la classe de Rhétorique. Hugo déclare la guerre à la rhétorique, mais Rimbaud apprend encore l'art de la *mise en tropes* et des vers latins.

Aujourd'hui, donc, et très officiellement, la rhétorique a disparu de notre enseignement littéraire. Mais un code d'expression (et un instrument intellectuel) d'une telle envergure ne s'évanouit pas sans laisser des traces ou sans trouver de successeur : sa mort ne peut être, en réalité, qu'une relève, ou une mutation, ou les deux à la fois. Il faut donc plutôt se demander *ce qu'est devenue* la rhétorique, ou *par quoi elle a été remplacée* dans notre enseignement. Une comparaison sommaire entre la situation actuelle et celle qui régnait au siècle dernier nous permettra peut-être, sinon de répondre à cette question, du moins d'en préciser les termes.

Le premier trait caractéristique de l'enseignement littéraire au xixe siècle, et le plus manifeste, c'est qu'il s'agit d'une *rhétorique explicite et déclarée,* comme l'indique le nom même de la dernière année d'études proprement littéraires. Mais on aurait tort de croire que l'enseignement rhétorique se limite à cette dernière classe. Voici ce qu'écrit Émile de Girardin à propos de la Seconde : « On commence, dans cette classe, à préparer les élèves à la rhétorique en leur faisant connaître les figures et en les exerçant à composer des narrations en latin et en français [1]. » Le manuel de Fontanier, qui est un traité des figures, comprend deux volumes dont le premier *(Manuel classique pour l'étude des tropes)* s'adresse aux élèves de Seconde, réservant à la classe suivante un autre volume consacré aux *Figures du discours autres que tropes.* On peut donc considérer ces deux années comme une vaste session de rhétorique qui vient couronner et justifier l'ensemble des lectures et des exercices de l'enseignement secondaire depuis la Sixième. Tout le cours des études classiques tendait à cet achèvement rhétorique.

Le second trait — le plus important, sans doute — consiste en une coïncidence presque totale du descriptif et du normatif : l'étude de la littérature se prolonge tout naturellement en un apprentissage de l'art d'écrire. Le manuel de Noël

1. Émile de Girardin, *De l'Instruction publique,* 1838, p. 81.

et Delaplace, utilisé du temps de Flaubert au lycée de Rouen [1], s'intitule *Leçons françaises de littérature et de morale, ou Recueil en prose et en vers des plus beaux morceaux de notre Littérature des deux derniers siècles, avec les préceptes du genre et des modèles d'exercices*, et un autre manuel, la *Nouvelle Rhétorique* de Le Clerc, énumère ainsi les genres littéraires auxquels il se propose d'initier les élèves : « fables, narrations, discours mêlés de récits, lettres, portraits, parallèles, dialogues, développements d'un mot célèbre ou d'une vérité morale, requêtes, rapports, analyses critiques, éloges, plaidoyers ». Les grands textes de la littérature grecque, latine et française n'étaient donc pas seulement des objets d'étude, mais aussi, et de la manière la plus directe, des *modèles à imiter*. Et l'on sait bien que jusqu'à la fin du siècle (1880) les épreuves littéraires aux compositions, aux examens, au Concours général, furent des poèmes et des discours latins — c'est-à-dire, non des commentaires, mais des imitations : des exercices pratiques de littérature. Ce statut ambigu de l'enseignement classique permettait donc, chez les plus doués, un passage insensible des derniers exercices scolaires aux premières œuvres : c'est ainsi que les *Œuvres de jeunesse* de Flaubert comprennent six « narrations » (cinq contes ou nouvelles historiques et un portrait de Byron) qui sont des devoirs composés en Quatrième (1835-1836). Pour un adolescent de cette époque, « se lancer dans la littérature » n'était donc pas, comme aujourd'hui, une aventure et une rupture : c'était le prolongement — on dirait volontiers l'aboutissement normal d'un cycle d'études bien conduites, comme le montre l'exemple de Hugo, couronné à quinze ans par l'Académie, et chez qui l'*enfant sublime* ne fait qu'un avec le bon élève.

Le troisième trait de cette rhétorique scolaire est l'accent qu'elle porte sur le travail du style. Si l'on se réfère aux trois

---

1. Cette indication et les suivantes, concernant les années d'études de Flaubert, sont empruntées au livre de Jean Bruneau, *Les Débuts littéraires de Flaubert*, Colin, 1962.

parties traditionnelles de la rhétorique (l'*inventio*, ou recherche des idées et des arguments, la *dispositio*, ou composition, l'*elocutio*, ou choix et arrangement des mots), on dira qu'il s'agit là, pour l'essentiel, d'une rhétorique de l'*elocutio*. Cette caractéristique est d'ailleurs conforme aux tendances propres à la rhétorique française classique telle qu'elle s'était développée aux XVIIᵉ et XVIIIᵉ siècles, avec une préférence de plus en plus marquée pour la théorie des figures et des procédés poétiques. Le grand classique de la rhétorique française est un traité des tropes, celui de Dumarsais (1730), et l'on a déjà vu que le manuel le plus célèbre, et sans doute le plus répandu au début du XIXᵉ siècle est celui de Fontanier, qui ne traite que des figures. Même ceux des auteurs qui continuent de faire leur part théorique à l'*inventio* et à la *dispositio* « concentrent en fait, comme le remarque Jean Bruneau[1], tout leur effort sur l'élocution ». C'est ce que montre à l'évidence l'exercice du « développement », par lequel on initie les jeunes élèves à l'art de la narration : le professeur (ou le manuel) propose un « argument » qui fournit toute la matière du récit, et l'élève est chargé d'étoffer et d'orner cet argument en recourant à l'arsenal des figures de mots, de style et de pensée. La proportion de l'argument au développement est généralement de 1 à 3 ou de 1 à 4 : juste ce qu'il faut pour *traduire* l'argument en style orné. Jean Bruneau est bien fondé à conclure que « le travail de l'élève se trouve pratiquement réduit à un exercice de style »[2]. Cette prédominance de l'*elocutio* n'est pas indifférente : l'accent mis sur le style ne peut que renforcer le caractère *littéraire* (esthétique) de cette formation. L'élève de rhétorique apprenait à *écrire*, au sens fort du verbe, qui est intransitif.

1. *Ibid.*, p. 57.
2. *Ibid.*, p. 58.

Si l'on compare à ce tableau celui de notre enseignement littéraire actuel, on observera facilement une triple mutation dans le statut de la rhétorique.

Dans son *statut idéologique*, tout d'abord : alors que la rhétorique ancienne était déclarée, la nôtre est purement implicite. Le terme même de rhétorique a disparu du vocabulaire officiel, et il a pris ·dans l'usage une connotation nettement péjorative, comme synonyme de bavardage creux et ampoulé quand il s'agit de rhétorique en acte, ou de système rigide de règles pédantesques quand il s'agit de théorie du discours. Il n'existe plus de manuels de rhétorique à l'usage des classes. On édite encore des « manuels de composition française », mais ce ne sont pour la plupart que des recueils de corrigés classés par sujets, le plus souvent dans l'ordre chronologique, ce qui souligne, même quand ces corrigés sont donnés pour des modèles, la prédominance du contenu sur la technique : ce sont en réalité des cours d'histoire (ou, plus rarement, de théorie) littéraire sous forme de séries de dissertations, et non pas des manuels enseignant l'art de la dissertation littéraire. C'est que toutes les considérations techniques sont renvoyées à l'enseignement oral du professeur, sous la forme purement pragmatique de conseils et d'appréciations critiques à l'occasion des comptes rendus de devoirs. Il est caractéristique que le seul exposé un peu développé et motivé de l'art de la dissertation se trouve aujourd'hui dans l'Introduction d'un manuel — d'ailleurs destiné aux élèves de khagne et de propédeutique — qui constitue une sorte de synthèse de ce qu'est aujourd'hui (au plus haut niveau) la *tradition orale* de notre rhétorique scolaire [1].

La seconde mutation concerne le *statut sémiologique* : elle consiste en une séparation absolue entre le descriptif et le normatif — entre le discours sur la littérature et l'apprentissage littéraire. La coïncidence que nous constatons plus haut

1. Chassang et Senninger, *La Dissertation littéraire générale*, Hachette, 1957.

dans l'enseignement du siècle dernier ne s'est maintenue que dans l'enseignement primaire et dans les classes du premier cycle, dites classes de « grammaire » : ici, la lecture des textes et l'apprentissage de la « rédaction » (narration, description, dialogue) vont encore de pair, et l'on apprend à écrire en étudiant et en imitant les auteurs. Mais l'entrée dans le « second cycle » — les classes de *Lettres* proprement dites — marque une rupture totale : l'art d'écrire est alors considéré comme acquis dans ses mécanismes fondamentaux, et il cesse d'être l'objet principal de l'enseignement littéraire. Et surtout, il cesse d'être homogène, ou isotope, à la littérature : les élèves continuent d'étudier La Fontaine ou La Bruyère, mais ils n'ont plus l'occasion de les imiter, puisqu'on ne leur demande plus d'écrire des fables ou des portraits, mais des dissertations portant *sur* la fable ou le portrait, lesquelles ne doivent pas être écrites dans la forme de leur objet. Cette scission entre l'étude descriptive et l'apprentissage pratique entraîne une redistribution générale du champ des études littéraires, et une modification décisive du statut de la rhétorique.

D'une part, en effet, l'étude descriptive, libérée de tout souci d'application, échappe par là même au domaine rhétorique et passe, dès le début du siècle, sous la juridiction de la « science » de la littérature, sous la forme que lui a donnée le XIXe, la seule qui soit reconnue comme objective et enseignable : l'histoire littéraire. Le manuel d'histoire littéraire, le recueil de morceaux choisis rangés par ordre chronologique, remplacent définitivement le traité de rhétorique, et l'exercice fondamental, l'explication de textes [1], se trouve pratiquement annexé à l'histoire littéraire, puisque la succession des textes expliqués vient épouser et illustrer, en Seconde et en Première (et souvent au-delà), le cours de cette histoire, et que, par une conséquence évidente, les textes ainsi expli-

---

1. Introduite grâce à Brunot et Lanson après la réforme de 1902.

qués le sont *en fonction* de leur place dans le déroulement chronologique [1].

D'autre part, l'apprentissage technique de l'écriture (ce qui subsiste de la fonction normative de la rhétorique) se fait désormais à travers des exercices qui ne sont plus des *œuvres* (ou du moins des essais et des imitations d'œuvres), mais des *commentaires* : l'exercice scolaire n'est plus imitatif, mais descriptif et critique, la littérature a cessé d'être un *modèle* pour devenir un *objet*. Le discours scolaire a donc changé de plan : il n'est plus discours littéraire, mais discours sur la littérature, et la conséquence immédiate est que la rhétorique qui le prend en charge, qui en assure le code et en énonce les règles, n'est plus rhétorique de la littérature, mais rhétorique d'une méta-littérature : elle est donc devenue, quant à elle, *méta-méta-littérature*, discours magistral tenu sur la façon dont on doit tenir un discours scolaire sur le discours littéraire.

En pratique, ce discours scolaire se réduit, pour l'essentiel, à un exercice dont l'importance n'a cessé de croître depuis

1. Les vicissitudes de l'histoire littéraire dans l'enseignement secondaire ont été nombreuses depuis son introduction officielle en 1880 : réduite en 1890, privée de sa forme magistrale en 1903, supprimée pendant quelques années, rétablie dans ses droits en 1925, toujours contestée par un grand nombre de professeurs attachés à la tradition humaniste, qui lui reprochent son historicisme superficiel, son goût de l'anecdote, son mélange paradoxal de scientisme et de dogmatisme, son inadaptation aux besoins et aux buts de l'enseignement secondaire (cf. M. Sapanet, « Histoire littéraire ou Belles-Lettres », *l'Information littéraire*, nov. 1954), elle est aujourd'hui à la fois solidement implantée comme objet essentiel de l'enseignement littéraire et, selon les instructions et programmes officiels, contenue dans une forme non-dogmatique, puisque le cours magistral est (en principe) exclu, et qu'elle doit être étudiée « à l'aide de l'explication de textes spécialement groupés à cet effet » (Instructions de 1938). Mais cette subordination de l'explication de textes à l'histoire, dont la justification est évidente, n'est pas non plus sans inconvénients pour les textes et pour l'authenticité de leur lecture : « L'histoire littéraire tend à annexer l'explication de textes et à lui imposer la tyrannie de ses schémas, au lieu de se nourrir de leur substance » (A. Boutet de Monvel, *Encyclopédie pratique de l'éducation en France*, publiée par le ministère de l'Éducation nationale en 1960, p. 622-623).

un demi-siècle dans notre enseignement et dans notre culture : la *dissertation* (et sa variante orale : la *leçon*). Les autres prestations, en effet, comme l'explication de texte ou (dans l'enseignement supérieur) le mémoire (ou la thèse) ne détiennent en principe aucun statut rhétorique, parce qu'ils ne possèdent aucune forme autonome : l'explication de texte est un commentaire oral entièrement asservi au texte, dont il épouse le déroulement syntagmatique [1]; le mémoire et la thèse sont des ouvrages scientifiques qui (toujours en principe) n'ont d'autre disposition que le mouvement de la recherche ou l'enchaînement du savoir : la seule règle édictée à leur sujet est négative, anti-rhétorique : un mémoire (ou une thèse) *ne doit pas être une longue dissertation*. Le monopole rhétorique de la dissertation est donc à peu près total, et l'on peut, sans grand reste, définir notre rhétorique scolaire comme une rhétorique de la dissertation [2].

La troisième mutation — celle qui commande le détail des prescriptions, et qui nous retiendra donc le plus longtemps — concerne la structuration interne du code, ou si l'on veut son *statut proprement rhétorique*. Comme la rhétorique antique était essentiellement une rhétorique de l'*inventio*, comme la rhétorique classique était surtout une rhétorique de l'*elocutio*, notre rhétorique moderne est presque exclusivement une rhétorique de la *dispositio*, c'est-à-dire du « plan ». Il est facile de voir

1. « Nous décririons volontiers (l'explication de texte) comme une sorte de mime verbal qui accompagne le texte à commenter et, le laissant couler d'un rythme plus lent, découvre les reliefs et les plans étagés à l'esprit inattentif qui d'abord nivelait l'ensemble » (*Ibid.*, p. 620).
2. « Les programmes officiels sont à cet égard très modestes. Ils prescrivent pour le 2e cycle « narrations, portraits, discours, dialogues, petits sujets littéraires ou moraux » ; mais sur ce point les instructions ne décrivent pas notre enseignement, au moins tel qu'il a été dans ces cinquante dernières années. Dès la seconde et surtout en première, la dissertation littéraire occupe une place prépondérante » (*Ibid.*, p. 621).

que ce nouveau statut interne découle de la nouvelle fonction sémiologique que nous avons déjà constatée : l'objet du discours étant réduit à la réalité littéraire et spécifié à chaque fois par l'énoncé du sujet, le contenu pose moins des problèmes d'*invention* que d'*adaptation* d'une matière déjà connue, mobilisée et présente à l'esprit, à l'orientation spécifique d'un sujet; quant à l'élocution, son champ (son jeu) se trouve lui aussi fort limité par le fait que la dissertation appartient à un genre unique, qui a pris la place des narrations, descriptions, portraits, discours, fables, etc., de l'ancienne rhétorique, et qui, n'étant plus littéraire mais métalittéraire (critique), doit restreindre très sévèrement sa richesse et sa liberté stylistiques. En fait, nous le verrons, ces deux aspects de la théorie rhétorique ne subsistent plus guère qu'en état de subordination par rapport au troisième, qui occupe tout le devant de la scène.

Il faut préciser tout d'abord que l'exigence rhétorique varie selon les niveaux et les types d'enseignement littéraire. Dans le secondaire proprement dit, considéré comme un temps d'apprentissage et de formation, l'insistance des prescriptions est tempérée par l'indulgence des appréciations : la dissertation de baccalauréat est jugée davantage sur les « qualités d'esprit » qu'elle révèle (et aussi, hélas, sur une correction linguistique assez rare pour être discriminante) que sur la rigueur de sa composition. Dans la dissertation de licence, le poids des exigences formelles est contrebalancé par l'importance des connaissances historiques et textuelles. C'est dans la préparation des grands concours (Normale supérieure et agrégation), c'est-à-dire dans le recrutement des futurs professeurs, que se manifeste le plus haut degré d'exigence formelle; c'est dans les classes de khâgne ou dans les cours d'agrégation des écoles normales supérieures que se développe de la façon la plus caractéristique l'esprit de la nouvelle rhétorique, ou encore, pour emprunter une expression qui fit fortune dans un tout autre domaine, la *mystique du plan*. Ce sont les principales règles de cette rhétorique (et leurs justifications) qu'il nous faut considérer maintenant, pour leur importance et leur signification historique.

Citons d'abord deux indices particulièrement nets de cette prédominance de la construction. Premier indice, le seul exercice annexe de la dissertation est l'*exercice de plan* : sur un sujet donné, indiquer les articulations principales d'une dissertation, sans en rédiger le détail. Cet exercice, pratiqué surtout en khagne, est destiné à donner aux élèves le « réflexe du plan » (qui consiste à trouver le plus rapidement possible, devant un sujet, la construction la mieux adaptée et la plus efficace) et à les exercer à juger en eux-mêmes les défauts et les qualités d'un plan, qui commandent la valeur d'une dissertation : on peut faire une mauvaise dissertation sur un bon plan, mais non une bonne dissertation sur un mauvais plan. Second indice : le « commentaire de texte sous forme de dissertation », comme il se pratique, par écrit dans le secondaire, ou oralement dans certaines leçons d'agrégation dites « études littéraires », se définit rhétoriquement comme un commentaire *composé*, c'est-à-dire abandonnant la coïncidence syntagmatique de l'explication de texte ordinaire pour adopter une construction autonome : une étude littéraire dont les trois parties correspondraient platement à trois parties du texte commenté serait a priori mauvaise, parce que dépourvue de *dispositio* propre. Il faut ici briser la continuité du texte et envisager celui-ci dans une perspective en profondeur, sur un axe paradigmatique perpendiculaire à la ligne syntagmatique : première partie, l'ensemble du texte considéré à un premier niveau, deuxième partie, l'ensemble du texte considéré à un deuxième niveau, etc. L'étude littéraire peut donc se définir (et en cela elle constitue un excellent *modèle* dissertationnel) comme le découpage paradigmatique (le plan) d'un être syntagmatique (le texte).

A prendre les choses d'un simple point de vue *statique*, la première exigence de la rhétorique de la dissertation est une exigence d'ordre, de classement des matières : c'est elle qui détermine la division en *parties*. Une dissertation comprend obligatoirement une introduction, un « développement » (terme hérité qui ne répond plus à sa véritable fonction) et une conclusion. Le développement se subdivise en *n* parties, *n* étant généralement, pour des raisons que nous retrouverons plus loin, égal à trois. Apparemment, cette division reproduit celle du discours judiciaire antique : exorde, corps du discours (narration, argumentation, réfutation), péroraison. Mais une première différence s'impose, c'est que les parties de notre développement, contrairement à celles du discours, ne sont pas qualifiées : on les nomme simplement première, deuxième, troisième partie. La raison en est qu'au lieu de se distinguer par leur *fonction*, elles se définissent par leur *niveau*, ou leur position sur un axe. Les parties du discours étaient *hétérogènes* (une narrative et deux probatives) et s'enchaînaient dans une continuité fonctionnelle, comme des phrases dans un énoncé : « voici ce qui s'est passé, voici pourquoi j'ai raison, voici pourquoi mon adversaire a tort ». Les parties de la dissertation sont *homogènes* et se succèdent d'une manière discontinue, par changement de plans et non par enchaînement de fonctions. Ainsi, une leçon [1] consacrée à tel personnage littéraire pourra se diviser [2] en : 1° portrait physique, 2° portrait intellectuel, 3° portrait moral. On voit ici clairement le caractère flexionnel du plan : le sujet se *décline* par variations autour d'un thème fixe, support de flexion qui peut être explicite comme dans cet exemple, ou sous-entendu comme dans cet autre (pour

1. Il existe évidemment quelques différences entre la rhétorique de la dissertation et celle de la leçon, qui tiennent d'une part au caractère oral de celle-ci, et d'autre part à la forme plus simple, plus directe, moins problématique, qu'y prend l'énoncé du sujet : la leçon traite un sujet, la dissertation discute une opinion. Mais du point de vue qui nous occupe dans cette partie, la différence est négligeable.

2. Division évidemment grossière, et d'ailleurs généralement condamnée comme « passe-partout », alors que chaque sujet est censé sécréter un plan qui lui est propre et ne vaut pour aucun autre.

une leçon consacrée, disons, à l'art de Verlaine dans les *Fêtes galantes*) : 1º le peintre, 2º le musicien, 3º le poète (le radical commun étant évidemment l'artiste). Mais une leçon sur Julien Sorel divisée en 1º l'ambition, 2º l'amour, 3º les rapports entre Julien et Stendhal, pécherait évidemment par faute de « symétrie », c'est-à-dire par rupture de l'axe paradigmatique.

Mais l'exigence statique de classement n'est qu'une exigence minima. Comme tout discours, la dissertation doit avoir un *mouvement* [1] — et l'on préfère généralement ce terme à celui de *plan*, jugé trop statique. Ce qui remplace ici l'enchaînement des fonctions, c'est la *progression*, c'est-à-dire la disposition des parties selon un ordre d'*importance croissante* : il faut aller, selon le précepte traditionnel, « du moins important au plus important », « du plus superficiel au plus profond ». Ce mot d'ordre de progressivité est capital pour définir le statut informationnel de la dissertation : contrairement à ce qui se passe dans le message ordinaire, l'ordre de l'urgence est ici inverse de l'ordre d'importance; l'essentiel est toujours réservé pour la fin, au lieu d'être d'abord lancé en titre : l'ordre de la dissertation est celui de l'information *suspendue*.

La dernière exigence (maxima) est que cette progression qui fait tout le mouvement de la dissertation doit être (si possible) une progression *dialectique*. Ainsi, dans le premier exemple cité, le passage du physique à l'intellectuel et de l'intellectuel au moral ne reflète qu'une hiérachie traditionnelle et sans problématique. Si l'on veut dialectiser ce plan, il faudra poser comme antithétiques le corps et l'esprit, et alors le cœur interviendra comme le dépassement de cette opposition (on peut évidemment aussi bien dialectiser le rapport du second exemple : peinture/musique/poésie). Nous sommes ici au sommet de la technique dissertative, avec le fameux plan en thèse/antithèse/synthèse dont un manuel récent estime qu'il

---

1. « Les deux lois essentielles sont celles de l'unité et du mouvement : de celles-là dérivent toutes les autres » (Lanson, *Conseils sur l'art d'écrire*, p. 124).

convient à 70 % des sujets [1], et qu'un autre justifie ainsi :
« On doit reconnaître que, dans bien des sujets, le mouvement
de l'esprit s'accommode aisément de trois parties. Ce n'est pas
sans raison que la dialectique a souvent été considérée comme
ternaire... [2] » Cette dialectique ternaire n'est évidemment pas
celle de Platon, mais bien celle de Hegel — et il n'est pas sans
intérêt, pour l'histoire des idées, de noter ici la relève, dans la
justification « philosophique » de la rhétorique, d'Aristote par
Hegel.

Le plan ternaire veut donc répondre à un *mouvement de
l'esprit*. Sa règle d'or, disent Chassang et Senninger, c'est de
« *ne pas être un simple découpage*, un simple classement, mais
traduire un mouvement profond de l'esprit, être en quelque sorte
l'équivalent rhétorique d'un processus logique, bref apparaître comme une *émanation de la vie même de l'esprit* [3] ». Un
sujet de dissertation doit être pris comme posant — explicitement ou non — un problème, et les trois parties interprétées
comme des moments de cette problématique : il est naturel
d'examiner d'abord une face du problème, puis l'autre, et
enfin de le résoudre, non pas en conciliant « mollement,
verbalement, formellement les inconciliables », mais en
suivant le mouvement naturel de l'esprit, qui, « quand il se
trouve en présence d'une contradiction, est de la résoudre en
cherchant un autre point de vue, d'où elle s'éclaire et parfois
s'efface [4] ». Ainsi les exigences de construction et de mouvement sont-elles (elles aussi) conciliées par le dynamisme
« naturel » d'une problématique [5].

1. Huisman et Plazolles, *L'Art de la dissertation littéraire*, 1965, p. 41.
2. Chassang et Senninger, *La Dissertation littéraire générale*, p. 16.
3. *Ibid.*, p. 13.
4. *Ibid.*, p. 14.
5. On se souviendra ici de la critique faite par Lévi-Strauss (*Tristes Tro-
piques*, p. 42-44) de cette dialectique souvent artificielle et trop commode.
Critique qui ne vaut pas seulement pour la philosophie, mais pour toutes les

Dans un genre aussi rigoureusement soumis à la loi du mouvement, les questions de « contenu » prennent nécessairement une figure très particulière. Comme le disent excellemment Chassang et Senninger, « la dissertation est comme un univers où *rien n'est libre*, un univers *asservi*, un monde d'où tout ce qui ne sert pas à la discussion d'un problème fondamental doit être exclu, où le développement *autonome* est la plus grave faute que l'on puisse imaginer [1] ». La matière s'y trouve donc, plus qu'en toute autre sorte d'écrit, subordonnée à ce que ces auteurs nomment *l'orientation générale unique*, et les problèmes de l'*inventio* se réduisent en fait à des problèmes d'orientation et d'*adaptation au mouvement* d'un matériau prédéterminé par le sujet et les connaissances de l'élève.

C'est ainsi que la question fondamentale de l'*inventio* classique *(que dire ?)* devient, dans un premier temps, *de quoi s'agit-il ?* — ce qui correspond à la recherche du *thème* (ou *sujet*, au sens logique) du sujet. Soit l'énoncé : « Corneille peint les hommes tels qu'ils devraient être », une première délimitation, purement statique, et spatiale, réduit naturellement le champ de la dissertation à Corneille ; mais cette première réduction ne suffit pas, car la question vraiment pertinente est la seconde, qui simplement présuppose la première, et qui est : *qu'en dit-on ?* Contrairement à ce qu'imaginent les élèves naïfs ou inexpérimentés, le sujet d'une dissertation n'est pas dans son thème, mais dans son *prédicat*. Ainsi, le plan rhétorique est ici décalé, *décroché* par rapport au plan logique, puisque le prédicat du premier devient le sujet du second, ce que l'on peut grossièrement représenter par le schéma suivant :

disciplines où la dissertation est devenue l'exercice (et, malheureusement, le *mode de pensée*) fondamental. Il est difficile de mesurer tout ce que notre culture et nos structures mentales doivent, en bien et en mal, à cette souveraineté de la dissertation. Mais il est évident que tout examen critique, toute analyse historique de notre univers intellectuel devrait passer par là.

1. Chassang et Senninger, p. 9.

plan logique	sujet	prédicat	
plan rhétorique		sujet	prédicat

Ce décrochement se manifeste peut-être de manière encore plus sensible au niveau de ce qu'on appellera l'*inventio de détail*, par opposition à cette *inventio* générale qu'est la détermination du sujet. Le matériau élémentaire, l'*unité* dissertationnelle n'existe pas à l'état brut, comme une pierre ou une brique; elle n'existe qu'en tant qu'elle est saisie par le mouvement démonstratif. Cette unité, ce n'est pas l'*idée*, ce n'est pas l'*exemple*, c'est l'idée et l'exemple *orientés*[1], c'est-à-dire déjà adaptés au mouvement du discours. Avant cette orientation, il y a des *ensembles* logiques ou linguistiques (des phrases); ces ensembles prérhétoriques deviennent des unités rhétoriques en s'infléchissant dans le *sens* de la problématique du sujet. C'est ce que montre bien cette définition de la cellule rhétorique, qui est le *paragraphe* : « C'est le plus petit ensemble de phrases orienté vers le sujet, mais susceptible d'être détaché des autres idées, parce qu'il forme en soi un argument complet[2]. »

Cette subordination rigoureuse des éléments au tout se marque avec une netteté particulière dans la réserve traditionnelle des correcteurs à l'égard des *citations*. Elles sont « plutôt à proscrire », car « il y a toutes les chances pour que le critique (cité) ait eu d'autres préoccupations que les vôtres en rédigeant son texte et qu'ainsi son texte, introduit dans le vôtre, y constitue un développement autonome[3] ». En effet, chaque sujet déterminant une orientation particulière, et chaque élément devant être plié à cette orientation, il est évident qu'à la limite aucune citation, élément emprunté, par définition, à un ensemble extérieur, ne peut entrer dans une dissertation. On préférera donc aux citations brutes, trop

1. *Ibid.*
2. *Ibid.*, p. 12.
3. *Ibid.*, p. 15.

38

rigides pour épouser la courbe du développement, des analyses et paraphrases plus souples et plus orientables.

On voit comme nous sommes loin ici des *topoi* transportables et interchangeables à merci de l'ancienne rhétorique (et de la rhétorique effectivement pratiquée par la plupart des élèves) : dans une « bonne » dissertation, rien n'est amovible, rien n'est substituable, rien n'est isolable; et ceci, encore une fois, non parce que le « contenu » serait différent à chaque fois (la masse des connaissances disponibles n'est pas si vaste), mais parce que la dissertation ne connaît pas de contenu qui ne soit déjà saisi, orienté, infléchi par une *forme*, c'est-à-dire par un ordre. Cette rhétorique de la *dispositio*, pour laquelle *les mêmes pensées forment un autre corps de discours, par une disposition différente*, trouve sa devise, comme sa justification, chez Pascal, qui se trouve ainsi être à la fois le premier critique de la rhétorique ancienne, et le fondateur de la rhétorique moderne : *Qu'on ne me dise pas que je n'ai rien dit de nouveau : la disposition des matières est nouvelle.*

La dissertation, n'étant pas une œuvre littéraire, n'exige pas, et en un certain sens refuse ce qui est la marque traditionnelle de la littérature : le « beau style » : « Sous prétexte que la dissertation porte sur des questions d'art, on ne se croira pas autorisé au *beau style* [1]. » En fait, la rhétorique du style se limite presque exclusivement, ici, à des prescriptions négatives : contre les incorrections grammaticales, fautes d'orthographe, impropriétés de vocabulaire, ce qui va de soi; contre les « effets » esthétiques et poétiques, déplacés dans un genre aussi sobre et aussi rigoureusement fonctionnel, où *tout ce qui n'est pas utile est nuisible;* contre la vulgarité, les clichés petit-bourgeois, les métaphores commerciales, qui compromettraient tout autant la pureté académique du genre;

1. *Ibid.*, p. 18.

contre le « jargon », c'est-à-dire les néologismes et les emprunts aux vocabulaires spécialisés [1], qui n'ont pas leur place dans une épreuve de « culture générale » (car la culture littéraire revendique volontiers pour elle seule le privilège de la généralité). L'idéal du style dissertatif est vraiment un *degré zéro de l'écriture ;* la seule valeur proprement esthétique que l'on puisse encore y rencontrer, c'est le *brillant*, c'est-à-dire l'art de la « formule ». En un certain sens, la *formule brillante* (et l'on sait combien le style essayiste de notre époque honore et pratique cette valeur) est tout simplement une figure de rhétorique : antithèses, métaphores, oxymores, chiasmes, paronomases, toutes ces ressources classiques sont mises à contribution; mais en un autre sens elle ne veut être rien d'autre que l'extrême point de concentration d'une écriture vouée à la seule efficacité : « non un trait oratoire, mais l'aboutissement logique d'une pensée qui se cherche » — et qui triomphe en se trouvant; non un ornement surajouté, mais l'intensité même et l'éclat du *raccourci* intellectuel.

Mais on observera que cette valeur n'apparaît jamais sous une forme vraiment normative : on ne *conseille* pas d'être brillant, le conseil serait trop dangereux pour les moins doués, qui échoueraient en voulant viser trop haut : on *loue* simplement ceux qui le sont par excellence et comme par surcroît. La véritable prescription positive, c'est ici encore la prédominance de la *dispositio* : « Dans une dissertation... le bon style est celui qui, *intensément réuni à la composition*, contribue à l'élan du paragraphe en donnant une impression d'analyse de plus en plus poussée [2]. » Composition, progression : nous retrouvons au cœur même des problèmes du style les valeurs maîtresses de la construction.

1. Et spécialement, dans les classes supérieures, au vocabulaire philosophique, tentation permanente pour les élèves et bête noire des professeurs de lettres, qui se flattent volontiers de pouvoir tout dire dans la langue de Racine, et qui ne conçoivent pas toujours, par exemple, que le *temps* soit une chose et la *temporalité* une autre. Ici, l'incompréhension devient un argument, et comme une preuve de supériorité.

2. Chassang et Senninger, p. 18. Souligné par nous.

On voit bien par ce triple changement de statut idéologique, sémiologique et rhétorique, que notre code scolaire de l'écriture n'a plus grand-chose de commun avec celui qui s'enseignait encore voici moins d'un siècle. Si l'on ne voulait retenir que la différence essentielle, celle qui peut-être commande toutes les autres, on pourrait dire que la rhétorique ancienne assurait à la fois une fonction *critique*, qui était d'étudier la littérature, et une fonction *poétique* (au sens valéryen), qui était de produire à son tour de la littérature en proposant des modèles : cette coïncidence des fonctions définissait la *situation rhétorique*. Dans la mesure où cette coïncidence a disparu de notre enseignement littéraire, on peut estimer que la rhétorique, dans ce qu'elle avait de plus spécifique, a disparu avec elle, laissant à sa place une science (qui ne lui doit à peu près rien), l'histoire littéraire, qui tend, d'ailleurs abusivement, à monopoliser l'étude descriptive de la littérature, et une technique d'écriture (qui lui doit beaucoup, mais avec des changements d'accent très sensibles), la dissertation, qui, de plus en plus depuis un demi-siècle, s'est répandue dans les enseignements voisins (philosophie, histoire, etc.). A-t-elle pour autant disparu de notre culture ? Non, sans doute, car au moment même où la situation rhétorique s'occultait dans l'enseignement, on la voyait réapparaître, sous une nouvelle forme, dans la littérature elle-même, en tant que celle-ci, avec Mallarmé, Proust, Valéry, Blanchot, s'efforçait de prendre en charge la réflexion sur elle-même, retrouvant par une voie inattendue la coïncidence des fonctions critique et poétique : en un sens, notre littérature actuelle, en ce qu'elle a de plus profond, et malgré son anti-rhétorisme de principe (son *terrorisme*, dirait Paulhan), est tout entière une rhétorique, puisqu'elle est à la fois littéraire et discours sur la littérature. La situation rhétorique n'a donc fait que se déplacer, et ce transfert comporte peut-être une compensation. Mais il faut observer toutefois qu'il s'est accompagné d'un amenuisement de la fonction poétique au profit de la fonction critique, puisque notre littérature a gagné une dimension critique pendant que notre enseignement perdait une dimension poétique. Le maintien d'équilibre n'est donc qu'apparent, comme le montre ce tableau :

	XIXᵉ siècle	XXᵉ siècle
Littérature	Poétique	Poétique + Critique
Enseignement	Poétique + Critique	Critique
Bilan culturel.......	2 Poét. + 1 Crit.	1 Poét. + 2 Crit.

Cette inversion peut chagriner ou satisfaire : du moins n'a-t-elle rien pour surprendre.

Janvier 1966

LA LITTÉRATURE ET L'ESPACE

Il peut sembler paradoxal de parler d'espace à propos de la littérature : apparemment en effet, le mode d'existence d'une œuvre littéraire est essentiellement temporel, puisque l'acte de lecture par lequel nous réalisons l'être virtuel d'un texte écrit, cet acte, comme l'exécution d'une partition musicale, est fait d'une succession d'instants qui s'accomplit dans la durée, dans notre durée; comme le montre très bien Proust dans les pages du *Côté de chez Swann* où il évoque ces après-midi de dimanche à Combray que l'activité de sa lecture avait « vidés des incidents médiocres de (son) existence personnelle », qu'elle remplaçait par « une vie d'aventures et d'aspirations étranges » : après-midi qui *contenaient* en effet cette vie seconde, pour l'avoir, dit Proust, « peu à peu contournée et enclose, tandis que je progressais dans ma lecture et que tombait la chaleur du jour, dans le cristal successif, lentement changeant et traversé de feuillages, de leurs heures silencieuses, sonores, odorantes et limpides ».

Pourtant, on peut aussi, on doit aussi envisager la littérature dans ses rapports avec l'espace. Non pas seulement — ce qui serait la manière la plus facile, mais la moins pertinente, de considérer ces rapports — parce que la littérature, entre autres « sujets », parle aussi de l'espace, décrit des lieux, des demeures, des paysages, nous transporte, comme le dit encore Proust à propos de ses lectures enfantines, nous transporte en imagination dans des contrées inconnues qu'elle nous donne un instant l'illusion de parcourir et d'habiter; non pas seulement encore parce que, comme on le voit par exemple chez des auteurs aussi différents que Hölderlin, Baudelaire, Proust lui-même, Claudel, Char, une certaine sensibilité à l'espace, ou pour mieux dire une sorte de fascination du lieu, est un des aspects essentiels de ce que Valéry nommait l'*état poétique*. Ce sont là des traits de spatialité qui peuvent occuper ou habiter la littérature, mais qui peut-être ne sont pas liés à son essence, c'est-à-dire à son langage. Ce qui fait de la peinture un art de l'espace, ce n'est pas qu'elle nous donne une représentation de l'étendue, mais que cette représentation elle-même s'accomplisse dans l'étendue, dans une autre étendue qui soit spécifiquement la sienne. Et l'art de l'espace par excellence, l'architecture, ne parle pas de l'espace : il serait plus vrai de dire qu'elle fait parler l'espace, que c'est l'espace qui parle en elle, et (dans la mesure où tout art vise essentiellement à organiser sa propre représentation) qui parle d'elle. Y a-t-il de la même façon, ou d'une manière analogue, quelque chose comme une spatialité littéraire active et non passive, signifiante et non signifiée, propre à la littérature, spécifique à la littérature, une spatialité représentative et non représentée ? Il me semble qu'on peut le prétendre sans forcer les choses.

Il y a tout d'abord une spatialité en quelque sorte primaire, ou élémentaire, qui est celle du langage lui-même. On a remarqué bien souvent que le langage semblait comme naturellement plus apte à « exprimer » les relations spatiales que toute autre espèce de relation (et donc de réalité), ce qui le conduit à utiliser les premières comme symboles ou métaphores des secondes, donc à traiter de toutes choses en termes d'espace, et donc encore à spatialiser toutes choses. On sait que cette sorte d'infirmité, ou de parti pris, inspire l'essentiel du procès intenté par Bergson au langage, coupable à ses yeux d'une sorte de trahison envers la réalité de la « conscience », qui serait d'ordre purement temporel ; mais on peut dire que le développement de la linguistique depuis un demi-siècle a confirmé d'une manière éclatante l'analyse de Bergson — au jugement et au regret près : en distinguant

44

rigoureusement la parole de la langue et en donnant à celle-ci le premier rôle dans le *jeu* du langage, défini comme un système de relations purement différentielles où chaque élément se qualifie par la place qu'il occupe dans un tableau d'ensemble et par les rapports verticaux et horizontaux qu'il entretient avec les éléments parents et voisins, il est indéniable que Saussure et ses continuateurs ont mis en relief un mode d'être du langage qu'il faut bien dire spatial, encore qu'il s'agisse là, comme l'écrit Blanchot, d'une spatialité « dont ni l'espace géométrique ordinaire ni l'espace de la vie pratique ne nous permettent de ressaisir l'originalité ».

Cette spatialité du langage considéré dans son système implicite, le système de la langue qui commande et détermine tout acte de parole, cette spatialité se trouve en quelque sorte manifestée, mise en évidence, et d'ailleurs accentuée, dans l'œuvre littéraire, par l'emploi du texte écrit. On a longtemps considéré l'écriture, et spécialement l'écriture dite phonétique telle que nous la concevons et l'utilisons, ou croyons l'utiliser, en Occident, comme un simple instrument de notation de la parole. On commence à comprendre aujourd'hui qu'elle est un peu plus que cela, et Mallarmé déjà disait que « penser, c'est écrire sans accessoires ». Du fait de la spatialité spécifique que l'on vient de rappeler, le langage (et donc la pensée) est déjà une sorte d'écriture, ou, si l'on préfère, la spatialité manifeste de l'écriture peut être prise pour symbole de la spatialité profonde du langage. Et à tout le moins, pour nous qui vivons dans une civilisation où la littérature s'identifie à l'écrit, ce mode spatial de son existence ne peut être tenu pour accidentel et négligeable. Depuis Mallarmé, nous avons appris à reconnaître (à re-connaître) les ressources dites visuelles de la graphie et de la mise en page et l'existence du Livre comme une sorte d'objet total, et ce changement de perspective nous a rendus plus attentifs à la spatialité de l'écriture, à la disposition atemporelle et réversible des signes, des mots, des phrases, du discours dans la simultanéité de ce qu'on nomme un texte. Il n'est pas vrai que la lecture soit seulement ce déroulement continu au fil des heures dont parlait Proust à propos de ses journées de lecture enfantines, et l'auteur de la *Recherche du temps perdu* le savait sans doute mieux que personne, lui qui réclamait de son lecteur une attention à ce qu'il appelait le caractère « télescopique » de son œuvre, c'est-à-dire aux relations à longue portée qui s'établissent entre des épisodes très éloignés dans la continuité temporelle d'une lecture linéaire (mais singulièrement proches, remarquons-le, dans l'espace écrit, dans l'épaisseur paginale du volume), et qui exigent pour être considérés une sorte de perception simultanée de l'unité totale de l'œuvre, unité qui ne réside pas seulement dans des rapports horizontaux de voisinage et de succession, mais aussi dans des rapports qu'on peut dire verticaux, ou transversaux, de ces effets d'attente, de rappel, de réponse, de symétrie, de perspective, au nom desquels Proust comparait lui-même son œuvre à une cathédrale. Lire comme il faut lire de telles œuvres (en est-il d'autres?), c'est seulement relire, c'est toujours déjà relire, parcourir sans cesse un livre dans tous ses sens, toutes ses directions, toutes ses dimensions. On peut donc dire que l'espace du livre, comme celui de la page, n'est pas soumis passivement au temps de la lecture successive, mais qu'en tant qu'il s'y révèle et s'y accomplit pleinement, il ne cesse de l'infléchir et de le retourner, et donc en un sens de l'abolir.

Un troisième aspect de la spatialité littéraire s'exerce au niveau de l'écriture au sens cette fois stylistique du terme, dans ce que la rhétorique classique appelait les figures, et que l'on appellerait plus généralement aujourd'hui des effets de sens. La prétendue temporalité de la parole est liée au caractère en principe linéaire (unilinéaire) de l'expression linguistique. Le discours consiste apparemment en une chaîne de signifiants présents « tenant lieu » d'une chaîne de signifiés absents. Mais le langage, et spécialement le langage littéraire, fonctionne rarement d'une manière aussi simple : l'expression n'est pas toujours univoque, elle ne cesse au contraire de se dédoubler, c'est-à-dire qu'un mot, par exemple, peut comporter à la fois deux significations, dont la rhétorique disait l'une littérale et l'autre figurée, l'espace sémantique qui se creuse entre le signifié apparent et le signifié réel abolissant du même coup la linéarité du discours. C'est précisément cet espace, et rien d'autre, que l'on appelle, d'un mot dont l'ambiguïté même est heureuse, une *figure :* la figure, c'est à la fois la forme que prend l'espace et celle que se donne le langage, et c'est le symbole même de la spatialité du langage littéraire dans son rapport au sens. Bien entendu, nul n'écrit plus selon le code de la rhétorique ancienne, mais notre écriture n'en reste pas moins trouée de métaphores et de figures de toutes sortes, et ce que nous appelons le style — même le plus sobre — reste lié à ces effets de sens seconds que la linguistique nomme des connotations. Ce que dit l'énoncé est toujours en quelque sorte doublé, accompagné par ce que dit la manière dont il le dit, et la manière la plus transparente est encore une manière, et la transparence même peut se faire sentir de la façon la plus indiscrète : lorsque le Code, cher à Stendhal, énonce « tout condamné à mort aura la tête tranchée », il signifie, *en même temps* que l'exécution capitale, la littéralité spectaculaire de son propre langage. C'est cet « en même temps », cette simultanéité qui s'ouvre et le spectacle qui s'y fait voir, qui constitue le style comme spatialité sémantique du discours littéraire, et celui-ci, du même coup, comme un *texte*, comme une épaisseur de sens qu'aucune durée ne peut réellement épouser, et moins encore épuiser.

Le dernier mode de spatialité que l'on peut évoquer concerne la littérature prise dans son ensemble, comme une sorte d'immense production intemporelle et anonyme. Le principal grief que Proust adressait à Sainte-Beuve était celui-ci : « Il voit la littérature sous la catégorie du Temps. » Un tel reproche peut surprendre sous la plume de l'auteur de la *Recherche du temps perdu*, mais on doit savoir que pour lui le temps retrouvé, c'est le temps aboli. Et dans le domaine de la critique, Proust aura été l'un des premiers à s'insurger contre la tyrannie du point de vue diachronique introduit par le XIXe siècle, et notamment par Sainte-Beuve. Non certes qu'il faille nier la dimension historique de la littérature, ce qui serait absurde, mais nous avons appris, grâce à Proust et à quelques autres, à reconnaître les effets de convergence et de rétroaction qui font aussi de la littérature comme un vaste domaine simultané que l'on doit savoir parcourir en tous sens. Proust parlait du « côté Dostoïevsky de Mme de Sévigné », Thibaudet a consacré tout un livre au bergsonisme de Montaigne, et l'on nous a appris récemment à lire Cervantès à la lumière de Kafka : cette réintégration du passé dans le champ du présent est une des tâches essentielles de la critique. Rappelons ici le mot exemplaire de Jules Lemaitre sur le vieux Brunetière : « Tandis qu'il lit un livre, il pense, pourrait-on dire, à tous les livres qui ont été écrits depuis le commencement du monde ». C'est, éminemment, ce que fait Borges, muré dans le labyrinthe inépuisable de la bibliothèque mythique, où tous les livres sont un seul livre, où chaque livre est tous les livres.

La bibliothèque : voilà bien le plus clair et le plus fidèle symbole de la spatialité de la littérature. La littérature tout entière présentée, je veux dire rendue présente, totalement contemporaine d'elle-même, parcourable, réversible, vertigineuse, secrètement infinie. On peut en dire ce que Proust, dans son *Contre Sainte-Beuve*, écrivait du château de Guermantes : « le temps y a pris la forme de l'espace ». Formule dont on proposera ici cette traduction sans surprise : la parole y a pris la forme du silence.

FRONTIÈRES DU RÉCIT

Si l'on accepte, par convention, de s'en tenir au domaine de l'expression littéraire, on définira sans difficulté le récit comme la représentation d'un événement ou d'une suite d'événements, réels ou fictifs, par le moyen du langage, et plus particulièrement du langage écrit. Cette définition positive (et courante) a le mérite de l'évidence et de la simplicité, son principal inconvénient est peut-être, justement, de s'enfermer et de nous enfermer dans l'évidence, de masquer à nos yeux ce qui précisément, dans l'être même du récit, fait problème et difficulté, en effaçant en quelque sorte les frontières de son exercice, les conditions de son existence. Définir positivement le récit, c'est accréditer, peut-être dangereusement, l'idée ou le sentiment que le récit *va de soi*, que rien n'est plus naturel que de raconter une histoire ou d'agencer un ensemble d'actions dans un mythe, un conte, une épopée, un roman. L'évolution de la littérature et de la conscience littéraire depuis un demi-siècle aura eu, entre autres heureuses conséquences, celle d'attirer notre attention, tout au contraire, sur l'aspect singulier, artificiel et problématique de l'acte narratif. Il faut en revenir une fois de plus à la stupeur de Valéry considérant un énoncé tel que « La marquise sortit à cinq heures ». On sait combien, sous des formes diverses et parfois contradictoires, la littérature moderne a vécu et illustré cet étonnement fécond, comment elle s'est voulue et s'est faite, en son fond même, interrogation, ébranlement, contestation du propos narratif. Cette question faussement naïve : *pourquoi le récit ?* — pourrait

49

au moins nous inciter à rechercher, ou plus simplement à reconnaître les limites en quelque sorte négatives du récit, à considérer les principaux jeux d'oppositions à travers lesquels le récit se définit, se constitue en face des diverses formes du non-récit.

Diégésis et mimésis.

Une première opposition est celle qu'indique Aristote en quelques phrases rapides de la *Poétique*. Pour Aristote, le récit *(diégésis)* est un des deux modes de l'imitation poétique *(mimésis)*, l'autre étant la représentation directe des événements par des acteurs parlant et agissant devant le public[1]. Ici s'instaure la distinction classique entre poésie narrative et poésie dramatique. Cette distinction était déjà esquissée par Platon dans le 3e livre de *la République*, à ces deux différences près que d'une part Socrate y déniait au récit la qualité (c'est-à-dire, pour lui, le défaut) d'imitation, et que d'autre part il tenait compte des aspects de représentation directe (dialogues) que peut comporter un poème non dramatique comme ceux d'Homère. Il y a donc, aux origines de la tradition classique, deux partages apparemment contradictoires, où le récit s'opposerait à l'imitation, ici comme son antithèse, et là comme un de ses modes.

Pour Platon, le domaine de ce qu'il appelle *lexis* (ou façon de dire, par opposition à *logos*, qui désigne ce qui est dit) se divise théoriquement en imitation proprement dite *(mimésis)* et simple récit *(diégésis)*. Par simple récit, Platon entend tout ce que le poète raconte « en parlant en son propre nom, sans essayer de nous faire croire que c'est un autre qui parle[2] » : ainsi, lorsque Homère, au chant I de l'*Iliade*, nous dit à propos de Chrysès : « Il était venu aux fines nefs des Achéens, pour

1. 1448 a.
2. 393 a.

racheter sa fille, porteur d'une immense rançon et tenant en main, sur son bâton d'or, les bandelettes de l'archer Apollon; et il suppliait tous les Achéens, mais surtout les deux fils d'Atrée, bons rangeurs de guerriers [1]. » Au contraire, l'imitation consiste, dès le vers suivant, en ce qu'Homère fait parler Chrysès lui-même, ou plutôt, selon Platon, parle en feignant d'être devenu Chrysès, et « en s'efforçant de nous donner autant que possible l'illusion que ce n'est pas Homère qui parle, mais bien le vieillard, prêtre d'Apollon ». Voici le texte du discours de Chrysès : « Atrides, et vous aussi, Achéens aux bonnes jambières, puissent les dieux, habitants de l'Olympe, vous donner de détruire la ville de Priam, puis de rentrer sans mal dans vos foyers! Mais à moi, puissiez-vous aussi rendre ma fille! Et pour ce, agréez la rançon que voici, par égard pour le fils de Zeus, pour l'archer Apollon. » Or, ajoute Platon, Homère aurait pu tout aussi bien poursuivre son récit sous une forme purement narrative, en *racontant* les paroles de Chrysès au lieu de les rapporter, ce qui, pour le même passage, aurait donné, au style indirect et en prose : « Le prêtre étant venu pria les dieux de leur accorder de prendre Troie en les préservant d'y périr, et il demanda aux Grecs de lui rendre sa fille en échange d'une rançon, et par respect pour le dieu [2]. » Cette division théorique, qui oppose, à l'intérieur de la diction poétique, les deux modes purs et hétérogènes du récit et de l'imitation, entraîne et fonde une classification pratique des genres, qui comprend les deux modes purs (narratif, représenté par l'ancien dithyrambe, mimétique, représenté par le théâtre), plus un mode mixte, ou, plus précisément, alterné, qui est celui de l'épopée, comme on vient de le voir par l'exemple de l'*Iliade*.

La classification d'Aristote est à première vue toute différente, puisqu'elle ramène toute poésie à l'imitation, distinguant seulement deux modes imitatifs, le direct, qui

1. *Iliade*, I, 12-16, trad. Mazon.
2. 393 e, trad. Chambry.

est celui que Platon nomme proprement imitation, et le narratif, qu'il nomme, comme Platon, *diégésis*. D'autre part, Aristote semble identifier pleinement, non seulement, comme Platon, le genre dramatique au mode imitatif, mais aussi, sans tenir compte en principe de son caractère mixte, le genre épique au mode narratif pur. Cette réduction peut tenir au fait qu'Aristote définit, plus strictement que Platon, le mode imitatif par les conditions scéniques de la représentation dramatique. Elle peut se justifier également par le fait que l'œuvre épique, quelle qu'y soit la part matérielle des dialogues ou discours au style direct, et même si cette part dépasse celle du récit, demeure essentiellement narrative en ce que les dialogues y sont nécessairement encadrés et amenés par des parties narratives qui constituent, au sens propre, le *fond*, ou, si l'on veut, la trame de son discours. Au reste, Aristote reconnaît à Homère cette supériorité sur les autres poètes épiques, qu'il intervient personnellement le moins possible dans son poème, mettant le plus souvent en scène des personnages caractérisés, conformément au rôle du poète, qui est d'imiter le plus possible [1]. Par là, il semble bien reconnaître implicitement le caractère imitatif des dialogues homériques, et donc le caractère mixte de la diction épique, narrative en son fond mais dramatique en sa plus grande étendue.

La différence entre les classifications de Platon et d'Aristote se réduit donc à une simple variante de termes : ces deux classifications se rejoignent bien sur l'essentiel, c'est-à-dire l'opposition du dramatique et du narratif, le premier étant considéré par les deux philosophes comme plus pleinement imitatif que le second : accord sur le fait, en quelque sorte souligné par le désaccord sur les valeurs, puisque Platon condamne les poètes en tant qu'imitateurs, à commencer par les dramaturges, et sans excepter Homère, jugé encore trop mimétique pour un poète narratif, n'admettant dans la

1. 1460 a.

Cité qu'un poète idéal dont la diction austère serait aussi peu mimétique que possible ; tandis qu'Aristote, symétriquement, place la tragédie au-dessus de l'épopée, et loue chez Homère tout ce qui rapproche son écriture de la diction dramatique. Les deux systèmes sont donc bien identiques, à la seule réserve d'un renversement de valeurs : pour Platon comme pour Aristote, le récit est un mode affaibli, atténué de la représentation littéraire — et l'on perçoit mal, à première vue, ce qui pourrait en faire juger autrement.

Il faut pourtant introduire ici une observation dont ni Platon ni Aristote ne semblent s'être souciés, et qui restituera au récit toute sa valeur et toute son importance. L'imitation directe, telle qu'elle fonctionne à la scène, consiste en gestes et en paroles. En tant qu'elle consiste en gestes, elle peut évidemment représenter des actions, mais elle échappe ici au plan linguistique, qui est celui où s'exerce l'activité spécifique du poète. En tant qu'elle consiste en paroles, discours tenus par des personnages (et il va de soi que dans une œuvre narrative la part de l'imitation directe se réduit à cela), elle n'est pas à proprement parler représentative, puisqu'elle se borne à reproduire tel quel un discours réel ou fictif. On peut dire que les vers 12 à 16 de l'*Iliade*, cités plus haut, nous donnent une représentation verbale des actes de Chrysès, on ne peut en dire autant des cinq suivants ; ils ne *représentent* pas le discours de Chrysès : s'il s'agit d'un discours réellement prononcé, ils le *répètent*, littéralement, et s'il s'agit d'un discours fictif, ils le *constituent*, tout aussi littéralement ; dans les deux cas, le travail de la représentation est nul, dans les deux cas, les cinq vers d'Homère se confondent rigoureusement avec le discours de Chrysès : il n'en va évidemment pas de même pour les cinq vers narratifs qui précèdent, et qui ne se confondent en aucune manière avec les actes de Chrysès : « Le mot *chien*, dit William James, ne mord pas. » Si l'on appelle imitation poétique le fait de représenter par des moyens verbaux une réalité non-verbale, et, exceptionnellement, verbale (comme on

appelle imitation picturale le fait de représenter par des
moyens picturaux une réalité non-picturale, et, exceptionnellement, picturale), il faut admettre que l'imitation se
trouve dans les cinq vers narratifs, et ne se trouve nullement
dans les cinq vers dramatiques, qui consistent simplement
en l'interpolation, au milieu d'un texte représentant des
événements, d'un autre texte directement emprunté à ces
événements : comme si un peintre hollandais du xviie siècle,
dans une anticipation de certains procédés modernes, avait
placé au milieu d'une nature morte, non la peinture d'une
coquille d'huître, mais une coquille d'huître véritable. Cette
comparaison simpliste est ici pour faire toucher du doigt
le caractère profondément hétérogène d'un mode d'expression auquel nous sommes si habitués que nous n'en perce-
vons pas les changements de registre les plus abrupts. Le
récit « mixte » selon Platon, c'est-à-dire le mode de relation
le plus courant et le plus universel, « imite » alternativement,
sur le même ton et, comme dirait Michaux, « sans même
voir la différence », une matière non-verbale qu'il doit bien
effectivement représenter comme il le peut, et une matière
verbale qui se représente d'elle-même, et qu'il se contente
le plus souvent de *citer*. S'il s'agit d'un récit historique rigoureusement fidèle, l'historien-narrateur doit bien être sensible
au changement de régime, lorsqu'il passe de l'effort narratif
dans la relation des actes accomplis à la transcription mécanique des paroles prononcées, mais lorsqu'il s'agit d'un récit
partiellement ou totalement fictif, le travail de fiction, qui
porte également sur les contenus verbaux et non-verbaux, a
sans doute pour effet de masquer la différence qui sépare les
deux types d'imitation, dont l'une est, si j'ose dire, en prise
directe, tandis que l'autre fait intervenir un système d'engre-
nages plutôt complexe. En admettant (ce qui est d'ailleurs
difficile) qu'imaginer des actes et imaginer des paroles
procède de la même opération mentale, « dire » ces actes et
dire ces paroles constituent deux opérations verbales fort
différentes. Ou plutôt, seule la première constitue une

véritable opération, un acte de *diction* au sens platonicien, comportant une série de transpositions et d'équivalences, et une série de choix inévitables entre les éléments de l'*histoire* à retenir et les éléments à négliger, entre les divers points de vue possibles, etc. — toutes opérations évidemment absentes lorsque le poète ou l'historien se bornent à transcrire un discours. On peut certes (on doit même) contester cette distinction entre l'acte de représentation mentale et l'acte de représentation verbale — entre le *logos* et la *lexis* —, mais cela revient à contester la théorie même de l'imitation, qui conçoit la fiction poétique comme un simulacre de réalité, aussi transcendant au discours qui le prend en charge que l'événement historique est extérieur au discours de l'historien ou le paysage représenté au tableau qui le représente : théorie qui ne fait aucune différence entre fiction et représentation, l'objet de la fiction se ramenant pour elle à un réel feint et qui attend d'être représenté. Or il apparaît que dans cette perspective la notion même d'imitation sur le plan de la *lexis* est un pur mirage, qui s'évanouit à mesure qu'on l'approche : le langage ne peut imiter parfaitement que du langage, ou plus précisément un discours ne peut imiter parfaitement qu'un discours parfaitement identique; bref, un discours ne peut imiter que lui-même. En tant que *lexis*, l'imitation directe est, exactement, une tautologie.

Nous sommes donc conduits à cette conclusion inattendue, que le seul mode que connaisse la littérature en tant que représentation est le récit, équivalent verbal d'événements non verbaux et aussi (comme le montre l'exemple forgé par Platon) d'événements verbaux, sauf à s'effacer dans ce dernier cas devant une citation directe où s'abolit toute fonction représentative, à peu près comme un orateur judiciaire peut interrompre son discours pour laisser le tribunal examiner lui-même une pièce à conviction. La représentation littéraire, la *mimésis* des anciens, ce n'est donc pas le récit plus les « discours » : c'est le récit, et seulement le récit. Platon opposait *mimésis* à *diégésis* comme une imitation par-

faite à une imitation imparfaite; mais (comme Platon lui-
même l'a montré dans le *Cratyle*) l'imitation parfaite n'est plus
une imitation, c'est la chose même, et finalement la seule
imitation, c'est l'imparfaite. *Mimésis*, c'est *diégésis*.

Narration et description.

Mais la représentation littéraire ainsi définie, si elle se
confond avec le récit (au sens large), ne se réduit pas aux
éléments purement narratifs (au sens étroit) du récit. Il
faut maintenant faire droit, au sein même de la diégèse, à une
distinction qui n'apparaît ni chez Platon ni chez Aristote,
et qui dessinera une nouvelle frontière, intérieure au domaine
de la représentation. Tout récit comporte en effet, quoique
intimement mêlées et en proportions très variables, d'une
part des représentations d'actions et d'événements, qui
constituent la narration proprement dite, et d'autre part
des représentations d'objets ou de personnages, qui sont le
fait de ce que l'on nomme aujourd'hui la *description*. L'opposition entre narration et description, d'ailleurs accentuée
par la tradition scolaire, est un des traits majeurs de notre
conscience littéraire. Il s'agit pourtant là d'une distinction
relativement récente, dont il faudrait un jour étudier la
naissance et le développement dans la théorie et la pratique
de la littérature. Il ne semble pas, à première vue, qu'elle ait
une existence très active avant le XIXᵉ siècle, où l'introduction de longs passages descriptifs dans un genre typiquement
narratif comme le roman met en évidence les ressources et
les exigences du procédé [1].

Cette persistante confusion, ou insouciance à distinguer,
qu'indique très nettement, en grec, l'emploi du terme commun *diégésis*, tient peut-être surtout au statut littéraire très

1. On la trouve cependant chez Boileau, à propos de l'épopée :
    Soyez vif et pressé dans vos narrations ;
    Soyez riche et pompeux dans vos descriptions.
                                                    (*Art. Poét.* III, 257-258.)

inégal des deux types de représentation. En principe, il est évidemment possible de concevoir des textes purement descriptifs, visant à représenter des objets dans leur seule existence spatiale, en dehors de tout événement et même de toute dimension temporelle. Il est même plus facile de concevoir une description pure de tout élément narratif que l'inverse, car la désignation la plus sobre des éléments et des circonstances d'un procès peut déjà passer pour une amorce de description : une phrase comme « La maison est blanche avec un toit d'ardoise et des volets verts » ne comporte aucun trait de narration, tandis qu'une phrase comme « L'homme s'approcha de la table et prit un couteau » contient au moins, à côté des deux verbes d'action, trois substantifs qui, si peu qualifiés soient-ils, peuvent être considérés comme descriptifs du seul fait qu'ils désignent des êtres animés ou inanimés; même un verbe peut être plus ou moins descriptif, dans la précision qu'il donne au spectacle de l'action (il suffit pour s'en convaincre de comparer « saisit un couteau », par exemple, à « prit un couteau »), et par conséquent aucun verbe n'est tout à fait exempt de résonance descriptive. On peut donc dire que la description est plus indispensable que la narration, puisqu'il est plus facile de décrire sans raconter que de raconter sans décrire (peut-être parce que les objets peuvent exister sans mouvement, mais non le mouvement sans objets). Mais cette situation de principe indique déjà, en fait, la nature du rapport qui unit les deux fonctions dans l'immense majorité des textes littéraires : la description pourrait se concevoir indépendamment de la narration, mais en fait on ne la trouve pour ainsi dire jamais à l'état libre; la narration, elle, ne peut exister sans description, mais cette dépendance ne l'empêche pas de jouer constamment le premier rôle. La description est tout naturellement *ancilla narrationis*, esclave toujours nécessaire, mais toujours soumise, jamais émancipée. Il existe des genres narratifs, comme l'épopée, le conte, la nouvelle, le roman, où la description peut occuper une très grande place, voire matériellement la plus grande, sans cesser d'être, comme par vocation, un simple auxiliaire du récit. Il n'existe pas, en revanche, de genres descriptifs, et l'on imagine mal, en dehors du domaine didactique (ou de fictions semi-didactiques comme celles de Jules Verne), une œuvre où le récit se comporterait en auxiliaire de la description.

L'étude des rapports entre le narratif et le descriptif se ramène donc, pour l'essentiel, à considérer les *fonctions diégétiques* de la description, c'est-à-dire le rôle joué par les passages ou les aspects descriptifs dans l'économie générale du récit. Sans tenter d'entrer ici dans le détail de cette étude, on retiendra du moins, dans la tradition littéraire « classique » (d'Homère à la fin du XIXᵉ siècle), deux fonctions relativement distinctes. La première est d'ordre en quelque sorte décoratif. On sait que la rhétorique traditionnelle range la description, au même titre que les autres figures de style, parmi les ornements du discours : la description étendue et détaillée apparaît ici comme une pause et une récréation dans le récit, de rôle purement esthétique, comme celui de la sculpture dans un édifice classique. L'exemple le plus célèbre en est peut-être la description du bouclier d'Achille au chant XVIII de l'*Iliade*[1]. C'est sans doute à ce rôle de décor que pense Boileau quand il recommande la richesse et la pompe dans ce genre de morceaux. L'époque baroque s'est signalée par une sorte de prolifération de l'excursus descriptif, très sensible par exemple dans le *Moyse sauvé* de Saint-Amant, et qui a fini par détruire l'équilibre du poème narratif à son déclin.

La seconde grande fonction de la description, la plus manifeste aujourd'hui parce qu'elle s'est imposée, avec Balzac, dans la tradition du genre romanesque, est d'ordre à la fois explicatif et symbolique : les portraits physiques,

---

1. Au moins comme l'a interprétée et imitée la tradition classique. Il faut remarquer d'ailleurs que la description y tend à s'animer et donc à se narrativiser.

les descriptions d'habillements et d'ameublements tendent, chez Balzac et ses successeurs réalistes, à révéler et en même temps à justifier la psychologie des personnages, dont ils sont à la fois signe, cause et effet. La description devient ici, ce qu'elle n'était pas à l'époque classique, un élément majeur de l'exposition : que l'on songe aux maisons de Mlle Cormon dans *la Vieille Fille* ou de Balthazar Claës dans *la Recherche de l'Absolu*. Tout cela est d'ailleurs trop bien connu pour que l'on se permette d'y insister. Remarquons seulement que l'évolution des formes narratives, en substituant la description significative à la description ornementale, a tendu (au moins jusqu'au début du XXe siècle) à renforcer la domination du narratif : la description a sans aucun doute perdu en autonomie ce qu'elle a gagné en importance dramatique. Quant à certaines formes du roman contemporain qui sont apparues tout d'abord comme des tentatives pour libérer le mode descriptif de la tyrannie du récit, il n'est pas certain qu'il faille vraiment les interpréter ainsi : si on la considère de ce point de vue, l'œuvre de Robbe-Grillet apparaît peut-être davantage comme un effort pour constituer un récit (une *histoire*) par le moyen presque exclusif de descriptions imperceptiblement modifiées de page en page, ce qui peut passer à la fois pour une promotion spectaculaire de la fonction descriptive, et pour une confirmation éclatante de son irréductible finalité narrative.

Il faut observer enfin que toutes les différences qui séparent description et narration sont des différences de contenu, qui n'ont pas à proprement parler d'existence sémiologique : la narration s'attache à des actions ou des événements considérés comme purs procès, et par là même elle met l'accent sur l'aspect temporel et dramatique du récit; la description au contraire, parce qu'elle s'attarde sur des objets et des êtres considérés dans leur simultanéité, et qu'elle envisage les procès eux-mêmes comme des spectacles, semble suspendre le cours du temps et contribue à étaler le récit dans l'espace. Ces deux types de discours peuvent donc apparaître comme exprimant deux attitudes antithétiques devant le monde et l'existence, l'une plus active, l'autre plus contemplative et donc, selon une équivalence traditionnelle, plus « poétique ». Mais du point de vue des modes de représentation, raconter un événement et décrire un objet sont deux opérations semblables, qui mettent en jeu les mêmes ressources du langage. La différence la plus significative serait peut-être que la narration restitue, dans la succession temporelle de son discours, la succession également temporelle des événements, tandis que la description doit moduler dans le successif la représentation d'objets simultanés et juxtaposés dans l'espace : le langage narratif se distinguerait ainsi par une une sorte de coïncidence temporelle avec son objet, dont le langage descriptif serait au contraire irrémédiablement privé. Mais cette opposition perd beaucoup de sa force dans la littérature écrite, où rien n'empêche le lecteur de revenir en arrière et de considérer le texte, dans sa simultanéité spatiale, comme un *analogon* du spectacle qu'il décrit : les calligrammes d'Apollinaire ou les dispositions graphiques du *Coup de dés* ne font que pousser à la limite l'exploitation de certaines ressources latentes de l'expression écrite. D'autre part, aucune narration, pas même celle du reportage radiophonique, n'est rigoureusement synchrone à l'événement qu'elle relate, et la variété des rapports que peuvent entretenir le temps de l'histoire et celui du récit achève de réduire la spécificité de la représentation narrative. Aristote observe déjà que l'un des avantages du récit sur la représentation scénique est de pouvoir traiter plusieurs actions simultanées [1] : mais il lui faut bien les traiter successivement, et dès lors sa situation, ses ressources et ses limites sont analogues à celles du langage descriptif.

Il apparaît donc bien qu'en tant que mode de la représentation littéraire, la description ne se distingue pas assez nettement de la narration, ni par l'autonomie de ses fins, ni

1. 1459 b.

60

par l'originalité de ses moyens, pour qu'il soit nécessaire de rompre l'unité narrativo-descriptive (à dominante narrative) que Platon et Aristote ont nommée récit. Si la description marque une frontière du récit, c'est bien une frontière intérieure, et somme toute assez indécise : on englobera donc sans dommage, dans la notion de récit, toutes les formes de la représentation littéraire, et l'on considérera la description non comme un de ses modes (ce qui impliquerait une spécificité de langage), mais, plus modestement, comme un de ses aspects — fût-ce, d'un certain point de vue, le plus attachant.

Récit et discours.

A lire la *République* et la *Poétique*, il semble que Platon et Aristote aient préalablement et implicitement réduit le champ de la littérature au domaine particulier de la littérature représentative : *poièsis = mimèsis*. Si l'on considère tout ce qui se trouve exclu du poétique par cette décision, on voit se dessiner une dernière frontière du récit qui pourrait être la plus importante et la plus significative. Il ne s'agit de rien de moins que de la poésie lyrique, satirique, et didactique : soit, pour s'en tenir à quelques-uns des noms que devait connaître un Grec du ve ou du ive siècle, Pindare, Alcée, Sapho, Archiloque, Hésiode. Ainsi, pour Aristote, et bien qu'il use du même mètre qu'Homère, Empédocle n'est pas un poète : « Il faut appeler l'un poète et l'autre physicien plutôt que poète[1]. » Mais certes, Archiloque, Sapho, Pindare ne peuvent être appelés physiciens : ce qu'ont en commun tous les exclus de la *Poétique*, c'est que leur œuvre ne consiste pas en l'imitation, par récit ou représentation scénique, d'une action, réelle ou feinte, extérieure à la personne et à la parole du poète, mais simplement en un discours

1. 1447 b.

tenu par lui directement et en son propre nom. Pindare chante les mérites du vainqueur olympique, Archiloque invective ses ennemis politiques, Hésiode donne des conseils aux agriculteurs, Empédocle ou Parménide expose sa théorie de l'univers : il n'y a là aucune représentation, aucune fiction, simplement une parole qui s'investit directement dans le discours de l'œuvre. On en dira autant de la poésie élégiaque latine et de tout ce que nous appelons aujourd'hui très largement poésie lyrique, et, passant à la prose, de tout ce qui est éloquence, réflexion morale et philosophique [1], exposé scientifique ou para-scientifique, essai, correspondance, journal intime, etc. Tout ce domaine immense de l'expression directe, quels qu'en soient les modes, les tours, les formes, échappe à la réflexion de la *Poétique* en tant qu'il néglige la fonction représentative de la poésie. Nous avons là un nouveau partage, d'une très grande ampleur, puisqu'il divise en deux parties d'importance sensiblement égale l'ensemble de ce que nous appelons aujourd'hui la littérature.

Ce partage correspond à peu près à la distinction proposée naguère par Émile Benveniste [2] entre *récit* (ou *histoire*) et *discours*, avec cette différence que Benveniste englobe dans la catégorie du discours tout ce qu'Aristote appelait imitation directe, et qui consiste effectivement, du moins pour sa partie verbale, en discours prêté par le poète ou le narrateur à l'un de ses personnages. Benveniste montre que certaines formes grammaticales, comme le pronom *je* (et sa référence implicite *tu*), les « indicateurs » pronominaux (certains démonstratifs) ou adverbiaux (comme *ici*, *maintenant*, *hier*, *aujourd'hui*, *demain*, etc.), et, au moins en français, certains temps du verbe, comme le présent, le passé composé ou le futur, se trouvent réservés au discours, alors que le récit dans

1. Comme c'est la diction qui compte ici, et non ce qui est dit, on exclura de cette liste, comme le fait Aristote (1447 b), les dialogues socratiques de Platon, et tous les exposés en forme dramatique, qui relèvent de l'imitation en prose.
2. « Les relations de temps dans le verbe français », *Problèmes de linguistique générale*, p. 237-250.

sa forme stricte se marque par l'emploi exclusif de la troisième personne et de formes telles que l'aoriste (passé simple)
et le plus-que-parfait. Quels qu'en soient les détails et les
variations d'un idiome à l'autre, toutes ces différences se
ramènent clairement à une opposition entre l'objectivité du
récit et la subjectivité du discours; mais il faut préciser qu'il
s'agit là d'une objectivité et d'une subjectivité définies par
des critères d'ordre proprement linguistique : est « subjectif » le discours où se marque, explicitement ou non, la présence de (ou la référence à) *je*, mais ce *je* ne se définit pas
autrement que comme la personne qui tient ce discours, de
même que le présent, qui est le temps par excellence du mode
discursif, ne se définit pas autrement que comme le moment
où est tenu le discours, son emploi marquant « la coïncidence
de l'événement décrit avec l'instance de discours qui le
décrit[1] ». Inversement, l'objectivité du récit se définit par
l'absence de toute référence au narrateur : « A vrai dire, il
n'y a même plus de narrateur. Les événements sont posés
comme ils se sont produits à mesure qu'ils apparaissent à
l'horizon de l'histoire. Personne ne parle ici; les événements
semblent se raconter eux-mêmes[2]. »

Nous avons là, sans aucun doute, une description parfaite
de ce qu'est en son essence, et dans son opposition radicale
à toute forme d'expression personnelle du locuteur, le récit
à l'état pur, tel qu'on peut idéalement le concevoir, et tel
qu'on peut effectivement le saisir sur quelques exemples
privilégiés, comme ceux qu'emprunte Benveniste lui-même
à l'historien Glotz et à Balzac. Reproduisons ici l'extrait de
Gambara, que nous aurons à considérer avec quelque
attention :

« Après un tour de galerie, le jeune homme regarda tour
à tour le ciel et sa montre, fit un geste d'impatience, entra
dans un bureau de tabac, y alluma un cigare, se posa devant

1. « De la subjectivité dans le langage », *op. cit.*, p. 262.
2. *Ibid.*, p. 241.

une glace, et jeta un regard sur son costume, un peu plus riche que ne le permettent en France les lois du goût. Il rajusta son col et son gilet de velours noir sur lequel se croisait plusieurs fois une de ces grosses chaînes d'or fabriquées à Gênes ; puis, après avoir jeté par un seul mouvement sur son épaule gauche son manteau doublé de velours en le drapant avec élégance, il reprit sa promenade sans se laisser distraire par les œillades bourgeoises qu'il recevait. Quand les boutiques commencèrent à s'illuminer et que la nuit lui parut assez noire, il se dirigea vers la place du Palais-Royal en homme qui craignait d'être reconnu, car il côtoya la place jusqu'à la fontaine, pour gagner à l'abri des fiacres l'entrée de la rue Froidmanteau... »

A ce degré de pureté, la diction propre du récit est en quelque sorte la transitivité absolue du texte, l'absence parfaite (si l'on néglige quelques entorses sur lesquelles nous reviendrons tout à l'heure), non seulement du narrateur, mais bien de la narration elle-même, par l'effacement rigoureux de toute référence à l'instance de discours qui la constitue. Le texte est là, sous nos yeux, sans être proféré par personne, et aucune (ou presque) des informations qu'il contient n'exige, pour être comprise ou appréciée, d'être rapportée à sa source, évaluée par sa distance ou sa relation au locuteur et à l'acte de locution. Si l'on compare un tel énoncé à une phrase telle que celle-ci : « J'attendais pour vous écrire que j'eusse un séjour fixe. Enfin je suis décidé : je passerai l'hiver ici [1] », on mesure à quel point l'autonomie du récit s'oppose à la dépendance du discours, dont les déterminations essentielles (qui est *je*, qui est *vous*, quel lieu désigne *ici ?*) ne peuvent être déchiffrées que par rapport à la situation dans laquelle il a été produit. Dans le discours, quelqu'un parle, et sa situation dans l'acte même de parler est le foyer des significations les plus importantes ; dans le récit, comme Benveniste le dit avec force, *personne ne parle*, en ce sens qu'à

1. Senancour, *Oberman*, Lettre V.

aucun moment nous n'avons à nous demander *qui parle, où* et *quand*, etc., pour recevoir intégralement la signification du texte.

Mais il faut ajouter aussitôt que ces essences du récit et du discours ainsi définies ne se trouvent presque jamais à l'état pur dans aucun texte : il y a presque toujours une certaine proportion de récit dans le discours, une certaine dose de discours dans le récit. A vrai dire, ici s'arrête la symétrie, car tout se passe comme si les deux types d'expression se trouvaient très différemment affectés par la contamination : l'insertion d'éléments narratifs dans le plan du discours ne suffit pas à émanciper celui-ci, car ils demeurent le plus souvent liés à la référence au locuteur, qui reste implicitement présent à l'arrière-plan, et qui peut intervenir de nouveau à chaque instant sans que ce retour soit éprouvé comme une « intrusion ». Ainsi, nous lisons dans les *Mémoires d'outre-tombe* ce passage apparemment objectif : « Lorsque la mer était haute et qu'il y avait tempête, la vague, fouettée au pied du château, du côté de la grande grève, jaillissait jusqu'aux grandes tours. A vingt pieds d'élévation au-dessus de la base d'une de ces tours, régnait un parapet en granit, étroit et glissant, incliné, par lequel on communiquait au ravelin qui défendait le fossé : il s'agissait de saisir l'instant entre deux vagues, de franchir l'endroit périlleux avant que le flot se brisât et couvrît la tour... [1] » Mais nous savons que le narrateur, dont la personne s'est momentanément effacée pendant ce passage, n'est pas parti très loin, et nous ne sommes ni surpris ni gênés lorsqu'il reprend la parole pour ajouter : « Pas un de *nous* ne se refusait à l'aventure, mais *j'ai* vu des enfants pâlir avant de la tenter. » La narration n'était pas vraiment sortie de l'ordre du discours à la première personne, qui l'avait absorbée sans effort ni distorsion, et sans cesser d'être lui-même. Au contraire, toute intervention d'éléments discursifs à l'intérieur d'un récit est ressentie

1. Livre premier, ch. v.

comme une entorse à la rigueur du parti narratif. Il en est ainsi de la brève réflexion insérée par Balzac dans le texte rapporté plus haut : « son costume *un peu plus riche que ne le permettent en France les lois du goût.* » On peut en dire autant de l'expression démonstrative « *une de ces chaînes d'or fabriquées à Gênes* », qui contient évidemment l'amorce d'un passage au présent (*fabriquées* correspond non pas à *que l'on fabriquait*, mais bien à *que l'on fabrique*) et d'une allocution directe au lecteur, implicitement pris à témoin. On en dira encore autant de l'adjectif « œillades *bourgeoises* » et de la locution adverbiale « *avec élégance* », qui impliquent un jugement dont la source est ici visiblement le narrateur; de l'expression relative « *en homme qui craignait* », que le latin marquerait d'un subjonctif pour l'appréciation personnelle qu'elle comporte; et enfin de la conjonction « *car* il côtoya », qui introduit une explication proposée par le narrateur. Il est évident que le récit n'intègre pas ces enclaves discursives, justement appelées par Georges Blin « intrusions d'auteur », aussi facilement que le discours accueille les enclaves narratives : le récit inséré dans le discours se transforme en élément de discours, le discours inséré dans le récit reste discours et forme une sorte de kyste très facile à reconnaître et à localiser. La pureté du récit, dirait-on, est plus manifeste que celle du discours.

La raison de cette dissymétrie est au demeurant très simple, mais elle nous désigne un caractère décisif du récit : en vérité, le discours n'a aucune pureté à préserver, car il est le mode « naturel » du langage, le plus large et le plus universel, accueillant par définition à toutes les formes; le récit, au contraire, est un mode particulier, *marqué*, défini par un certain nombre d'exclusions et de conditions restrictives (refus du présent, de la première personne, etc.). Le discours peut « raconter » sans cesser d'être discours, le récit ne peut « discourir » sans sortir de lui-même. Mais il ne peut pas non plus s'en abstenir sans tomber dans la sécheresse et l'indigence : c'est pourquoi le récit n'existe pour ainsi dire nulle part dans sa forme rigoureuse. La moindre observation générale, le moindre adjectif un peu plus que descriptif, la plus discrète comparaison, le plus modeste « peut-être », la plus inoffensive des articulations logiques introduisent dans sa trame un type de parole qui lui est étranger, et comme réfractaire. Il faudrait, pour étudier le détail de ces accidents parfois microscopiques, de nombreuses et minutieuses analyses de textes. Un des objectifs de cette étude pourrait être de répertorier et de classer les moyens par lesquels la littérature narrative (et particulièrement romanesque) a tenté d'organiser d'une manière acceptable, à l'intérieur de sa propre *lexis*, les rapports délicats qu'y entretiennent les exigences du récit et les nécessités du discours.

On sait en effet que le roman n'a jamais réussi à résoudre d'une manière convaincante et définitive le problème posé par ces rapports. Tantôt, comme ce fut le cas à l'époque classique, chez un Cervantes, un Scarron, un Fielding, l'auteur-narrateur, assumant complaisamment son propre discours, intervient dans le récit avec une indiscrétion ironiquement appuyée, interpellant son lecteur sur le ton de la conversation familière; tantôt au contraire, comme on le voit encore à la même époque, il transfère toutes les responsabilités du discours à un personnage principal qui *parlera*, c'est-à-dire à la fois racontera et commentera les événements, à la première personne : c'est le cas des romans picaresques, de *Lazarillo* à *Gil Blas*, et d'autres œuvres fictivement autobiographiques comme *Manon Lescaut* ou *la Vie de Marianne;* tantôt encore, ne pouvant se résoudre ni à parler en son propre nom ni à confier ce soin à un seul personnage, il répartit le discours entre les divers acteurs, soit sous forme de lettres, comme l'a souvent fait le roman au XVIIIe siècle *(la Nouvelle Héloïse, les Liaisons dangereuses)*, soit, à la manière plus souple et plus subtile d'un Joyce ou d'un Faulkner, en faisant successivement assumer le récit par le discours intérieur de ses principaux personnages. Le seul moment où l'équilibre entre récit et discours semble avoir été assumé avec une parfaite bonne conscience, sans scrupule ni ostentation, c'est évidemment le XIXe siècle, l'âge classique de la narration objective, de Balzac à Tolstoï; on voit au contraire à quel point l'époque moderne a accentué la conscience de la difficulté, jusqu'à rendre certains types d'élocution comme physiquement impossibles pour les écrivains les plus lucides et les plus rigoureux.

On sait bien, par exemple, comment l'effort pour amener le récit à son plus haut degré de pureté a conduit certains écrivains américains, comme Hammett ou Hemingway, à en exclure l'exposé des motivations psychologiques, toujours difficile à conduire sans recours à des considérations générales d'allure discursive, les qualifications impliquant une appréciation personnelle du narrateur, les liaisons logiques, etc., jusqu'à réduire la diction romanesque à cette succession saccadée de phrases courtes, sans articulations, que Sartre reconnaissait en 1943 dans *l'Étranger* de Camus, et que l'on a pu retrouver dix ans plus tard chez Robbe-Grillet. Ce que l'on a souvent interprété comme une application à la littérature des théories behavioristes n'était peut-être que l'effet d'une sensibilité particulièrement aiguë à certaines incompatibilités de langage. Toutes les fluctuations de l'écriture romanesque contemporaine vaudraient sans doute d'être analysées de ce point de vue, et particulièrement la tendance actuelle, peut-être inverse de la précédente, et tout à fait manifeste chez un Sollers ou un Thibaudeau, par exemple, à résorber le récit dans le discours présent de l'écrivain en train d'écrire, dans ce que Michel Foucault appelle « le discours lié à l'acte d'écrire, contemporain de son déroulement et enfermé en lui[1] ». Tout se passe ici comme si la littérature avait épuisé ou débordé les ressources de son mode représentatif, et voulait se replier sur le murmure indéfini de son propre discours. Peut-être le roman, après la poésie, va-t-il sortir définitivement de l'âge de la représen-

1. « L'arrière-fable », *L'Arc*, numéro spécial sur Jules Verne, p. 6.

tation. Peut-être le récit, dans la singularité négative que l'on vient de lui reconnaître, est-il déjà pour nous, comme l'art pour Hegel, une *chose du passé*, qu'il faut nous hâter de considérer dans son retrait, avant qu'elle n'ait complètement déserté notre horizon [1].

1. Sur les difficultés de la mimésis narrative (p. 53-55), je trouve après coup dans les *Cahiers* de Valéry (Pléiade, II, p. 866) cette remarque précieuse : « La littérature parfois reproduit absolument certaines choses — telles le dialogue, un discours, un mot dit véritablement. Là, elle répète et fixe. A côté, elle décrit — opération complexe, comportant abréviations, probabilité, degrés de liberté, approximations. Enfin, elle décrit les esprits aussi par des procédés qui sont assez conformes quand il y a parole intérieure — hasardeux pour les images, faux et absurdes quant à la suite, aux émotions, au voltigement des réflexes. »

VRAISEMBLANCE ET MOTIVATION

Le xviie siècle français a connu, en littérature, deux grands procès de vraisemblance. Le premier se situe sur le terrain proprement aristotélicien de la tragédie — ou plus exactement, en l'occurrence, de la tragi-comédie — : c'est la querelle du *Cid* (1637); le second étend la juridiction au domaine du récit en prose : c'est l'affaire de *la Princesse de Clèves* (1678). Dans les deux cas, en effet, l'examen critique d'une œuvre s'est ramené pour l'essentiel à un débat sur la vraisemblance d'une des actions constitutives de la fable : la conduite de Chimène à l'égard de Rodrigue après la mort du Comte, l'aveu fait par Mme de Clèves à son mari [1]. Dans les deux cas aussi l'on voit combien la vraisemblance se distingue de la vérité historique ou particulière : « Il est vrai, dit Scudéry, que Chimène épousa le Cid, mais il n'est point vraisemblable qu'une fille d'honneur épouse le meurtrier de son père [2] »; et Bussy-Rabutin : « L'aveu de Mme de Clèves à son mari est

---

1. On ne reviendra pas ici sur tous les détails de ces deux affaires, dont on peut trouver les pièces d'une part dans A. Gasté, *La Querelle du Cid*, Paris, 1898, et d'autre part dans la collection de l'année 1678 du *Mercure Galant*, dans Valincour, *Lettres sur le sujet de la Princesse de Clèves* (1678), édition procurée par A. Cazes, Paris (1925), et dans les *Conversations sur la critique de la Princesse de Clèves*, Paris, 1679. Une lettre de Fontenelle au *Mercure* et une autre, de Bussy-Rabutin à Mme de Sévigné, sont en appendice de l'édition Cazes de la *Princesse*, Les Belles Lettres, Paris, 1934, à laquelle renverront ici toutes les citations du roman. Sur les théories classiques du vraisemblable, consulter René Bray, *Formation de la Doctrine classique*, Paris, 1927, et Jacques Schérer, *La Dramaturgie classique en France*, Paris, 1962.

2. *Observations sur le Cid*, in Gasté, p. 75.

extravagant et ne se peut dire que dans une histoire véritable ; mais quand on en fait une à plaisir, il est ridicule de donner à son héroïne un sentiment si extraordinaire [1]. » Dans les deux cas encore, se marque de la façon la plus nette la liaison étroite, et pour mieux dire l'amalgame entre les notions de vraisemblance et de bienséance, amalgame parfaitement représenté par l'ambiguïté bien connue (*obligation* et *probabilité*) du verbe *devoir* : le sujet du *Cid* est mauvais parce que Chimène ne *devait pas* recevoir Rodrigue après le duel fatal, souhaiter sa victoire sur don Sanche, accepter, même tacitement, la perspective d'un mariage, etc. ; l'action de *la Princesse de Clèves* est mauvaise parce que Mme de Clèves ne *devait pas* prendre son mari pour confident, — ce qui signifie évidemment tout à la fois que ces actions sont contraires aux bonnes mœurs [2], et qu'elles sont contraires à toute prévision raisonnable : infraction et accident. L'abbé d'Aubignac, excluant de la scène un acte historique comme le meurtre d'Agrippine par Néron, écrit de même : « Cette barbarie serait non seulement horrible à ceux qui la verraient, mais même incroyable, à cause que cela ne *devait point* arriver » ; ou encore, sur un mode plus théorique : « La scène ne donne point les choses comme elles ont été, mais comme elles *devaient être* [3]. » On sait depuis Aristote que le sujet du théâtre — et, extensivement, de toute fiction — n'est ni le vrai ni le possible mais le vraisemblable, mais on tend à identifier de plus en plus nettement le vraisemblable au *devant-être*. Cette identification et l'opposi-

---

1. *La Princesse de Clèves*, éd. Cazes, p. 198.
2. Telles qu'on les entend à l'époque. Laissant de côté l'insipide débat au fond, notons seulement le caractère aristocratique assez marqué des deux critiques dans leur ensemble : à propos du *Cid*, l'esprit de vendetta et de piété familiale prévalant sur les sentiments personnels, et dans le cas de *la Princesse*, la distension du lien conjugal et le mépris pour toute intimité affective entre époux. Bernard Pingaud résume bien (*Madame de la Fayette*, Seuil, p. 145) l'opinion de la plupart des lecteurs, hostiles à l'aveu, par cette phrase : « Le procédé de Mme de Clèves leur semble *du dernier bourgeois.* »
3. *La Pratique du Théâtre* (1657), éd. Martino, Alger, 1927, p. 76 et 68. Souligné par nous.

tion entre vraisemblance et vérité sont énoncées du même souffle, en des termes typiquement platoniciens, par le P. Rapin : « La vérité ne fait les choses que comme elles sont, et la vraisemblance les fait comme elles doivent être. La vérité est presque toujours défectueuse, par le mélange des conditions singulières qui la composent. Il ne naît rien au monde qui ne s'éloigne de la perfection de son idée en y naissant. Il faut chercher des originaux et des modèles dans la vraisemblance et dans les principes universels des choses : où il n'entre rien de matériel et de singulier qui les corrompe [1]. » Ainsi les *bienséances internes* se confondent-elles avec la *conformité*, ou *convenance*, ou *propriété* des mœurs exigée par Aristote, et qui est évidemment un élément de la vraisemblance : « Par la propriété des mœurs, dit la Mesnardière, le poète doit considérer qu'il ne faut jamais introduire sans nécessité absolue ni une fille vaillante, ni une femme savante, ni un valet judicieux... Mettre au théâtre ces trois espèces de personnes avec ces nobles conditions, c'est choquer directement la vraisemblance ordinaire... (Toujours sauf nécessité) qu'il ne fasse jamais un guerrier d'un Asiatique, un fidèle d'un Africain, un impie d'un Persien, un véritable d'un Grec, un généreux d'un Thracien, un subtil d'un Allemand, un modeste d'un Espagnol, ni un incivil d'un Français [2]. » En fait, vraisemblance et bienséance se rejoignent sous un même critère, à savoir, « tout ce qui est conforme à l'opinion du public [3] ». Cette « opinion », réelle ou supposée, c'est assez précisément ce que l'on nommerait aujourd'hui une idéologie, c'est-à-dire un corps de maximes et de préjugés qui constitue tout à la fois une vision du monde et un système de valeurs. On peut donc indifféremment énoncer le jugement d'invraisemblance sous une forme éthique, soit : *Le Cid* est une mauvaise pièce parce qu'il donne en exemple la conduite d'une

---

1. *Réflexions sur la Poétique* (1674), *Œuvres*, Amsterdam, 1709, II, p. 115-116.
2. *La Poétique* (1639), cité par Bray, *op. cit.*, p. 221.
3. Rapin, *op. cit.*, p. 114. C'est sa définition du vraisemblable.

fille dénaturée[1], ou sous une forme logique, soit : *le Cid*
est une mauvaise pièce parce qu'il donne une conduite
répréhensible à une fille présentée comme honnête[2]. Mais
il est bien évident qu'une même maxime sous-tend ces deux
jugements, à savoir qu'*une fille ne doit pas épouser le meurtrier
de son père*, ou encore qu'*une fille honnête n'épouse pas le meurtrier
de son père*; ou mieux et plus modestement, qu'*une fille honnête
ne doit pas épouser*, etc. : c'est-à-dire qu'un tel fait est à la limite
possible et concevable, mais comme *un accident*. Or, le théâtre
(la fiction) ne doit représenter que l'*essentiel*. L'inconduite de
Chimène, l'imprudence de Mme de Clèves sont des actions
« extravagantes », selon le mot si expressif de Bussy, et
l'*extravagance est un privilège du réel*.

Telle est, grossièrement caractérisée, l'attitude d'esprit sur
laquelle repose explicitement la théorie classique du vraisemblable, et implicitement tous les systèmes de vraisemblance
encore en vigueur dans des genres populaires tels que le
roman policier, le feuilleton sentimental, le western, etc.
D'une époque à l'autre, d'un genre à l'autre, le contenu du
système, c'est-à-dire la teneur des normes ou *jugements
d'essence* qui le constituent, peut varier en tout ou en partie
(d'Aubignac remarque, par exemple, que le vraisemblable
politique des Grecs, qui étaient républicains et dont la
« croyance » était « que la monarchie est toujours tyrannique »,
n'est plus recevable pour un spectateur français du
XVIIe siècle : « nous ne voulons point croire que les rois
puissent être méchants[3] »); ce qui subsiste, et qui définit
le vraisemblable, c'est le principe formel de respect de la
norme, c'est-à-dire l'existence d'un rapport d'implication
entre la conduite particulière attribuée à tel personnage, et

1. Scudéry (Gasté, p. 79-80) : le dénouement du *Cid* « choque les bonnes
mœurs », la pièce entière « est de très mauvais exemple ».
2. Chapelain (*Ibid.*, p. 365) : « Le sujet du *Cid* est défectueux dans sa plus
essentielle partie... car... la bienséance des mœurs d'une fille introduite comme
vertueuse n'y est gardée par le Poète. »
3. *Pratique du Théâtre*, p. 72-73.

telle maxime générale [1] implicite et reçue. Ce rapport d'implication fonctionne aussi comme un principe d'*explication* : le général détermine et donc explique le particulier, comprendre la conduite d'un personnage (par exemple), c'est pouvoir la référer à une maxime admise, et cette référence est reçue comme une remontée de l'effet à la cause : Rodrigue provoque le comte *parce que* « rien ne peut empêcher un fils bien né de venger l'honneur de son père » ; inversement, une conduite est incompréhensible, ou *extravagante*, lorsque aucune maxime n'en peut rendre compte. Pour comprendre l'aveu de Mme de Clèves, il faudrait le rapporter à une maxime telle que : « une honnête femme doit tout confier à son mari » ; au XVIIe siècle, cette maxime n'est pas admise (ce qui revient à dire qu'elle n'existe pas) ; on lui préférerait volontiers celle-ci, que propose dans le *Mercure Galant* un lecteur scandalisé : « une femme ne doit jamais se hasarder à donner des alarmes à son mari » ; la conduite de la Princesse est donc incompréhensible en ce sens précis qu'elle est une *action sans maxime*. Et l'on sait d'ailleurs que Mme de la Fayette est la première à revendiquer, par la bouche de son héroïne, la gloire un peu scandaleuse de cette anomalie : « Je vais vous faire un aveu que l'on n'a jamais fait à un mari » ; et encore : « La singularité d'un tel aveu, dont elle ne trouvait point d'exemple » ; et encore : « Il n'y a pas dans le monde une autre aventure pareille à la mienne » ; et même (il faut ici tenir compte de la situation, qui lui impose de dissimuler devant la Reine Dauphine, mais le mot est à relever) : « Cette histoire ne me paraît guère vraisemblable [2]. » Une telle parade d'originalité est à elle seule un défi à l'esprit classique ; il faut cependant ajouter que Mme de la Fayette

---

1. Pour Aristote, on le sait, une maxime est l'expression d'une généralité concernant les conduites humaines (*Rhétorique II*, 1394 a) : mais il s'agit là des maximes de l'orateur. Les maximes du vraisemblable peuvent être d'un degré de généralité très variable, car on sait bien, par exemple, que le vraisemblable de la comédie n'est pas celui de la tragédie, ou de l'épopée.
2. *La Princesse de Clèves*, p. 109, 112, 126, 121.

s'était quelque peu garantie d'un autre côté en plaçant son héroïne dans une situation telle que l'aveu devenait la seule issue possible, justifiant ainsi par le *nécessaire* (au sens grec de l'*anankaion* aristotélicien, c'est-à-dire l'inévitable) ce qui ne l'était pas par le vraisemblable : son mari voulant l'obliger à revenir à la cour, Mme de Clèves se trouve *contrainte* de lui révéler la raison de sa retraite, comme elle l'avait d'ailleurs prévu : « Si M. de Clèves s'opiniâtre à l'empêcher ou à en vouloir savoir les raisons, peut-être lui ferai-je le mal, et à moi-même aussi, de les lui apprendre. » Mais on voit bien que ce mode de motivation n'est pas décisif aux yeux de l'auteur, puisque cette phrase se trouve récusée par cette autre : « Elle se demandait pourquoi elle avait fait une chose si hasardeuse, et elle trouvait qu'elle s'y était engagée sans en avoir eu presque le dessein [1] »; c'est en effet qu'un dessein contraint n'est pas tout à fait un dessein; la vraie réponse au *pourquoi*, c'est : *parce qu'elle ne pouvait pas faire autrement*, mais ce *parce que* de nécessité n'est pas d'une très haute dignité psychologique, et il semble n'avoir guère été pris en considération dans la querelle de l'aveu : en « morale » classique, les seules raisons respectables sont les raisons de vraisemblance.

Le récit vraisemblable est donc un récit dont les actions répondent, comme autant d'applications ou de cas particuliers, à un corps de maximes reçues comme vraies par le public auquel il s'adresse; mais ces maximes, du fait même qu'elles sont admises, restent le plus souvent implicites. Le rapport entre le récit vraisemblable et le système de vraisemblance auquel il s'astreint est donc essentiellement muet : les conventions de genre fonctionnent comme un système de forces et de contraintes naturelles, auxquelles le récit obéit comme sans les percevoir, et *a fortiori* sans les nommer. Dans le western classique, par exemple, les règles de conduite (entre autres) les plus strictes sont appliquées sans être jamais expliquées, parce qu'elles vont absolument de soi dans

1. *Ibid.*, p. 105, 112.

le contrat tacite entre l'œuvre et son public. Le vraisemblable est donc ici un signifié sans signifiant, ou plutôt il n'a pas d'autre signifiant que l'œuvre elle-même. D'où cet agrément très sensible des œuvres « vraisemblables », qui souvent compense, et au-delà, la pauvreté ou la platitude de leur idéologie : le relatif *silence* de leur fonctionnement.

A l'autre bout de la chaîne, c'est-à-dire à l'extrême opposé de cet état de vraisemblable implicite, on trouverait les œuvres les plus émancipées de toute allégeance à l'*opinion du public*. Ici, le récit ne se soucie plus de respecter un système de vérités générales, il ne relève que d'une vérité particulière, ou d'une imagination profonde. L'originalité radicale, l'indépendance d'un tel parti le situe bien, idéologiquement, aux antipodes de la servilité du vraisemblable; mais les deux attitudes ont un point commun, qui est un égal effacement des commentaires et des justifications. Citons seulement, comme exemples de la seconde, le silence dédaigneux dont s'entoure, dans *le Rouge et le Noir*, la tentative de meurtre de Julien contre Mme de Rênal, ou dans *Vanina Vanini* le mariage final de Vanina avec le prince Savelli : ces actions brutales ne sont pas, en elles-mêmes, plus « incompréhensibles » que bien d'autres, et le plus maladroit des romanciers réalistes n'aurait pas eu de peine à les justifier par les voies d'une psychologie, disons confortable; mais on dirait que Stendhal a choisi délibérément de leur conserver, ou peut-être de leur conférer, par son refus de toute explication, cette individualité sauvage qui fait l'imprévisible des grandes actions — et des grandes œuvres. L'accent de vérité, à mille lieues de toute espèce de réalisme, ne se sépare pas ici du sentiment violent d'un arbitraire pleinement assumé, et qui néglige de se justifier. Il y a peut-être quelque chose de cela dans l'énigmatique *Princesse de Clèves*, à qui Bussy-Rabutin reprochait d'avoir « plus songé à ne pas ressembler aux autres romans qu'à suivre le bon sens ». On y remarquera en tout cas cet effet, qui tient peut-être à la fois à sa part de « classicisme » (c'est-à-dire de respect du vraisemblable) et à sa part de

« modernisme » (c'est-à-dire de mépris des vraisemblances) : l'extrême réserve du commentaire et l'absence à peu près complète de maximes générales [1], qui peut surprendre dans un récit dont on attribue parfois la rédaction finale à La Rochefoucauld et qui fait figure à tout le moins de roman de « moraliste ». En réalité, rien n'est plus étranger à son style que l'épiphrase [2] sentencieuse : comme si les actions en étaient toujours soit au-dessous, soit au-dessus de tout commentaire. A cette situation paradoxale, *la Princesse de Clèves* doit peut-être sa valeur exemplaire comme type et emblème du récit pur.

La manière dont les deux « extrémités » représentées ici par le récit vraisemblable le plus docile et le récit non vraisemblable le plus libéré se rejoignent dans un même mutisme à l'égard des mobiles et des maximes de l'action, là trop évidents, ici trop obscurs pour être exposés, induit naturellement à supposer dans l'échelle des récits une « gradation » à la manière pascalienne où le rôle du premier degré, qui est dans l'*ignorance naturelle*, serait tenu par le récit vraisemblable, et celui du troisième degré, à l'*ignorance savante qui se connaît*, par le récit énigmatique; resterait donc à repérer le type de récit correspondant à l'*entre-deux*, de récit *demi-habile*, autrement dit : sorti du silence naturel du vraisemblable et n'ayant pas encore atteint le silence profond de ce qu'on nommerait volontiers, en empruntant à Yves Bonnefoy le titre d'un de

1. Bernard Pingaud (*op. cit.*, p. 139) affirme le contraire, ce qui est un peu surprenant, même si l'on tient compte des quelques rares maximes prêtées à des personnages, qui n'entrent pas dans notre propos (seule exception, d'autant plus marquée : la série de maximes de Nemours sur le bal, p. 37-38).
2. Ce terme est ici détourné de son sens rhétorique strict (expansion inattendue donnée à une phrase apparemment terminée), pour désigner toute intervention du *discours* dans le *récit* : soit à peu près ce que la rhétorique appelait, d'un mot qui nous est devenu, pour d'autres raisons, malcommode : *épiphonème*.

ses livres, l'*improbable*. En effaçant, autant que faire se peut, de cette gradation toute connotation valorisante, on pourrait situer dans la région moyenne un type de récit trop éloigné des poncifs du vraisemblable pour se reposer sur le consensus de l'opinion vulgaire, mais en même temps trop attaché à l'assentiment de cette opinion pour lui imposer sans commentaire des actions dont la raison risquerait alors de lui échapper : récit trop original (peut-être trop « vrai ») pour être encore transparent à son public, mais encore [1] trop timide, ou trop complaisant, pour assumer son opacité. Un tel récit devrait alors chercher à se donner la transparence qui lui manque en multipliant les explications, en suppléant à tout propos les maximes, ignorées du public, capables de rendre compte de la conduite de ses personnages et de l'enchaînement de ses intrigues, bref en inventant ses propres poncifs et en simulant de toutes pièces et pour les besoins de sa cause un *vraisemblable artificiel* qui serait la théorie — cette fois-ci, et par force, explicite et déclarée — de sa propre pratique. Ce type de récit n'est pas une pure hypothèse, nous le connaissons tous, et, sous ses formes dégradées, il encombre encore la littérature de son intarissable bavardage. Mieux vaut ici le considérer sous son aspect le plus glorieux, qui se trouve être aussi le plus caractéristique et le plus accusé : il s'agit évidemment du récit balzacien. On a souvent raillé (et souvent imité) ces clauses pédagogiques qui introduisent avec une puissante lourdeur les retours en arrière explicatifs de *la Comédie humaine* : *Voici pourquoi... Pour comprendre ce qui va suivre, quelques explications sont peut-être nécessaires... Ceci veut une explication... Il est nécessaire d'entrer ici dans quelques explications... Il est nécessaire, pour l'intelligence de cette histoire*, etc. Mais le démon explicatif, chez Balzac, ne porte pas exclusivement, ni même essentiellement, sur l'enchaînement des faits; sa manifestation la

---

1. On ne prendra pas ce mot dans un sens temporel. S'il y a ici une évolution historique, elle est fort loin d'être rigoureuse.

plus fréquente et la plus caractéristique est bien la justification du fait particulier par une loi générale supposée inconnue, ou peut-être oubliée du lecteur et que le narrateur doit lui enseigner ou lui rappeler; d'où ces tics bien connus : *Comme toutes les vieilles filles... Quand une courtisane... Seule une duchesse...* La vie de province, par exemple, supposée à une distance quasi ethnographique du lecteur parisien, est l'occasion d'une sollicitude didactique inépuisable : « M. Grandet jouissait à Saumur d'une réputation dont les causes et les effets ne seront pas entièrement compris par les personnes qui n'ont point, peu ou prou, vécu en province... Ces paroles doivent paraître obscures à ceux qui n'ont pas encore observé les mœurs particulières aux cités divisées en ville haute et ville basse... Vous seuls, pauvres ilotes de province pour qui les distances sociales sont plus longues à parcourir que pour les Parisiens aux yeux desquels elles se raccourcissent de jour en jour... vous seuls comprendrez... [1]. » Pénétré qu'il était de cette difficulté, Balzac n'a rien épargné pour constituer et pour imposer, et l'on sait comme il y a réussi, un vraisemblable provincial qui est une véritable anthropologie de la province française, avec ses structures sociales (on vient de le voir), ses caractères (l'avare provincial type Grandet opposé à l'avare parisien type Gobseck), ses catégories professionnelles (voir l'avoué de province dans *Illusions perdues*), ses mœurs (« la vie étroite que l'on mène en province... les mœurs probes et sévères de la province... une de ces guerres à toutes armes comme il s'en fait en province »), ses traits intellectuels (« ce génie d'analyse que possèdent les provinciaux... comme les gens de province calculent tout... comme savent dissimuler les gens de province »), ses passions (« une de ces haines sourdes et capitales, comme il s'en rencontre en province ») : autant de formules [2]

---

1. *Eugénie Grandet*, éd. Garnier, p. 10; *Illusions perdues*, p. 36; *Ibid.*, p. 54.
2. *Eugénie Grandet, Le Curé de Tours, La Vieille Fille, Le Cabinet des Antiques, passim.*

qui, avec bien d'autres, composent comme le *background* idéologique « nécessaire à l'intelligence » d'une bonne partie de *la Comédie humaine*. Balzac, on le sait, a « des théories sur tout [1] », mais ces théories ne sont pas là pour le seul plaisir de théoriser, elles sont d'abord au service du récit : elles lui servent à chaque instant de caution, de justification, de *captatio benevolentiae*, elles bouchent toutes ses fissures, elles balisent tous ses carrefours.

Car le récit balzacien est souvent assez loin de cet infaillible enchaînement qu'on lui prête sur la foi de son assurance et de ce que Maurice Bardèche appelle son « apparente rigueur »; le même critique relève ainsi dans le seul *Curé de Tours* « la puissance de l'abbé Troubert, chef occulte de la Congrégation, la pleurésie de Mlle Gamard et la complaisance que met à mourir le vicaire général quand on a besoin de son camail » comme autant de « coïncidences un peu trop nombreuses pour qu'elles passent inaperçues [2] ». Mais ce ne sont pas seulement ces complaisances du hasard qui à chaque tournant font voir au lecteur un peu méfiant ce que Valéry aurait appelé la *main de Balzac*. Moins évidentes mais plus nombreuses et au fond plus importantes, les interventions qui portent sur la détermination des conduites, individuelles et collectives, et qui montrent la volonté de l'auteur de conduire l'action, coûte que coûte, dans telle direction et non dans telle autre. Les grandes séquences d'intrigue pure, intrigue mondaine comme l' « exécution » de Rubempré dans la deuxième partie d'*Illusions perdues*, ou juridique comme celle de Séchard dans la troisième partie, sont pleines de ces actions décisives dont les conséquences pourraient aussi bien être tout autres, de ces « erreurs fatales » qui auraient pu décider de la victoire, de ces « habiletés consommées » qui auraient dû tourner en catastrophe. Quand un personnage de Balzac est sur le chemin de la réussite, tous ses actes

1. Claude Roy, *Le Commerce des classiques*, p. 191.
2. *Balzac romancier*, p. 253.

paient ; quand il est sur la pente de l'échec, tous ses actes — les mêmes, aussi bien — conspirent à sa perte [1] : il n'est pas de plus belle illustration de l'incertitude et de la réversibilité des choses humaines. Mais Balzac ne se résigne pas à reconnaître cette indétermination dont il profite pourtant sans scrupules, et moins encore à laisser voir la façon dont lui-même manipule le cours des événements : et c'est ici qu'interviennent les justifications théoriques. « Assez souvent, reconnaît-il lui-même dans *Eugénie Grandet* [2], certaines actions de la vie humaine paraissent, *littérairement parlant, invraisemblables*, quoique vraies. Mais ne serait-ce pas parce qu'on omet presque toujours de répandre sur nos déterminations spontanées une sorte de lumière psychologique, en n'expliquant pas les raisons mystérieusement conçues qui les ont nécessitées ?... Beaucoup de gens aiment mieux nier les dénouements que de mesurer la force des liens, des nœuds, des attaches qui soudent secrètement un fait à un autre dans l'ordre moral. » On voit que la « lumière psychologique » a bien pour fonction, ici, de conjurer l'invraisemblable en révélant — ou en supposant — les *liens*, les *nœuds*, les *attaches* qui assurent tant bien que mal la cohérence de ce que Balzac nomme l'ordre moral. D'où ces enthymèmes caractéristiques du discours balzacien, qui font la joie des connaisseurs, et dont certains dissimulent à peine leur fonction de colmatage. Ainsi, pourquoi Mlle Cormon ne devine-t-elle pas les sentiments d'Athanase Granson ? « Capable d'inventer les raffinements de grandeur sentimentale qui l'avaient primitivement perdue, elle ne les reconnaissait pas chez Athanase. *Ce phénomène moral ne paraîtra pas extraordinaire aux gens qui*

---

1. « Dans la vie des ambitieux et de tous ceux qui ne peuvent parvenir qu'à l'aide des hommes et des choses, par un plan de conduite plus ou moins bien combiné, suivi, maintenu, il se rencontre un cruel moment où je ne sais quelle puissance les soumet à de rudes épreuves : tout manque à la fois, de tous côtés les fils rompent ou s'embrouillent, le malheur apparaît sur tous les points. » (*Illusions perdues*, p. 506). Chez Balzac, cette puissance s'appelle souvent Balzac.

2. P. 122. Souligné par nous.

savent que les qualités du cœur sont aussi indépendantes de celles de l'esprit que les facultés du génie le sont des noblesses de l'âme. Les hommes complets sont si rares que Socrate, etc. [1]. » Pourquoi Birotteau n'est-il pas pleinement satisfait de son existence après avoir recueilli l'héritage de Chapeloud ? « *Quoique* le bien-être que désire toute créature et qu'il avait si souvent rêvé, lui fût échu, *comme* il est difficile à tout le monde, *même* à un prêtre, de vivre sans un dada, depuis dix-huit mois l'abbé Birotteau avait remplacé ses deux passions satisfaites par le souhait d'un canonicat [2]. » Pourquoi le même abbé Birotteau abandonne-t-il le salon de Mlle Gamard (ce qui, comme on le sait, est l'origine même du drame) ? « La cause de cette désertion est facile à concevoir [3]. *Quoique* le vicaire fût un de ceux auxquels le paradis doit un jour appartenir en vertu de l'arrêt : Bienheureux les pauvres d'esprit ! il ne pouvait, *comme* beaucoup de sots, supporter l'ennui que lui causaient d'autres sots. Les gens sans esprit ressemblent aux mauvaises herbes qui se plaisent dans les bons terrains, et ils aiment d'autant plus à être amusés qu'ils s'ennuient eux-mêmes [4]. » Il est évident que l'on pourrait dire aussi bien le contraire, en cas de besoin, et il n'est pas de maximes qui appellent plus irrésistiblement le retournement ducassien. S'il le fallait, Mlle Cormon reconnaîtrait chez Athanase ses propres délicatesses, parce que *les grandes pensées viennent du cœur ;* Birotteau se contenterait de son appartement parce qu'*un sot n'a pas assez d'étoffe pour être ambitieux ;* il se plairait dans le salon béotien de Mlle Gamard parce qu'*asinus asinum fricat,* etc. Il arrive d'ail-

---

1. *La Vieille Fille*, p. 101. Souligné par nous.
2. *Le Curé de Tours*, p. 11. Suivons ici la *concatenatio rerum* jusqu'à son terme, où l'on voit une grande cause accoucher d'un petit effet : :... « *Aussi* la probabilité de sa nomination, les espérances qu'on venait de lui donner chez Mme de Listomère lui tournaient-elles *si bien* la tête, qu'il ne se rappela y avoir oublié son parapluie, qu'en arrivant à son domicile. » Souligné par nous.
3. Bel exemple de *dénégation*.
4. *Ibid.*, p. 23. Souligné par nous.

leurs que la même donnée entraîne successivement deux
conséquences opposées, à quelques lignes de distance :
« Comme la nature des esprits étroits les porte à deviner les
minuties, il se livra soudain à de très grandes réflexions sur
ces quatre événements imperceptibles pour tout autre »;
mais : « Le vicaire venait de reconnaître, un peu tard à la
vérité [1], les signes d'une persécution sourde... dont les mauvaises intentions eussent sans doute été beaucoup plus tôt
devinées par un homme d'esprit [2] ». Ou encore : « Avec
cette sagacité questionneuse que contractent les prêtres habitués à diriger les consciences et à creuser des riens au fond
du confessionnal, l'abbé Birotteau... »; mais : « L'abbé Birotteau... qui n'avait aucune expérience du monde et de ses
mœurs, et qui vivait entre la messe et le confessionnal, grand-
ement occupé de décider les cas de conscience les plus
légers, en sa qualité de confesseur des pensionnats de la ville
et de quelques belles âmes qui l'appréciaient, l'abbé Birotteau pouvait être considéré comme un grand enfant [3] ».
Il y a naturellement de la négligence dans ces petites contra-
dictions que Balzac n'aurait pas eu de peine à effacer s'il s'en
était avisé, mais aussi de tels lapsus révèlent de profondes
ambivalences, que la « logique » du récit ne peut jamais
réduire qu'en surface. L'abbé Troubert réussit parce qu'à
cinquante ans il décide de dissimuler et de faire oublier son
ambition et sa *capacité* et de se faire passer pour gravement
malade, comme Sixte-Quint, mais une si brusque conversion pourrait aussi bien éveiller la méfiance du clergé tou-
rangeau (elle éveille d'ailleurs celle de l'abbé Chapeloud);
d'autre part, il réussit aussi parce que la Congrégation a fait
de lui le « proconsul inconnu de la Touraine »; pourquoi ce
choix ? à cause de la « position du chanoine au milieu du sénat
femelle qui faisait si bien la police de la ville », à cause aussi

1. La vraie raison de ce retard, c'est qu'il fallait à Balzac un début *in medias
res*.
2. *Ibid.*, p. 13 et p. 14.
3. *Ibid.*, p. 14 et p. 16.

de sa « capacité personnelle [1] » : on voit ici, comme ailleurs, que la « capacité » d'un personnage est une arme à double tranchant : raison pour l'élever, raison pour s'en défier et donc pour l'abattre. De telles ambivalences de motivation laissent donc entière la liberté du romancier, à charge pour lui d'insister, par voie d'épiphrase, tantôt sur une valeur, tantôt sur l'autre. Entre un imbécile et un intrigant profond, par exemple, la partie est égale : selon que l'auteur en décide, l'habile l'emportera grâce à son habileté (c'est la leçon du *Curé de Tours*), ou bien il sera victime de sa propre habileté (c'est la leçon de *la Vieille Fille*). Une femme bafouée peut à volonté se venger par dépit ou pardonner par amour : Mme de Bargeton honore à peu près, successivement, les deux virtualités dans *Illusions perdues*. N'importe quel sentiment pouvant aussi bien, au niveau de la psychologie romanesque, justifier n'importe quelle conduite, les déterminations sont presque toujours, ici, de pseudo-déterminations ; et tout se passe comme si Balzac, conscient et inquiet de cette compromettante liberté, avait tenté de la dissimuler en multipliant un peu au hasard les *parce que*, les *car*, les *donc*, toutes ces motivations que l'on dirait volontiers *pseudo-subjectives* (comme Spitzer appelait « pseudo-objectives » les motivations attribuées par Charles-Louis Philippe à ses personnages), et dont l'abondance suspecte ne fait pour nous que souligner, en fin de compte, ce qu'elles voudraient masquer : *l'arbitraire du récit*.

A cette tentative désespérée, nous devons du moins un des exemples les plus saisissants de ce que l'on pourrait appeler l'invasion du récit par le discours. Certes, chez Balzac, le discours explicatif et moraliste est encore, le plus souvent (et quelque plaisir qu'y prenne l'auteur, et accessoirement le lecteur), étroitement subordonné aux intérêts du récit, et l'équilibre semble à peu près maintenu entre ces deux formes de la parole romanesque ; cependant, même tenu en

1. *Ibid.*, p. 72.

lisière par un auteur très bavard mais aussi très attaché au mouvement dramatique, le discours s'étale, prolifère et paraît souvent sur le point d'étouffer le cours des événements qu'il a pour fonction d'éclairer. Si bien que la prédominance du narratif se trouve déjà, sinon contestée, du moins menacée, dans cette œuvre pourtant réputée synonyme de « roman traditionnel ». Un pas de plus, et l'action dramatique passera au second plan, le récit perdra sa pertinence au profit du discours : prélude à la dissolution du genre romanesque et à l'avènement de la *littérature*, au sens moderne du mot. De Balzac à Proust par exemple, il y a moins loin qu'on ne pense — et Proust, d'ailleurs, le savait mieux que personne.

Revenons maintenant à nos deux querelles de vraisemblance. Au milieu de ces témoignages si caractérisés d'*illusion réaliste* — puisqu'on dispute de savoir si Chimène ou Mᵐᵉ de Clèves ont eu *tort* ou *raison* d'agir comme elles l'ont fait, en attendant de s'interroger, deux siècles plus tard, sur leurs « véritables » mobiles [1] —, nous allons rencontrer deux textes dont l'allure et le propos sont fort éloignés d'une telle

---

1. Exemple de cette attitude, Jacques Chardonne : « On a critiqué cet aveu au xviiᵉ siècle. On l'a trouvé inhumain et surtout invraisemblable. Il n'y a qu'une explication : c'est une étourderie. Mais une telle étourderie n'est possible que si une femme aime son mari. » Et plus haut : « Mᵐᵉ de Clèves n'aime guère (son mari). Elle croit l'aimer. Mais elle l'aime moins qu'elle ne le croit. Et pourtant elle l'aime beaucoup plus qu'elle ne le sait. Ces incertitudes intimes font la complexité et tout le mouvement des sentiments réels » (*Tableau de la Littérature française*, Gallimard, p. 128). L'explication est séduisante, elle n'a que le défaut d'oublier que les sentiments de Mᵐᵉ de Clèves — pour son mari comme pour Nemours — ne sont pas des sentiments réels, mais des sentiments de fiction, et de langage : c'est-à-dire des sentiments qu'épuise la totalité des énoncés par lesquels le récit les *signifie*. S'interroger sur la *réalité* (hors-texte) des sentiments de Mᵐᵉ de Clèves est aussi chimérique que de se demander combien d'enfants avait *réellement* Lady Macbeth, ou si don Quichotte avait *vraiment* lu Cervantès. Il est certes légitime de chercher la significa-

attitude, et qui ont en commun (malgré de grandes différences d'ampleur et de portée) une sorte de cynisme littéraire assez salubre. Le premier est un pamphlet d'une dizaine de pages, généralement attribué à Sorel, et intitulé *le Jugement du Cid, composé par un Bourgeois de Paris, Marguillier de sa Paroisse* [1]. L'auteur prétend exprimer, contre l'avis des « doctes » représentés par Scudéry, l'opinion du « peuple », qui se moque d'Aristote et règle le mérite des pièces sur le plaisir qu'il y reçoit : « Je trouve que *(le Cid)* est fort bon par cette seule raison, qu'il a été fort approuvé. » Ce recours au jugement du public sera, comme on le sait, l'attitude constante des auteurs classiques, et particulièrement de Molière; argument d'ailleurs décisif contre des règles qui prétendent se fonder sur le seul souci de l'efficacité. Moins classique, et même, pourrait-on dire, typiquement baroque, cette précision, que l'agrément du *Cid* consiste « en sa bizarrerie et extravagance ». Cet agrément de la bizarrerie, que confirme Corneille dans son Examen de 1660 en rappelant que la visite, si critiquée, de Rodrigue à Chimène après la mort du Comte, provoqua « un certain frémissement dans l'assemblée, qui marquait une curiosité merveilleuse et un redoublement d'attention », semble bien prouver que la *conformité à l'opinion* n'est pas le seul moyen d'obtenir l'adhésion du public : ce qui n'est pas loin de ruiner toute la théorie du vraisemblable, ou d'obliger à la reposer sur de nouvelles bases. Mais voici le point capital de l'argumentation, où l'on verra que cette défense ne va pas sans une certaine forme impertinente de ce que l'on appellera plus tard, et ailleurs, la *mise à nu du procédé* : « Je sais, dit Sorel, qu'il n'y a point d'apparence

tion profonde d'un acte comme celui de Mme de Clèves, considéré comme un lapsus (une « étourderie ») qui renvoie à quelque réalité plus obscure : mais alors, qu'on le veuille ou non, ce n'est pas la psychanalyse de Mme de Clèves que l'on entreprend, c'est celle de Mme de la Fayette, ou (et) celle du lecteur. Par exemple : « Si Mme de Clèves se confie à M. de Clèves, c'est parce que c'est lui qu'elle aime; mais M. de Clèves n'est pas son mari : c'est son père. »

1. Gasté, p. 230-240.

(= vraisemblance) qu'une fille ait voulu épouser le meurtrier de son père, *mais cela a donné lieu de dire de belles pointes*... Je sais bien que le Roi a tort de n'envoyer pas arrêter don Gormas, au lieu de l'envoyer prier de s'accommoder, *mais cela étant il ne fût pas mort*... Je sais que le Roi devait avoir donné ordre au port, ayant été averti du dessein des Mores, *mais s'il l'eût fait, le Cid ne lui eût pas rendu ce grand service qui l'oblige à lui pardonner*. Je sais bien que l'Infante est un personnage inutile, *mais il fallait remplir la pièce*. Je sais bien que don Sanche est un pauvre badin, *mais il fallait qu'il apportât son épée afin de faire peur à Chimène*. Je sais bien qu'il n'était pas besoin que don Gormas parlât à sa servante de ce qu'on allait délibérer au Conseil; *mais l'auteur ne l'avait su faire dire autrement*. Je sais bien que tantôt la scène est le Palais, tantôt la place publique, tantôt la chambre de Chimène, tantôt l'appartement de l'Infante, tantôt du Roi, et tout cela si confus que l'on se trouve quelquefois de l'un dans l'autre par miracle, sans avoir passé aucune porte : *mais l'auteur avait besoin de tout cela* [1] ». Au plus fort de la querelle, à quelques semaines du verdict de l'Académie, pareille défense tenait beaucoup du pavé de l'ours; mais aujourd'hui que Scudéry, Chapelain et Richelieu sont morts, et *le Cid* bien vivant, nous pouvons reconnaître que Sorel parle d'or, et dit tout haut ce que tout auteur doit penser tout bas : à l'éternel *pourquoi ?* de la critique vérisimiliste, la vraie réponse est : *parce que j'en ai besoin*. Vraisemblances et bienséances ne sont très souvent que d'honnêtes feuilles de vigne, et il n'est pas mauvais, de temps en temps, qu'un marguillier vienne ainsi — au grand scandale des chaisières — dévoiler certaines *fonctions*.

Le *Jugement du Cid* voulait être, à sa manière indiscrète, une défense de la pièce; les *Lettres à Madame la Marquise de*** sur le sujet de la Princesse de Clèves*, de Valincour (1679), se présentent plutôt comme une critique du roman; critique

1. Souligné par nous.

souvent rigoureuse dans le détail, mais dont le sérieux constituait plutôt un hommage qu'une attaque. Ce livre se compose de trois « Lettres », dont la première porte sur la *conduite de l'histoire* et la *manière dont les événements sont amenés*, la deuxième sur les *sentiments* des personnages, et la troisième sur le *style*. En négligeant ici la troisième, il faut observer d'abord que la deuxième reprend souvent la première, et que les « sentiments » ne sont pas ce qui importe le plus à Valincour. C'est ainsi que l'aveu, pièce capitale du débat institué dans le *Mercure Galant*, ne lui inspire (abstention remarquable) *aucun* commentaire psychologique concernant Mᵐᵉ de Clèves, mais seulement un éloge de l'effet pathétique produit par la scène, suivi d'une critique de l'attitude du mari, et de l'évocation d'une scène comparable dans un roman de Mᵐᵉ de Villedieu. Si Valincour s'en prend fréquemment, selon la coutume de l'époque, à la conduite des personnages (imprudence de Mᵐᵉ de Clèves, maladresse et indiscrétion de M. de Nemours, manque de perspicacité et précipitation de M. de Clèves, par exemple), ce n'est qu'en tant qu'elle intéresse la conduite de l'histoire, qui est sa véritable affaire. Comme Sorel, quoique d'une façon moins désinvolte, Valincour met l'accent sur la fonction des divers épisodes : nous venons de voir la scène de l'aveu justifiée par ce que l'on peut appeler sa *fonction immédiate* (le pathétique); Valincour l'examine également dans sa *fonction à terme*, qui est plus importante encore. Car la Princesse n'avoue pas seulement à son mari le sentiment qu'elle éprouve pour un autre homme (qu'elle ne nomme pas : d'où premier effet à terme, curiosité et enquête de M. de Clèves); elle l'avoue aussi, sans le savoir, à Nemours, caché à deux pas de là, qui entend tout, et qui se reconnaît à certain détail [1]. D'où effet produit sur Nemours, partagé entre la joie et le désespoir; d'où confidence faite par lui de toute l'aventure à l'un de ses amis,

1. « Cela sent un peu les traits de *l'Astrée* », dit Fontenelle (éd., Cazes, p. 197). Certes : mais c'est que *la Princesse de Clèves*, comme *l'Astrée*, est un roman.

qui la répétera à sa maîtresse, qui la répétera à la Reine Dauphine, qui la répétera à Mme de Clèves en présence de Nemours (scène!); d'où reproches de la princesse à son mari, qu'elle soupçonne naturellement d'être à l'origine des indiscrétions; reproches réciproques de M. de Clèves à sa femme : voilà quelques effets à terme de cette scène de l'aveu, qui ont été et sont encore [1] négligés par la plupart des lecteurs, fascinés par le débat sur les *motifs*, tant il est vrai que le *d'où cela vient-il ?* sert à faire oublier le *à quoi cela sert-il ?* Valincour, lui, ne l'oublie pas. « Je sais bien aussi, dit-il à propos de la confidence de Nemours, que cela est mis *pour préparer* l'embarras où se trouvent *dans la suite* Mme de Clèves et M. de Nemours chez Mme la Dauphine », et encore : « Il est vrai que, s'ils n'eussent point fait ces fautes l'un et l'autre, l'aventure de la chambre de Mme la Dauphine ne serait pas arrivée. » Et ce qu'il reproche à de tels moyens, c'est d'amener de tels effets à trop de frais et de compromettre ainsi, au sens fort, l'*économie* du récit : « Une aventure ne coûte-t-elle point trop cher, quand elle coûte des fautes de sens et de conduite au héros du livre »; ou bien : « Il est fâcheux qu'elle n'ait pu être amenée dans l'histoire qu'aux dépens du vraisemblable [2]. » On voit que Valincour est loin du laxisme narquois de Sorel : les fautes contre la vraisemblance (imprudences d'une femme donnée pour sage, indélicatesses d'un gentilhomme, etc.) ne le laissent pas indifférent; mais au lieu de condamner ces invraisemblances pour elles-mêmes (ce qui est proprement l'illusion réaliste), comme un Scudéry ou un Bussy, il les juge en fonction du récit, selon le rapport de rentabilité qui lie l'effet à son moyen, et ne les condamne qu'en tant que ce rapport est déficitaire. Ainsi, si la scène chez la Dauphine coûte cher,

1. Sur la situation de Nemours dans cet épisode et dans un autre, voir cependant Michel Butor, *Répertoire*, p. 74-78, et Jean Rousset, *Forme et Signification*. p. 26-27.

2. *Lettres sur le sujet de la Princesse de Clèves*, éd. A. Cazes, p. 113-114. Souligné par nous.

elle est en elle-même si heureuse, « que le plaisir qu'elle m'a donné m'a fait oublier tout le reste [1] », c'est-à-dire l'invraisemblance des moyens : balance en équilibre. Au contraire, pour la présence de Nemours lors de l'aveu : « Il me semble qu'il ne tenait qu'à l'auteur de lui faire naître une occasion moins dangereuse, et surtout plus naturelle (= moins onéreuse), pour entendre ce qu'il voulait qu'il sût [2]. » Et encore, pour la mort du Prince, provoquée par un rapport incomplet de son espion, qui a vu Nemours entrer de nuit dans le parc de Coulommiers, mais n'a pas su voir (ou dire) que cette visite était restée sans conséquence. L'espion se conduit comme un sot, et son maître comme un étourdi, et : « je ne sais si l'auteur n'eût point mieux fait de se servir de sa puissance absolue pour faire mourir M. de Clèves, que de donner à sa mort un prétexte aussi peu vraisemblable qu'est celui de n'avoir pas voulu écouter tout ce que son gentilhomme avait à lui dire [3] » : encore un effet qui coûte trop cher; on sait bien que M. de Clèves doit mourir à cause de l'amour de sa femme pour Nemours, mais la jointure adoptée est maladroite. La loi du récit telle que la dégage implicitement Valincour est simple et brutale : *la fin doit justifier le moyen.* « L'auteur ne ménage pas trop scrupuleusement la conduite de ses héros : il ne se soucie pas qu'ils s'oublient un peu, pourvu que cela lui *prépare des aventures* »; et encore « Dès que quelqu'un des personnages... dit ou fait quelque chose qui nous paraît une faute, il ne la faut pas regarder comme dans les autres livres, c'est-à-dire comme une chose qu'il faudrait retrancher; au contraire on peut s'assurer que cela est mis *pour préparer* quelque événement extraordinaire [4]. » La défense de l'auteur, c'est *felix culpa;* le rôle du critique n'est pas de condamner la faute *a priori*, mais de chercher

1. *Ibid.*, p. 115.
2. *Ibid.*, p. 110.
3. *Ibid.*, p. 217-218.
4. *Ibid.*, p. 119, p. 125. Souligné par nous.

quel bonheur elle entraîne, de les mesurer l'un à l'autre, et de décider si, oui ou non, le bonheur excuse la faute. Et le vrai péché, à ses yeux, sera la faute sans bonheur, c'est-à-dire la scène à la fois coûteuse et sans utilité, comme la rencontre de Mme de Clèves et de M. de Nemours dans un jardin après la mort du Prince : « Ce qui m'a semblé de plus étrange dans cette aventure, c'est de voir combien elle est inutile. A quoi bon se donner la peine de supposer une chose aussi extraordinaire... pour la terminer d'une manière aussi bizarre ? On tire Mme de Clèves de sa solitude, on la mène dans un lieu où elle n'a pas coutume d'aller ; et tout cela, pour lui donner le chagrin de voir M. de Nemours sortir par une porte de derrière [1] » : le jeu n'en vaut pas la chandelle.

Une critique aussi pragmatiste n'a évidemment rien pour satisfaire les amateurs d'âme, et l'on conçoit que le livre de Valincour n'ait pas très bonne presse : sécheresse de cœur, étroitesse d'esprit, formalisme stérile, de tels reproches sont, en pareil cas, inévitables — et sans importance. Cherchons plutôt à dégager de cette critique les éléments d'une théorie fonctionnelle du récit et, accessoirement, d'une définition, elle aussi fonctionnelle (peut-être faudrait-il dire plutôt *économique*) du vraisemblable.

Il faut partir, comme d'une donnée fondamentale, de cet *arbitraire du récit* déjà nommé, qui fascinait et repoussait Valéry, de cette liberté vertigineuse qu'a le récit, d'abord, d'adopter à chaque pas telle ou telle orientation (soit la liberté, ayant énoncé *La marquise...*, de poursuivre par *sortit*, ou aussi bien par *rentra*, ou *chantait*, ou *s'endort*, etc.) : arbitraire, donc, de *direction* ; ensuite, de s'arrêter sur place et de se dilater par l'adjonction de telle circonstance, information, indice,

1. *Ibid.*, p. 129-130.

catalyse [1] (soit la latitude de proposer, après *La marquise...*, des énoncés tels que *de Sévigné*, ou *une grande femme sèche et hautaine*, ou *demanda sa voiture et...*) : arbitraire d'*expansion*. « Peut-être serait-il intéressant de faire *une fois* une œuvre qui montrerait à chacun de ses nœuds la diversité qui s'y peut présenter à l'esprit, et parmi laquelle il *choisit* la suite unique qui sera donnée dans le texte. Ce serait là substituer à l'illusion d'une détermination unique et imitatrice du réel, celle du *possible-à-chaque-instant*, qui me semble plus véritable [2]. » Il faut toutefois observer que cette liberté, en fait, n'est pas infinie, et que le *possible* de chaque instant est soumis à un certain nombre de restrictions combinatoires très comparables à celles qu'impose la correction syntaxique et sémantique d'une phrase : le récit aussi a ses critères de « grammaticalité », qui font par exemple qu'après l'énoncé : *La marquise demanda sa voiture et...* on attendra plutôt : *sortit pour faire une promenade* que : *se mit au lit*. Mais il est sans doute de plus saine méthode de considérer d'abord le récit comme totalement libre, puis d'enregistrer ses diverses déterminations comme autant de restrictions accumulées que de postuler au départ une « détermination unique et imitatrice du réel ». Ensuite, il faut admettre que ce qui apparaît au lecteur comme autant de déterminations mécaniques n'a pas été produit comme tel par le narrateur. Ayant écrit : *La marquise, désespérée...*, il n'est sans doute pas aussi libre d'enchaîner sur : *... commanda une bouteille de champagne* que sur : *prit un pistolet et se fit sauter la cervelle;* mais en réalité, les choses ne se passent pas ainsi : écrivant *La marquise...*, l'auteur sait déjà s'il terminera la scène sur une bombance ou sur un suicide, et c'est donc en fonction de la fin qu'il choisit le milieu. Contrairement à ce que suggère le point de vue du lecteur, ce n'est donc pas *désespérée* qui détermine le pistolet,

1. Cf. Roland Barthes, « Introduction à l'analyse structurale du récit », *Communications* 8, p. 9.
2. Valéry, *Œuvres*, Pléiade, I, p. 1467.

mais bien le pistolet qui détermine *désespérée*. Pour revenir à des exemples plus canoniques, M. de Clèves ne meurt pas *parce que* son gentilhomme se conduit comme un sot, mais le gentilhomme se conduit comme un sot *pour que* M. de Clèves meure, ou encore, comme le dit Valincour, *parce que* l'auteur *veut* faire mourir M. de Clèves et que cette finalité du récit de fiction est l'*ultima ratio* de chacun de ses éléments. Citons une dernière fois Valincour : « Quand un auteur fait un roman, il le regarde comme un petit monde qu'il crée lui-même; il en considère tous les personnages comme ses créatures, dont il est le maître absolu. Il peut leur donner des biens, de l'esprit, de la valeur, tant qu'il veut; les faire vivre ou mourir tant qu'il lui plaît, sans que pas un d'eux ait droit de lui demander compte de sa conduite : *les lecteurs mêmes* ne peuvent pas le faire, et tel blâme un auteur d'avoir fait mourir un héros de trop bonne heure, qui ne peut pas deviner les raisons qu'il en a eues, *à quoi cette mort devait servir dans la suite* de son histoire [1]. » Ces déterminations *rétrogrades* constituent précisément ce que nous appelons l'arbitraire du récit, c'est-à-dire non pas vraiment l'indétermination, mais la détermination des moyens par les fins, et, pour parler plus brutalement, *des causes par les effets*. C'est cette logique paradoxale de la fiction qui oblige à définir tout élément, toute unité du récit par son caractère fonctionnel, c'est-à-dire entre autres par sa corrélation avec une autre unité [2], et à rendre compte de la première (dans l'ordre de la temporalité narrative) par la seconde, et ainsi de suite — d'où il découle que la dernière est celle qui commande toutes les autres, et que rien ne commande : lieu essentiel de l'arbitraire, du moins dans l'immanence du récit lui-même, car il est ensuite loisible de lui chercher ailleurs toutes les déterminations psychologiques, historiques, esthétiques, etc. que l'on

1. Valincour, *Lettres*,... p. 216. Souligné par nous.
2. Cf. Roland Barthes, *art. cit.*, p. 7 : « L'âme de toute fonction, c'est, si l'on peut dire, son germe, ce qui lui permet d'ensemencer le récit d'un élément qui mûrira plus tard. »

voudra. Selon ce schéma, tout dans *la Princesse de Clèves,* serait suspendu à ceci, qui serait proprement son *telos* : Mme de Clèves, veuve, n'épousera pas M. de Nemours, qu'elle aime, de même que tout, dans *Bérénice,* est suspendu au dénouement énoncé par Suétone : *dimisit invitus invitam.*

Schéma, certes, et encore, schéma dont l'effet réducteur est moins sensible à propos d'une œuvre dont le dessin est (comme on le sait) éminemment *linéaire.* Il sacrifie au passage, cependant, ce que l'on a appelé tout à l'heure la *fonction immédiate* de chaque épisode : mais ces fonctions n'en sont pas moins des fonctions et leur véritable détermination (le *souci de l'effet*) n'en est pas moins une finalité. Il y a donc en fait, et même dans le récit le plus unilinéaire, une *surdétermination fonctionnelle* toujours possible (et souhaitable) : l'aveu de Mme de Clèves détient ainsi, en plus de sa fonction à long terme dans l'enchaînement du récit, un grand nombre de fonctions à court et moyen terme, dont nous avons rencontré les principales. Il peut aussi exister des formes de récit dont la finalité s'exerce non par enchaînement linéaire, mais par une détermination en faisceau : ainsi des aventures de don Quichotte dans la première partie du roman, qui se déterminent moins les unes les autres qu'elles ne sont toutes déterminées (apparemment, rappelons-le, la détermination réelle étant inverse) par la « folie » du Chevalier, laquelle détient un faisceau de fonctions dont les effets seront étalés dans le temps du récit, mais qui sont logiquement sur le même plan. Il y a sans doute bien d'autres schémas fonctionnels possibles, et il y a aussi des fonctions esthétiques diffuses, dont le point d'application reste flottant et apparemment indéterminé. On ne dirait certes pas sans dommage pour la vérité de l'œuvre que le *telos* de *la Chartreuse de Parme* est que Fabrice del Dongo meure dans une retraite à deux lieues de Sacca, ou celui de *Madame Bovary* que Homais reçoive la Légion d'honneur, ni même que Bovary meure désabusé sous sa tonnelle, ni même... La véritable *fonction globale* de chacune de ces œuvres, Stendhal et Flaubert nous l'indiquent assez justement [1] eux-mêmes : celle de *Bovary* est d'être un roman *couleur puce*, comme *Salammbô* sera couleur *pourpre*; celle de la *Chartreuse* est de donner la même « sensation » que la peinture du Corrège et la musique de Cimarosa. L'étude de tels effets dépasse quelque peu les moyens actuels de l'analyse structurale du récit [2]; mais ce fait n'autorise pas à ignorer leur statut fonctionnel.

On nomme donc ici arbitraire du récit sa fonctionnalité, ce qui peut à bon droit sembler une appellation mal choisie; sa raison d'être est de connoter un certain parallélisme de situation entre le récit et la langue. On sait qu'en linguistique non plus le terme d'arbitraire, proposé par Saussure, ne va pas sans contestation; mais il a le mérite, que l'usage a rendu aujourd'hui imprescriptible, de s'opposer à un terme symétrique, qui est : *motivation*. Le signe linguistique est arbitraire en ce sens aussi qu'il n'est justifié que par sa fonction, et l'on sait que la motivation du signe, et particulièrement du « mot » [3], est dans la conscience linguistique un cas typique d'illusion réaliste. Or le terme de motivation *(motivacija)* a été heureusement introduit (comme celui de fonction) dans la théorie littéraire moderne par les formalistes russes pour désigner la manière dont la fonctionnalité des éléments du récit se dissimule sous un masque de détermination causale : ainsi, le « contenu » peut n'être qu'une motivation, c'est-à-dire une justification *a posteriori*, de la forme qui, en fait, le détermine : don Quichotte est donné comme érudit pour justifier l'intrusion de passages critiques dans le roman, le héros byronien est déchiré pour justifier le caractère frag-

1. On ne confondra pas pour autant fonction et intention : une fonction peut être dans une large mesure involontaire, une intention peut être manquée, ou débordée par la réalité de l'œuvre : l'intention globale de Balzac dans *la Comédie humaine* était, on le sait, de concurrencer l'état civil.

2. Au demeurant, la narrativité d'une œuvre narrative n'épuise pas son existence, ni même sa littérarité. Aucun récit littéraire n'est *seulement* un récit.

3. Exemple classique, cité (ou inventé) par Grammont, *Le Vers français*, p. 3 : « Et le mot *table* ? Voyez comme il donne bien l'impression d'une surface plane reposant sur quatre pieds. »

mentaire de la composition des poèmes de Byron, etc. [1].
La motivation est donc l'apparence et l'alibi causaliste que
se donne la détermination finaliste qui est la règle de la fiction [2] : le *parce que* chargé de faire oublier le *pour quoi ?* —
et donc de naturaliser, ou de *réaliser* (au sens de : faire passer
pour réelle) la fiction en dissimulant ce qu'elle a de *concerté*,
comme dit Valincour, c'est-à-dire d'artificiel : bref, de fictif.
Le renversement de détermination qui transforme le rapport
(artificiel) de moyen à fin en un rapport (naturel) de cause à
effet, est l'instrument même de cette *réalisation*, évidemment
nécessaire pour la consommation courante, qui exige que
la fiction soit prise dans une illusion, même imparfaite et à
demi jouée, de réalité.

Il y a donc une opposition diamétrale, du point de vue
de l'économie du récit, entre la fonction d'une unité et sa
motivation. Si sa fonction est (grossièrement parlant) ce à
quoi elle *sert*, sa motivation est ce qu'il lui *faut* pour dissimuler sa fonction. Autrement dit, la fonction est un profit,
la motivation est un coût [3]. Le rendement d'une unité narrative, ou, si l'on préfère, sa *valeur*, sera donc la différence
fournie par la soustraction : fonction moins motivation.

1. Cf. Erlich, *Russian Formalism*, ch. XI.
2. L'importance de l'alibi est évidemment variable. Elle est à son maximum,
semble-t-il, dans le roman réaliste à la fin du XIXe siècle. A des époques plus
anciennes (Antiquité, Moyen Âge, par exemple), un état plus fruste ou plus
aristocratique du récit ne cherche guère à déguiser ses fonctions. « L'*Odyssée*
ne comporte aucune surprise ; tout est dit par avance ; et tout ce qui est dit,
arrive... Cette certitude dans l'accomplissement des événements prédits affecte
profondément la notion d'intrigue... Qu'ont en commun l'intrigue de causalité
qui nous est habituelle avec cette intrigue de prédestination propre à l'*Odyssée* ? »
(Tzvetan Todorov, « Le Récit primitif », *Tel Quel* no 30, p. 55).
3. Il faut cependant faire droit, hors narrativité, à l'éventuelle fonction
immédiate du discours motivant. Une motivation peut être onéreuse du point
de vue de la mécanique narrative, et gratifiante sur un autre plan, esthétique
par exemple : soit le plaisir, ambigu ou non, que le lecteur de Balzac prend au
discours balzacien — et qui peut fort bien aller jusqu'à éliminer complètement
le point de vue narratif. Ce n'est pas pour l'*histoire* qu'on lit Saint-Simon, ni
Michelet.

V = F — M, c'est ce que nous pourrions appeler le théorème de Valincour [1]. Il ne faut pas trop rire de ce système de mesure, un peu brutal, mais qui en vaut un autre, et qui nous fournit en tout cas une définition assez expédiente du vraisemblable, que tout ce qui précède nous dispensera de justifier davantage : c'est *une motivation implicite, et qui ne coûte rien*. Ici donc, V = F — zéro, c'est-à-dire, si je compte bien, V = F. Quand on a mesuré une fois l'efficacité d'une telle formule, on ne s'étonne plus de son usage, ni même de son abus. De plus économique, de plus rentable que peut-on imaginer ? L'absence de motivation, le procédé *nu*, cher aux Formalistes ? Mais le lecteur, humaniste par essence, psychologue par vocation, respire mal cet air raréfié ; ou plutôt, l'horreur du vide et la pression du sens sont telles que cette absence de signe devient vite signifiante. La non-motivation devient alors, ce qui est bien différent, mais tout aussi économique, une *motivation-zéro*. Ainsi naît un nouveau vraisemblable [2], qui est le nôtre, que nous avons adoré tout à l'heure et qu'il nous faut *aussi* brûler : l'absence de motivation *comme motivation*.

On formulera maintenant d'une manière plus expéditive le propos, quelque peu encombré, de ce chapitre :

1º Soient distingués trois types de récit :

a) le récit *vraisemblable*, ou à motivation implicite, exemple : « La marquise demanda sa voiture et alla se promener ».

b) le récit *motivé*, exemple : « La marquise demanda sa

---

1. Il est temps de rappeler ici que d'excellents érudits attribuent la paternité réelle des *Lettres sur la Princesse de Clèves* non pas à Valincour, mais au P. Bouhours.

2. Si l'on admet que le vraisemblable se caractérise par M = zéro. Pour qui jugerait sordide ce point de vue économique, rappelons qu'en mathématiques (entre autres) l'économie définit l'élégance.

voiture et se mit au lit, car elle était fort capricieuse » (motivation du premier degré ou motivation restreinte), ou encore : « ... car, comme toutes les marquises, elle était fort capricieuse » (motivation du second degré, ou motivation généralisante).

c) le récit *arbitraire*, exemple : « La marquise demanda sa voiture et se mit au lit ».

2° On constate alors que, formellement, rien ne sépare le type a du type c. La différence entre récit « arbitraire » et récit « vraisemblable » ne dépend que d'un jugement au fond, d'ordre psychologique ou autre, extérieur au texte et éminemment variable : selon l'heure et le lieu, tout récit « arbitraire » peut devenir « vraisemblable », et réciproquement. La seule distinction pertinente est donc entre les récits *motivé* et *non-motivé* (« arbitraire » ou « vraisemblable »). Cette distinction nous reconduit, d'une manière évidente, à l'opposition déjà reconnue entre récit et *discours*.

LE JOUR, LA NUIT

On se propose d'entamer ici, à propos d'un cas très limité, l'étude d'un secteur encore vierge, ou peu s'en faut, de la sémiotique littéraire, que l'on voudrait appeler, d'une locution volontairement ambiguë et qui ne prétend pas dissimuler sa filiation bachelardienne, la *poétique du langage*. Il s'agirait moins ici d'une sémiologie « appliquée » à la littérature que d'une exploration, en quelque sorte pré-littéraire, des ressources, des occasions, des inflexions, des limitations, des contraintes que chaque langue naturelle semble offrir ou imposer à l'écrivain et particulièrement au poète qui en fait usage. Il faut bien dire *semble*, car le plus souvent la « matière » linguistique est moins *donnée* que construite, toujours interprétée, donc transformée par une sorte de rêverie active qui est à la fois action du langage sur l'imagination et de l'imagination sur le langage : réciprocité manifeste, par exemple, dans les pages que Bachelard lui-même consacre à la phonétique aquatique de mots comme *rivière, ruisseau, grenouille*, etc., dans le dernier chapitre de *l'Eau et les Rêves*. Ces mimologies imaginaires sont bien indissolublement, comme celles que Proust a consignées, entre autres, dans une page célèbre de *Swann*, rêveries de mots [1] et rêveries sur les mots, suggestions faites par la langue et à la langue, *imagination du langage* au double sens, objectif et subjectif, que l'on peut donner ici au complément de nom.

1. Oui, vraiment, les mots rêvent » (*Poétique de la rêverie*, p. 16).

On voudrait donc considérer dans cet esprit, à titre en quelque sorte expérimental, le sémantisme imaginaire d'un système partiel et très élémentaire, mais auquel sa fréquence, son ubiquité, son importance cosmique, existentielle et symbolique peuvent donner comme une valeur d'exemple : il s'agit du couple formé, dans la langue française moderne, par les mots *jour* et *nuit*. Il n'est évidemment pas question ici de viser à l'exhaustivité, ni même à l'établissement d'un « échantillon » vraiment représentatif. Il s'agit plus simplement, d'une manière tout artisanale et avec les moyens du bord, de reconnaître et d'esquisser la configuration d'une parcelle (infime, mais centrale) de l'espace verbal à l'intérieur duquel la littérature trouve sa place, son ordre et son jeu.

Couple de mots, car, et c'est sans doute la première remarque qui s'impose, les deux termes sont évidemment unis par une relation très forte, qui ne laisse à aucun d'eux de valeur autonome. Il faut donc d'abord noter ce rapport d'implication réciproque qui désigne massivement à première vue le jour et la nuit comme deux « contraires ». Il faut observer également que cette opposition n'est pas donnée dans les choses, qu'elle n'est pas entre les « référents », car après tout aucun objet du monde ne peut être réellement considéré comme le contraire d'un autre; elle est seulement entre les *signifiés* : c'est la langue qui fait ici le partage, en imposant une discontinuité qui lui est propre à des réalités qui par elles-mêmes n'en comportent pas. La Nature, au moins sous nos latitudes, passe insensiblement du jour à la nuit; la langue, elle, ne peut passer insensiblement d'un mot à l'autre : entre *jour* et *nuit*, elle peut introduire quelques vocables intermédiaires, comme *aube*, *crépuscule*, etc., mais elle ne peut dire à la fois *jour* et *nuit*, un peu *jour* et un peu *nuit*. Ou du moins, de même que l'articulation intermédiaire entre /b/ et /p/ ne permet pas de désigner un concept intermédiaire entre « bière » et « pierre »[1], le mélange toujours possible des signifiants n'entraîne pas un

---

1. A. Martinet, *Éléments*, p. 28.

mélange des signifiés : le signe total est une quantité discrète. Ajoutons encore que cette opposition se trouve renforcée, en français, par l'isolement de chacun des vocables : une antonymie est évidemment d'autant plus nette qu'elle oppose deux termes plus dépourvus de synonymes. Si nous voulons désigner, par exemple, l'antonyme de *lumière*, nous pouvons hésiter entre *ombre*, *obscurité*, voire *ténèbres*, et réciproquement, pour faire antithèse à *obscurité*, par exemple, nous avons le choix au moins entre *lumière* et *clarté* : en ce qui concerne *jour* et *nuit*, aucune incertitude n'est possible dans aucun sens.

Mais cette opposition massive n'épuise pas la relation qui unit les deux termes, et, malgré son caractère d'évidence immédiate, elle n'est sans doute même pas le premier trait que devrait retenir une analyse sémantique plus rigoureuse. En effet, l'opposition entre deux termes ne prend de sens que par rapport à ce qui fonde leur rapprochement, et qui est leur élément commun : la phonologie nous a appris que la différence n'est pertinente, en linguistique comme ailleurs, que sur fond de ressemblance. Or, si nous voulons définir la nuit avec un minimum de précision, nous devons dire qu'elle est, à l'intérieur de la durée de vingt-quatre heures déterminée par la rotation de la terre, la fraction qui s'écoule entre le coucher et le lever apparents du soleil, et inversement nous définirons le jour comme, de la même durée totale, la fraction comprise entre le lever et le coucher du soleil. L'élément de signification commun est donc l'inclusion dans la durée de vingt-quatre heures. Mais nous allons rencontrer ici le premier paradoxe de notre système : en effet, pour désigner cet élément commun autrement que par une périphrase, la langue française, comme chacun le sait, ne dispose que d'un seul lexème, qui est évidemment le mot *jour*, et il est donc licite de dire que « la nuit est la fraction du jour comprise, etc. ». Autrement dit, la relation entre *jour* et *nuit* n'est pas seulement d'opposition, donc d'exclusion réciproque, mais aussi d'inclusion : en un de ses sens, le jour exclut la nuit, en l'autre il la comprend, étant alors, comme le dit Blanchot, « le tout du jour et de la nuit [1] ». Nous avons donc ici un paradigme à deux termes, dont l'un sert aussi à désigner l'ensemble du paradigme. Les médecins connaissent bien cette difficulté, qui, lorsqu'ils veulent désigner sans ambiguïté la durée de vingt-quatre heures, recourent au néologisme « barbare » (c'est-à-dire grec) de *nycthémère*.

Cette situation défective, très fréquente d'ailleurs, peut apparaître ici comme dénuée de pertinence, car le contexte se charge ordinairement, même en poésie, d'éliminer les équivoques les plus graves, et lorsque Racine, par exemple, oppose

La lumière du jour, les ombres de la nuit,

le lecteur sait immédiatement en quel sens il doit prendre le mot *jour*. Mais il faut aller plus loin et considérer la raison de cette polysémie, qui ne sera pas, elle, sans incidence sur le discours. Un paradigme défectif est toujours, semble-t-il, la trace d'une dissymétrie sémantique profonde entre ses termes. La confusion lexématique entre le jour au sens restreint et ce que l'on pourrait appeler l'archi-jour indique très clairement que l'opposition entre *jour* et *nuit* est une de ces oppositions que les phonologues appellent *privatives*, entre un terme marqué et un terme non marqué. Le terme non marqué, celui qui ne fait qu'un avec le paradigme, c'est le jour ; le terme marqué, celui que l'on marque et que l'on remarque, c'est la nuit. Le jour est ainsi désigné comme le terme *normal*, le versant non spécifié de l'archi-jour, celui qui n'a pas à être spécifié parce qu'il va de soi, parce qu'il est l'*essentiel ;* la nuit au contraire représente l'accident, l'écart, l'altération. Pour recourir à une comparaison brutale, mais qui s'impose, et dont on retrouvera plus loin d'autres implications, disons que le rapport entre *jour* et *nuit* est homologue, sur ce plan, au rapport entre *homme* et *femme*, et qu'il traduit le même complexe de valorisations contradictoires et complé-

1. *L'Espace littéraire*, p. 174.

mentaires : car si d'un côté le jour se trouve valorisé comme
étant le terme fort du paradigme, de l'autre côté et d'une
autre manière la nuit se trouve valorisée comme étant le
terme notable, remarquable, significatif par son écart et sa
différence, et ce n'est pas vraiment anticiper sur la considération des textes que de dire dès maintenant que l'imagination
poétique s'intéresse davantage à la nuit qu'au jour. On verra
plus loin quelques-unes des formes que peut prendre cette
valorisation seconde et inverse qui cherche à compenser la
valorisation première cristallisée dans le langage; notons du
moins pour l'instant ce fait caractéristique : lorsque la poésie
compare entre eux le jour et la nuit, la comparaison, qu'elle
soit explicite ou impliquée dans une métaphore, opère presque
toujours dans le même sens, qui est, comme on le sait, de
rapporter le moins connu au plus connu, le moins naturel au
plus naturel, l'accidentel à l'essentiel, soit ici, la nuit au jour.
Lorsqu'on écrit :

> *Et nous avons des nuits plus belles que vos jours,*

lorsqu'on nomme les étoiles *ces fleurs de l'ombre,* la nuit est
bien alors le comparé, c'est-à-dire le sujet de la comparaison,
et le jour n'en est que le comparant, c'est-à-dire le moyen.
Le trajet inverse semble beaucoup plus rare : il y a bien ce
jour noir plus triste que les nuits, au quatrième vers du dernier
Spleen, mais on voit immédiatement tout ce qu'il a de paradoxal, d'assez paradoxal pour inspirer une comparaison
contre-nature. On trouve encore chez Michel Deguy un
exemple qui n'est qu'apparemment anormal, et qui en fait
confirme subtilement la règle :

> *Au cœur de la nuit le jour*
> *Nuit de la nuit* [1]...

C'est bien ici le jour qui est comparé à la nuit, défini par
rapport à la nuit, comme on définit d'ordinaire la nuit par

---

1. *Ouï Dire,* p. 35.

rapport au jour; mais il est la nuit *en abyme*, la nuit de la nuit, l'altération de l'altération : il reste la norme. Aucun poète, je pense, n'aurait spontanément écrit, à l'inverse : *la nuit, jour du jour*, parce qu'une telle métaphore serait proprement inconcevable : la négation de la négation peut être affirmation, mais l'affirmation de l'affirmation ne saurait produire aucune négation. L'algèbre dit plus simplement : moins par moins égale plus, mais plus par plus égale toujours plus. La nuit de la nuit peut être le jour, mais le jour du jour, c'est encore le jour. Ainsi, le couple *jour/nuit* n'oppose pas deux contraires à parts égales, car la nuit est beaucoup plus le contraire du jour que le jour n'est le contraire de la nuit. En vérité, la nuit n'est que l'*autre* du jour, ou encore, comme on l'a dit [1] d'un mot brutal et décisif, son *envers*. Et cela, bien sûr, est sans réciproque.

Aussi la valorisation poétique de la nuit est-elle presque toujours sentie comme une réaction, comme une contre-valorisation. Aimée ou redoutée, exaltée ou exorcisée, la nuit est *ce dont on parle :* mais on dirait que cette parole ne peut se passer du jour. On pourrait parler du jour sans penser à la nuit, on ne peut parler de la nuit sans penser au jour : « La nuit, dit Blanchot, ne parle que du jour [2]. » Exalter la nuit, c'est presque nécessairement s'en prendre au jour — et cette référence inévitable est un hommage involontaire à la dominance que l'on voudrait contester. Nous en trouvons un exemple caractéristique dans cet hymne à la nuit qui termine *le Porche du mystère de la deuxième Vertu.* La contre-valorisation y est poussée aussi loin qu'il est possible, puisque l'auteur, avec l'obstination rhétorique qui lui est propre, s'efforce d'y établir, contre le jour, la prééminence de la nuit, comme priorité de fait (« Je t'ai créée la première »), et comme primauté de droit, le jour n'étant plus pour lui qu'une sorte d'infraction, qu'un accroc dérisoire dans la grande nappe

1. Gilbert Durand, *Structures anthropologiques de l'Imaginaire*, p. 512.
2. *Loc. cit.*

nocturne : « C'est la nuit qui est continue... C'est la nuit qui fait un long tissu continu, un tissu continu sans fin où les jours ne sont que des jours, ne s'ouvrent que comme des jours, c'est-à-dire comme des trous, dans une étoffe où il y a des jours. » Cette revendication pour la nuit du caractère essentiel, cette relégation du jour dans l'accident se marquent avec éclat dans l'opposition du singulier et du pluriel : prenant à rebours, semble-t-il, la pente ordinaire de la langue, qui oppose par exemple l'astre *du jour* à l'astre *des nuits*, le Dieu de Péguy ne veut connaître que *les jours* et *la nuit* : « O Nuit, tu es la nuit. Et tous les jours ensemble ne sont jamais le jour, ils ne sont jamais que des jours. » Mais qui ne voit en même temps que cet acharnement même à glorifier la nuit *aux dépens du jour* dément l'autonomie que son propos voudrait faire reconnaître ? Au fond, ce que cette pieuse sophistique ne parvient pas à dissimuler, car le langage révèle toujours ce qu'il veut cacher, c'est que la préférence accordée à la nuit n'est pas, comme elle le prétend, un choix licite et sanctionné (sanctifié) par l'adhésion divine, mais au contraire un choix coupable, un parti pris de l'interdit, une transgression.

Cette dissymétrie est évidemment fondamentale dans l'opposition des deux signifiés. Si l'on voulait épuiser cette opposition, il faudrait étudier encore d'autres déséquilibres moins immédiatement perceptibles. En fait, la seule relation sémique vraiment symétrique est celle qui oppose le jour et la nuit sur le plan temporel, comme fractions séparées par le lever et le coucher du soleil, et aussi, métaphoriquement, comme symboles de la vie et de la mort. En revanche, l'antithèse du jour comme lumière et de la nuit comme obscurité est plus boiteuse : en effet, *jour* est synonyme de lumière dans la langue commune, par une métonymie d'usage absolument banale, lorsqu'on dit par exemple *laisser entrer le jour dans une pièce ; nuit*, au contraire, ne peut désigner l'obscurité, comme dans *la nuit du tombeau*, que par une décision de style qui certes relève aussi d'un usage, mais plus restreint, et spécifiquement littéraire (et même, sans doute, plus étroitement, poétique et oratoire). Autrement dit, les rapports sémantiques *jour/lumière* et *nuit/obscurité* sont, en dénotation pure, strictement identiques [1], mais leur extension et leur niveau d'usage, et par conséquent leur connotation est différente : retenons cette nouvelle dissymétrie que nous retrouverons plus loin sous un autre aspect, et qui semble indiquer déjà, soit dit en grossissant un peu l'effet, que la conscience linguistique éprouve le sème « obscurité » comme moins essentiel à la signification de *nuit* que le sème « luminosité » à la signification de *jour*. Autre défaut de symétrie, le sens dérivé de *jour* comme ouverture, solution de continuité, que l'on vient de rencontrer chez Péguy, n'a aucun répondant dans le sémantisme de *nuit ;* en revanche, on trouvera facilement dans *nuit* un sème spatial dont *jour* semble privé : *marcher dans la nuit* est un énoncé plus « naturel » à la langue que *marcher dans le jour*. Il y a une spatialité (il vaudrait mieux dire *spaciosité*) privilégiée de la nuit, qui tient peut-être à l'élargissement cosmique du ciel nocturne, et à laquelle de nombreux poètes ont été sensibles. Citons par exemple Supervielle :

> ... *la Nuit, toujours reconnaissable*
> *A sa grande altitude où n'atteint pas le vent* [2].

---

1. En synchronie du moins. L'étude des origines apporterait peut-être quelques précisions, mais elles n'auraient aucune pertinence pour une analyse qui porte typiquement sur la *conscience linguistique* du « francais moderne », laquelle ne semble pas (mais cette impression demanderait à être vérifiée de plus près) avoir sensiblement varié sur ce point depuis quatre siècles. Aussi n'avons-nous pas à nous demander, par exemple, si le sens « lumière » est antérieur ou postérieur au sens temporel de *jour*, ni même si l'étymologie — la remontée, à travers le latin, jusqu'aux racines indo-européennes — laisse quelque sens à cette question : il suffit que le sentiment linguistique actuel perçoive le sème lumineux comme second et dérivé, même si le trajet diachronique est inverse.

2. *Les Amis inconnus*, p. 139.

Le même poète nous alerte à une autre valeur métaphorique de *nuit*, qui est d'une grande importance symbolique : c'est le sens de profondeur intime, d'intériorité physique ou psychique; renvoyons ici, par exemple, aux analyses de Gilbert Durand, qui n'a pas situé pour rien les symboles de l'intimité sous la catégorie du *régime nocturne* de l'image. La spatialité nocturne est donc ambivalente, la nuit, « poreuse et pénétrante », est à la fois métaphore d'extériorité et d'intériorité, d'altitude et de profondeur, et l'on sait tout ce que l'*intimisme cosmique* de Supervielle doit à cette ambivalence :

> *Nuit en moi, nuit en dehors,*
> *Elles risquent leurs étoiles,*
> *Les mêlant sans le savoir...*
> *Mais laquelle des deux nuits,*
> *Du dehors ou du dedans ?*
> *L'ombre est une et circulante,*
> *Le ciel, le sang ne font qu'un* [1].

Ou encore :

> *Le jour monte, toujours une côte à gravir,*
> *Toi, tu descends en nous, sans jamais en finir,*
> *Tu te laisses glisser, nous sommes sur ta pente,*
> *Par toi nous devenons étoiles consentantes.*
> *Tu nous gagnes, tu cultives nos profondeurs,*
> *Où le jour ne va pas, tu pénètres sans heurts* [2].

Les remarques qui précèdent se situaient toutes, on l'a vu, au niveau du signifié, ou, pour emprunter librement ce terme à Hjelmslev en désignant ainsi le découpage et les groupements de sens propres à un état de langue, de la *forme du contenu*. On considérera maintenant les effets de sens produits

1. *Nocturne en plein jour*, La Fable du monde, p. 88.
2. *A la Nuit*, L'Escalier, p. 57.

par les signifiants eux-mêmes en dehors de leur sémantisme explicite, dans leur réalité sonore et graphique et dans leurs déterminations grammaticales. De tels effets de sens sont en principe inopérants dans la fonction dénotative du langage (ce qui ne signifie pas qu'ils soient totalement absents de son usage courant, qui ne se prive pas de faire appel à ce que Bally nomme les « valeurs expressives »), mais ils trouvent leur plein emploi dans l'expression littéraire, et particulièrement dans l'expression poétique, dans la mesure où celle-ci exploite, consciemment ou non, ce que Valéry appelle les *propriétés sensibles* du langage.

Il faut remarquer tout d'abord que les mots *jour* et *nuit*, considérés dans leur face signifiante, sont deux de ces mots simples, isolés, indécomposables, que les linguistes considèrent généralement comme les plus caractéristiques de la langue française, et qui, par opposition à l'allemand par exemple, la rangent avec l'anglais du côté des langues plus « lexicologiques » que « grammaticales [1]. » Or, si l'on compare le couple *jour/nuit* à d'autres couples antonymiques tels que *justice/injustice* ou *clarté/obscurité*, où s'exerce le jeu visible des éléments communs et des éléments distinctifs, il apparaît que l'état lexical pur, l'absence de toute motivation morphologique, et donc de toute articulation logique, tend à accentuer le caractère apparemment « naturel » de la relation entre *jour* et *nuit*. Ces deux mots bruts, sans morphème repérable, réduits tous deux à leur radical sémantique, mais chacun de son côté et sans aucun trait commun, paraissent ainsi s'opposer non comme deux formes, mais comme deux substances, comme deux « choses », ou plutôt, le mot s'impose, comme deux *éléments*. Le caractère substantiel des vocables semble ici répondre à celui des signifiés, dont peut-être il contribue à susciter l'illusion. Quand elle utilise des mots dérivés, à forte articulation morphologique, tels que *clarté* ou *obscurité*, le

1. Saussure, *C.L.G.*, p. 183. Cf. également Bally, *Linguistique générale et linguistique française*.

travail de la poésie, dans son effort général pour naturaliser et pour réifier le langage, consiste à effacer la motivation intellectuelle au profit d'associations plus physiques, donc plus immédiatement séduisantes pour l'imagination. Avec des lexèmes « élémentaires » comme *jour* et *nuit*, cette réduction préalable lui en quelque sorte épargnée, et l'on peut supposer que la valeur poétique de tels vocables tient pour une grande part à leur opacité même, qui les soustrait d'avance à toute motivation analytique, et qui, par là même, les rend plus « concrets », plus ouverts aux seules rêveries de l'imagination sensible.

Dans l'exemple qui nous occupe, ces effets liés à la forme du signifiant se ramènent pour l'essentiel à deux catégories que l'on considérera successivement par nécessité d'exposition, bien que les actions puissent être en fait simultanées : il s'agit d'abord des valeurs d'ordre phonique ou graphique, et ensuite de celles qui tiennent à l'appartenance de chacun des termes du couple à un genre grammatical différent.

La première catégorie fait appel à des phénomènes sémantiques dont l'existence et la valeur n'ont cessé d'être débattues depuis le *Cratyle*; faute de pouvoir entrer ici dans ce débat théorique, on postulera comme admises un certain nombre de positions qui ne le sont pas d'une manière universelle. On peut partir en tout cas d'une observation mémorable de Mallarmé, qui, regrettant « que le discours défaille à exprimer les objets par des touches y répondant en coloris ou en allure, lesquelles existent en l'instrument de la voix », cite à l'appui de ce reproche adressé à l'arbitraire du signe deux exemples convergents dont un seul nous retiendra ici : « A côté d'*ombre*, opaque, *ténèbres* se fonce peu; quelle déception, devant la perversité conférant à *jour* comme à *nuit*, contradictoirement, des timbres obscur ici, là clair [1]. »

___

[1]. *Œuvres complètes*, éd. Pléiade, p. 364. Précisons que, contrairement à l'usage, Mallarmé désigne par *ici* le premier terme nommé, et par *là* le second. On trouve une remarque identique chez Paulhan : « Le mot *nuit* est clair comme s'il voulait dire le jour, mais le mot *jour* est obscur et sombre, comme s'il désignait la nuit » (*Œuvres*, t. III 3, p. 273).

Cette remarque se fonde sur une des données, disons les moins fréquemment contestées, de l'expressivité phonique, à savoir qu'une voyelle dite aiguë, comme le /ɥ/ semi-consonne et le /i/ de *nuit*, peut évoquer, par une synesthésie naturelle, une couleur claire ou une impression lumineuse, et qu'au contraire une voyelle dite grave, comme le /u/ de *jour*, peut évoquer une couleur sombre, une impression d'obscurité : virtualités expressives sensiblement renforcées dans la situation de couple, où une sorte d'homologie, ou proportion à quatre termes, vient souligner (ou relayer) les correspondances à deux termes éventuellement défaillantes, en ce sens que, même si l'on conteste les équivalences terme-à-terme /i/ = clair et /u/ = sombre, on admettra plus facilement la proportion /i/ est à /u/ comme clair est à sombre. Au compte de ces effets sonores, il faut sans doute ajouter une autre observation, qui portera sur le seul *nuit* : c'est que son vocalisme consiste en une diphtongue formée de deux voyelles « claires » de timbres très proches, séparées par une nuance assez fine, comparable disons à celle qui distingue l'éclat jaune de l'or de l'éclat blanc de l'argent, dissonance qui entre pour quelque chose dans la luminosité subtile de ce mot. Il faudrait encore tenir compte de certains effets visuels qui viennent renforcer ou infléchir le jeu des sonorités, car la poésie, nous le savons bien, et plus généralement l'imagination linguistique ne jouent pas seulement sur des impressions auditives, et des poètes comme Claudel [1] ont eu raison d'attirer l'attention sur le rôle des formes graphiques dans la rêverie des mots. Comme le dit fort bien Bally, « les mots écrits, surtout dans les langues à orthographe capricieuse et arbitraire, comme l'anglais et le français, prennent pour l'œil la forme d'images globales, de *monogrammes ;* mais en outre, cette image visuelle peut être associée tant bien que mal à sa signification, en sorte que le

---

1. Cf. en particulier *La Philosophie du Livre* et *Idéogrammes occidentaux* (*Œuvres en prose*, éd. Pléiade, p. 68-95).

monogramme devient *idéogramme* [1] ». Ainsi n'est-il pas indifférent à notre propos de remarquer, entre les lettres *u* et *i*, une nuance graphique analogue à celle que nous avons notée entre les phonèmes correspondants, un double effet de minceur et d'acuité que la présence contiguë des jambages du *n* initial et de la hampe du *t* final, dans son élancement vertical, ne peut que souligner encore : sur le plan visuel comme sur le plan sonore, *nuit* est un mot léger, vif, aigu. De l'autre côté, il faut noter au moins, dans *jour*, l'effet de poids et d'épaisseur un peu étouffante qui se dégage de la « fausse diphtongue » *ou*, et que les consonnes qui l'entourent n'ont rien pour atténuer : il est évident que le mot serait plus léger dans une graphie phonétique. Enfin, ces évocations synesthésiques se trouvent confirmées, sinon peut-être provoquées, par quelques-unes de ces associations dites *lexicales*, qui procèdent de ressemblances phoniques et/ou graphiques entre des mots pour suggérer une sorte d'affinité de sens, historiquement illusoire, mais dont les conséquences sémantiques de l' « étymologie populaire » prouvent la force de persuasion, sur le plan de la langue naturelle. Cette action est sans doute moins brutale et plus diffuse dans le langage poétique, mais cette diffusion même en accroît l'importance, surtout lorsque la ressemblance formelle, en position finale, est exploitée et soulignée par la rime. On trouvera ainsi une confirmation de la luminosité de *nuit* dans sa consonance étroite avec le verbe *luire* et plus lointaine avec *lumière*, d'où, indirectement, avec *lune*. De même, la sonorité grave de *jour* se renforce par contagion paronymique avec des adjectifs comme *sourd* ou *lourd*. Comme le dit à peu près Bally, le caractère puéril ou fantaisiste de tels rapprochements ne les rend pas pour autant négligeables. J'ajouterais volontiers : bien au contraire. Il y a dans le langage un inconscient que Proust et Freud, entre autres, nous ont appris à considérer avec le sérieux qu'il mérite.

---

1. *Linguistique générale et Linguistique française*, p. 133.

Tel est donc le scandale linguistique dont Mallarmé, on le sait, ne s'offusquait que d'une façon toute provisoire, et non sans compensation, puisque ce sont ces sortes de « défauts des langues » qui rendent possible, parce que nécessaire pour les « rémunérer », le *vers*, « qui de plusieurs vocables refait un mot total, neuf, étranger à la langue et comme incantatoire [1] » : ce qui assigne au langage poétique la tâche de supprimer, ou de donner l'illusion qu'il supprime l'arbitraire du signe linguistique. Il faut donc examiner, dans le cas des deux mots qui nous occupent, comment le « vers », c'est-à-dire bien sûr le langage poétique en général, peut corriger le *défaut*, ou même en tirer parti. Nous pouvons nous appuyer ici sur un commentaire, bref mais précieux, du texte de Mallarmé, par Roman Jakobson : « Dans le cas d'une collision entre le son et le sens comme celle que décèle Mallarmé, la poésie française, tantôt cherchera un palliatif phonologique au désaccord, noyant la distribution « converse » des éléments vocaliques en entourant *nuit* de phonèmes graves et *jour* de phonèmes aigus, tantôt recourra à un déplacement sémantique, substituant aux images de clair et d'obscur associées au jour et à la nuit d'autres corrélats synesthésiques de l'opposition phonématique grave/ aigu, contrastant par exemple la chaleur lourde du jour et la fraîcheur aérienne de la nuit [2]. » En somme, pour supprimer ou atténuer le désaccord entre le son, ou plus généralement la forme, et le sens, le poète peut agir soit sur la forme, soit sur le sens. Corriger la forme d'une manière directe, modifier le signifiant, ce serait une solution brutale, une agression contre la langue que peu de poètes se sont décidés à commettre [3]. C'est donc le contexte qui sera chargé de

1. *Œuvres complètes*, Pléiade, p. 858.
2. *Essais de linguistique générale*, p. 242.
3. C'est en revanche ce que fait l'argot, dont les subtitutions s'autorisent d'un consensus social, si restreint soit-il. Parmi les désignations argotiques du jour et de la nuit, on trouve (attesté par Vidocq dans la Préface des *Voleurs*) le couple *le reluit/la sorgue*, qui semble choisi comme pour réparer l'interversion phonique dont souffre la langue commune.

modifier le son mal venu en le « diésant » ou en le « bémoli-
sant », comme dit Jakobson, par une contagion indirecte :
c'est en cela précisément que le poète utilise le « vers », le
syntagme poétique, comme un mot *neuf* et *incantatoire*.
Empruntons à Racine deux exemples illustres où le procédé
paraît assez manifeste :

> *Le jour n'est pas plus pur que le fond de mon cœur*

et

> *C'était pendant l'horreur d'une profonde nuit.*

Il faut observer toutefois que la correction vient ici non seulement, comme le dit Jakobson, de l'entourage phonématique,
mais aussi, et peut-être encore davantage, des valeurs sémantiques choisies : *pur, horreur, profonde,* agissent fortement
par leur sens pour éclaircir le jour et enténébrer la nuit.
Aussi, cet autre vers de Racine, déjà cité :

> *La lumière du jour, les ombres de la nuit*

n'a-t-il, contrairement à ce qu'imaginent les esprits insen-
sibles à l'existence physique du langage, rien de pléonas-
tique : *ombre* et *lumière* sont ici pleinement nécessaires à
établir l'opposition du jour et de la nuit sur ce que Greimas
appellerait l'*isotopie* du sémantisme lumineux, que les deux
vocables seraient impuissants à constituer à eux seuls. Même
nécessité, chez le même Racine, dans l'épithète de nature
apparemment fort redondante : « nuit *obscure* [1] ». Chez Hugo,
plus sensible que tout autre, peut-être, à la fois aux impressions lumineuses et aux contraintes de la langue, on trouve
assez souvent, pour désigner la nuit sans étoiles, ce syntagme
très banal mais très efficace, où le contexte, si élémentaire
soit-il, apporte une puissante correction à la fois phonétique
et sémantique : *nuit noire* [2].

1. *Phèdre,* 193.
2. *Oceano Nox, A Théophile Gautier...*

L'action inverse, qui consiste à infléchir le sens pour l'adapter à l'expression, est d'une certaine manière plus facile, car, comme on l'a vu plus haut, la signification d'un mot est une donnée plus malléable que sa forme, puisqu'elle se compose généralement d'un ensemble de sèmes parmi lesquels l'usager reste souvent libre de choisir. Ainsi, comme le remarque Jakobson, le poète français pourra-t-il à sa guise retenir de préférence les sèmes de légèreté transparente, de « fraîcheur lumineuse », qui s'accordent le mieux au phoné-tisme de *nuit*, et inversement les sèmes de « chaleur lourde », et l'on dirait volontiers, en s'écartant un peu de l'impression mallarméenne, de blancheur mate et diffuse que suggère le vocalisme de *jour*, évocateur, me semble-t-il, non pas tant d'obscurité que d'une luminosité brumeuse et comme étouffée, s'opposant à la clarté scintillante de la diphtongue *ui*. Il va de soi qu'une telle interprétation comporte une grande part de *suggestion par le sens*, comme les adversaires de l'expres-sivité phonique [1] ne se lassent pas (à juste titre) de le répéter ; mais c'est bien en cela que consiste l'*illusion de motivation*, et Pierre Guiraud dit très justement que dans le mot expressif (ajoutons : ou reçu comme tel) « le sens *signifie* la forme... là où il y a analogie entre la forme et le sens, il y a non seule-ment expressivité par concrétion de l'image signifiée, mais choc en retour ; le sens dynamise des propriétés de la substance sonore, autrement non perçues : il la « signifie » par une véritable inversion du procès qu'on pourrait appeler rétro-signification [2] ». Il apparaît ainsi que la « correction » poétique de l'arbitraire linguistique serait plus justement définie comme une adaptation réciproque consistant à accentuer les sèmes compatibles, et à oublier ou affaiblir les sèmes

---

1. Ainsi d'ailleurs que ses partisans, à commencer par Grammont, qui du moins l'admet en principe avant de l'oublier en pratique. On trouve un recueil fort copieux d'opinions sur ce sujet dans le livre de Paul Delbouille : *Poésie et Sonorité* (Liège, 1961).

2. « Pour une sémiologie de l'expression poétique », in *Langue et Littérature* (actes du VIIe congrès de la F.I.L.L.M.), Liège, 1961, p. 124.

incompatibles, de part et d'autre. La formule de Pope, « le son doit sembler un écho du sens », serait donc à corriger par celle, moins unilatérale, marquant mieux la réciprocité, de Valéry : « *hésitation prolongée* entre le son et le sens [1] » : hésitation qui se marque ici par une sorte d'aller-retour sémantique aboutissant à une position de compromis.

Il resterait, tâche impossible, à vérifier et à mesurer l'infléchissement subi de ce fait par la représentation du jour et de la nuit dans la poésie française. En ce qui concerne le premier terme, on se rappellera que le discours poétique s'intéresse « naturellement » peu au jour en lui-même et pour lui-même. On peut évoquer cependant le jour parnassien, le Midi suffocant de Leconte de Lisle, et le jour *blanc* chanté par Baudelaire : les « jours blancs, tièdes et voilés » de *Ciel brouillé*, « l'été blanc et torride » *(Chant d'automne)*, le jour tropical de *Parfum exotique*,

> *Qu'éblouissent les feux d'un soleil monotone,*

le « ciel pur où frémit l'éternelle chaleur » *(la Chevelure)*. Il est vrai que le mot *jour* est à peu près absent de ces textes, et il paraîtra peut-être sophistique ou désinvolte de dire qu'ils en sont la paraphrase. Il faut aussi reconnaître dans le jour valéryen, diurnité lucide et sans brume, une exception majeure.

En revanche, la déviation du sémantisme nocturne vers les valeurs de luminosité paraît très sensible dans la poésie française de toutes les époques : *Nuit plus claire que le jour* est un de ses paradoxes les plus coutumiers, qui trouve son plein investissement symbolique à l'âge baroque, dans le lyrisme amoureux (« O Nuit, jour des amants ») et dans l'effusion mystique (« Nuit plus claire qu'un jour », « Nuit plus brillante que le jour », « O Nuit, ô torrent de lumière [2] ») —

1. *Œuvres*, Pléiade, II, p. 637; on sait que les deux formules sont citées par Jakobson, p. 240 et 233.
2. Boissière, in *L'Amour noir*, poèmes recueillis par A.-M. Schmidt, p. 58; Hopil, Mme Guyon, *in* Jean Rousset, *Anthologie de la poésie baroque*, p. 192, 230.

au point qu'on se demande s'il ne faudrait pas opposer, à cet égard, la *nuit de lumière* des mystiques français à la *nuit obscure* de saint Jean de la Croix —, mais on le retrouve sans peine en bien d'autres régions. Citons encore Péguy :

> *Ces jours ne sont jamais que des clartés.*
> *Douteuses, et toi, la nuit, tu es ma grande lumière sombre* [1].

La nuit exemplaire, ici, la Nuit par excellence, c'est la nuit légère, la nuit de juin hugolienne, transparente et parfumée, où

> *L'aube douce et pâle, en attendant son heure,*
> *Semble toute la nuit errer au bas du ciel* [2],

et que l'on retrouvera autour du sommeil de Booz : la nuit claire, lunaire, *étoilée*, pour dire enfin le mot capital, nuit qui si volontiers, comme on l'a déjà vu chez Supervielle, se confond, s'identifie avec le firmament, la *voûte nocturne* où elle trouve sa pleine vérité sémantique, dans l'union heureuse du signifiant et du signifié. Pour lier, d'une manière indirecte mais étroite et pour ainsi dire automatique, le mot *étoiles* au mot *nuit* (projetant ainsi, selon la formule jakobsonienne, le principe d'équivalence sur la chaîne syntagmatique), le discours poétique classique disposait d'un cliché commode, qui était la rime *étoiles/voiles* (de la nuit). En voici quelques exemples relevés au hasard des lectures :

> *... encore les étoiles*
> *De la nuit taciturne illuminaient les voiles.*
> (Saint-Amant, *Moyse sauvé.*)

> *Dieu dit, et les étoiles*
> *De la nuit éternelle éclaircirent les voiles.*
> (Lamartine, *Méditations.*)

---

1. *Œuvres poétiques*, Pléiade, p. 662.
2. *Œuvres poétiques*, Pléiade, I, p. 1117.

Ces deux-là, pris aux deux bouts de la chaîne diachronique, représentent la version la plus traditionnelle; plus subtil, celui-ci, emprunté à Delille *(les Trois Règnes)*, où les étoiles figurent des lucioles :

> *Les bois mêmes, les bois, quand la nuit tend ses voiles,*
> *Offrent aux yeux surpris de volantes étoiles,*

ou cet autre, de Corneille, où les voiles, agréable renouvellement du poncif, ne sont plus ceux de la nuit mais, comme on le sait, *celles* de la flotte maure :

> *Cette obscure clarté qui tombe des étoiles*
> *Enfin avec le flux nous fit voir trente voiles.*

Selon un paradoxe d'une évidente vérité, cette nuit stellaire est une nuit qui *s'allume*. Qui « allume ses feux », dit Supervielle [1], ses « onyx », dit Mallarmé dans une première version du *sonnet* en -*x*, vouée tout entière, à travers les raffinements d'une mise en scène sophistiquée, au thème séculaire de la nuit scintillante et (par là même) bénéfique — ce qui se lit ici d'un mot : *approbatrice* [2].

Reste à considérer l'incidence d'un fait d'ordre non plus phonique ou graphique, mais grammatical, qui est l'opposition de genre entre les deux termes. On ne rappellera pas ici tout ce que Bachelard a si bien exposé, spécialement dans la *Poétique de la rêverie*, de l'importance du genre des mots pour la rêverie sexualisante des choses, et de la nécessité, pour l'étude de l'imagination poétique, de ce qu'il proposait d'appeler la *génosanalyse*. La fortune — non pas certes exclusive, mais non pas universellement partagée, pensons simplement à l'anglais, pour qui tous les inanimés sont neutres — la fortune de la langue française est d'avoir pleinement masculinisé le jour et féminisé la nuit [3], d'avoir fait d'eux pleinement un *couple*, ce qui rejoint et renforce le caractère inclusif

---

1. *Les Amis inconnus*, p. 139.
2. *Œuvres complètes*, Pléiade, p. 1488.
3. Rappelons que le latin *dies* est tantôt masculin, tantôt féminin, et que le bas-latin *diurnum*, ancêtre de *jour*, est neutre.

de l'opposition, que nous avons relevé plus haut. Pour l'usager de la langue française, le jour est mâle et la nuit femelle, au point qu'il nous est presque impossible de concevoir une répartition différente ou inverse; la nuit est femme, elle est l'amante ou la sœur, l'amante et la sœur du rêveur, du poète; elle est en même temps l'amante et la sœur du jour : c'est sous les auspices de la féminité, de la beauté féminine, que tant de poètes baroques, chantant après Marino la belle en deuil, la belle négresse, la belle en songe, la belle morte, toutes les belles nocturnes, ont rêvé l'union, les noces miraculeuses du jour et de la nuit [1], rêve dont nous relevons cet écho dans *Capitale de la douleur :*

> *O douce, quand tu dors, la nuit se mêle au jour.*

Le caractère sexuel, érotique, de cette union est souligné dans la diction classique par un relais à la rime dont la forme canonique nous est fournie par Boileau, oui Boileau (*Lutrin,* chant II) :

> *Ah ! Nuit, si tant de fois, dans les bras de l'amour,*
> *Je t'admis aux plaisirs que je cachais au Jour...*

C'est l'*amour* qui effectue la liaison entre nuit et jour, que ce soit comme ici pour les opposer, ou, comme dans l'invocation, déjà citée, de Boissière, *Nuit, jour des amants,* pour les unir en interversion [2].

---

1. *Ciel brun, Soleil à l'ombre, obscur et clair séjour,*
    La Nature dans toi s'admire et se surpasse,
    Entretenant sans cesse en ton divin espace
    Un accord merveilleux de la nuit et du jour
    (Anonyme, *L'Amour noir,* p. 92).

2. *Et toi, nuit, doux support des songes où j'aspire,*
    Puisses-tu dans mes yeux toujours faire séjour,
    Jamais Phébus pour moi ses rais ne fasse luire
    Puisque le jour m'est nuit et que la nuit m'est jour
    (Pyard de La Mirande, *ibid.,* p. 121.)

Dans une tonalité à vrai dire plus satanique qu'amoureuse, Lamartine trouve, à l'adresse de Byron, cette synthèse foudroyante :

> *La nuit est ton séjour...*
> (*Méditation Deuxième.*)

Mais comme femme, la nuit est encore — et nous touchons là sans doute à son symbolisme le plus profond — la *mère*; mère essentielle, mère du jour, qui « sort de la nuit [1] », mère unique de tous les Dieux [2], elle est celle que Péguy appelle la « mère universelle, non plus seulement mère des enfants (c'est si facile), mais mère des hommes même et des femmes, ce qui est si difficile ». Il n'est pas besoin d'une très forte dose de psychanalyse pour reconnaître en la nuit un symbole maternel, symbole de ce lieu maternel, de cette nuit des entrailles où tout commence, et pour voir que l'amour de la nuit est retour à la mère, descente chez les Mères, signe inextricablement noué d'instinct vital et d'attirance mortelle. Ici se marque un dernier renversement dans la dialectique du jour et de la nuit, car si le jour dominateur est, en son plein éclat, la vie, la nuit féminine est, dans sa profondeur abyssale, à la fois vie et mort : c'est la nuit qui nous donne le jour, c'est elle qui nous le reprendra [3].

Un mot pour terminer sans conclure : il est évidemment arbitraire et fâcheux d'étudier — si succinctement que ce soit — les noms du jour et de la nuit sans aborder l'étude conjointe de quelques vocables dérivés qui leur sont étroitement liés, soit *minuit*, qui redouble encore, comme le manifeste bien Mallarmé par exemple, la scintillation du mot simple, ou *journée*, féminisation paradoxale et ambiguë du jour — et surtout les deux adjectifs, si proches des substantifs dans leur dérivation latinisante, et en même temps si autonomes dans leurs valeurs poétiques propres. Après celle du jour et de la nuit, rêver l'opposition, la conjonction [4] du

1. Hugo, *Booz endormi*, mais aussi d'Aubigné, *Prière du matin*.
2. Clémence Ramnoux, « Le symbolisme du jour et de la nuit », *Cahiers internationaux de symbolisme*, n° 13.
3. « Tout finit dans la nuit, c'est pourquoi il y a le jour. Le jour est lié à la nuit, parce qu'il n'est lui-même jour que s'il commence et s'il prend fin » (Blanchot, *loc. cit.*).
4. La conjonction semble ici, peut-être du fait de l'homophonie, plus importante que l'opposition. En fait, *nocturne* domine fortement, et *diurne* semble n'être qu'un pâle décalque analogique, au sémantisme peut-être marqué, dans

diurne et du *nocturne*, ce serait une autre tâche, toute semblable, et toute différente.

les régions obscures de la conscience linguistique, de quelque trace de contagion par son homologue : il n'est pas tout à fait possible de penser *diurne* sans passer par le relais de *nocturne*, et sans retenir quelque chose de ce détour. Genêt, par exemple, ne parle-t-il pas, dans le *Journal du Voleur*, du *mystère* de la Nature *diurne*? (On décèle sans peine une influence analogue de *nocturne* sur *taciturne* ; ainsi chez Leiris, *Fibrilles* p. 242 : « ... le mot *taciturne* qui teinte de nuit et de mystère le prénom sans malice du défenseur des Pays-Bas ».)

LANGAGE POÉTIQUE, POÉTIQUE DU LANGAGE

Il n'est probablement pas, en littérature, de catégorie plus ancienne ou plus universelle que l'opposition entre prose et poésie. A cette remarquable extension, on a vu, pendant des siècles, et même des millénaires, correspondre une relative stabilité du critère distinctif fondamental. On sait que jusqu'au début du xxᵉ siècle ce critère fut essentiellement d'ordre phonique : il s'agissait, bien sûr, de cet ensemble de contraintes réservées à (et par là même constitutives de) l'expression poétique, que l'on peut grossièrement ramener à la notion de *mètre* : alternance réglée des syllabes brèves et longues, accentuées et atones, nombre obligé des syllabes et homophonie des finales de vers, et (pour la poésie dite lyrique) règles de constitution des strophes, c'est-à-dire des ensembles récurrents de vers au cours du poème. Ce critère pouvait être dit fondamental en ce sens que les autres caractéristiques, d'ailleurs variables, qu'elles fussent d'ordre dialectal (soit l'emploi du dorien comme mode des interventions lyriques dans la tragédie attique, ou la tradition, maintenue jusqu'à l'époque alexandrine, d'écrire l'épopée dans le dialecte ionien mêlé d'éolien qui avait été celui des poèmes homériques), grammatical (particularités morphologiques ou syntaxiques dites « formes poétiques » dans les langues anciennes, inversions et autres « licences » en français classique), ou proprement stylistiques (vocabulaires réservés, figures dominantes), n'étaient jamais, dans la poétique classique, considérées comme obligatoires et déterminantes au même titre que les contraintes métriques : il s'agissait là d'agréments secondaires et, pour certains, facultatifs, d'un type de discours dont le trait pertinent restait en tout état de cause le respect de la forme métrique. La question, aujourd'hui si embarrassante, du *langage poétique*, était alors d'une grande simplicité, puisque la présence ou l'absence du mètre constituait un critère décisif et sans équivoque.

On sait aussi que la fin du XIXe siècle et le début du XXe ont assisté, particulièrement en France, à la ruine progressive et pour finir à l'effondrement, sans doute irréversible, de ce système, et à la naissance d'un concept inédit, qui nous est devenu familier sans nous devenir tout à fait transparent : celui d'une poésie libérée des contraintes métriques et cependant distincte de la prose. Les raisons d'une mutation si profonde sont bien loin de nous être claires, mais il semble au moins que l'on puisse rapprocher cette disparition du critère métrique d'une évolution plus générale, dont le principe est l'affaiblissement continu des modes auditifs de la consommation littéraire. Il est bien connu que la poésie antique était essentiellement chantée (lyrisme) et récitée (épopée), et que, pour des raisons matérielles assez évidentes, le mode de communication littéraire fondamental, même pour la prose, était la lecture ou déclamation publique — sans compter la part prépondérante, en prose, de l'éloquence proprement dite. Il est un peu moins connu, mais largement attesté, que même la lecture individuelle était pratiquée à haute voix : saint Augustin affirme que son maître Ambroise (IVe siècle) fut le premier homme de l'Antiquité à pratiquer la lecture silencieuse, et il est certain que le Moyen Age vit un retour à l'état antérieur, et que la consommation « orale » du texte écrit se prolongea bien au-delà de l'invention de l'imprimerie et de la diffusion massive du livre[1]. Mais il est

1. « L'information reste principalement auditive : même les grands de ce monde écoutent plus qu'ils ne lisent; ils sont entourés de conseillers qui leur parlent, qui leur fournissent leur savoir par l'oreille, qui lisent devant eux... Enfin, même ceux qui lisent volontiers, les humanistes, sont accoutumés de le faire à haute voix — et entendent leur texte » (R. Mandrou, *Introduction à la France moderne*, Paris, Albin Michel, 1961, p. 70).

aussi certain que cette diffusion et celle de la pratique de la lecture et de l'écriture devaient à la longue affaiblir le mode auditif de perception des textes au profit d'un mode visuel [1], et donc leur mode d'existence phonique au profit d'un mode graphique (rappelons que les débuts de la modernité littéraire ont vu, en même temps que les premiers signes de disparition du système de la versification classique, les premières tentatives systématiques, avec Mallarmé et Apollinaire, d'exploration des ressources poétiques du graphisme et de la mise en page) — et surtout, et à cette occasion, mettre en évidence d'autres caractères du langage poétique, que l'on peut qualifier de *formels* au sens hjelmslevien, en ceci qu'ils ne tiennent pas au mode de réalisation, ou « substance » (phonique ou graphique) du signifiant, mais à l'articulation même du signifiant et du signifié considérés dans leur idéalité. Ainsi apparaissent comme de plus en plus déterminants les aspects sémantiques du langage poétique, et cela non seulement à l'égard des œuvres modernes, écrites sans considération du mètre et de la rime, mais aussi, nécessairement, à l'égard des œuvres anciennes, que nous ne pouvons aujourd'hui nous empêcher de lire et d'apprécier selon nos critères actuels — moins immédiatement sensibles, par exemple, à la mélodie ou au rythme accentuel du vers racinien qu'au jeu de ses « images », ou préférant à la métrique rigoureuse, ou subtile, d'un Malherbe ou d'un La Fontaine les « contre-batteries de mots » audacieuses de la poésie baroque [2].

1. Valéry avait déjà très bien dit tout cela, entre autres : « Longtemps, longtemps, la *voix humaine* fut base et condition de la *littérature*. La présence de la voix explique la littérature première, d'où la classique prit forme et cet admirable *tempérament*. Tout le corps humain présent *sous la voix*, et support, condition d'équilibre de l'*idée*... Un jour vint où l'on sut lire des yeux sans épeler, sans entendre, et la littérature en fut tout altérée. Évolution de l'articulé à l'effleuré, — du rythmé et enchaîné à l'instantané, — de ce que supporte et exige un auditoire à ce que supporte et emporte un œil rapide, avide, libre sur la page » (*Œuvres*, t. 2, Pléiade, p. 549).

2. Ce changement de critère ne signifie pas, cependant, que la réalité phonique, rythmique, métrique, de la poésie ancienne se soit effacée (ce qui serait

Une telle modification, qui ne conduit à rien de moins qu'à un nouveau tracé de la frontière entre prose et poésie, et donc à un nouveau partage du champ littéraire, pose directement à la sémiologie littéraire une tâche très distincte de celles que s'assignaient les anciennes poétiques ou les traités de versification des siècles derniers, tâche capitale et difficile que Pierre Guiraud désigne précisément comme « sémiologie de l'expression poétique [1]. » Capitale, parce qu'aucune sans doute ne répond plus spécifiquement à sa vocation, mais aussi difficile, parce que les effets de sens qu'elle rencontre en ce domaine sont d'une subtilité et d'une complexité qui peuvent décourager l'analyse et qui, sourdement renforcés par le très ancien et très persistant tabou religieux qui pèse sur le « mystère » de la création poétique, contribuent à désigner le chercheur qui s'y aventure comme un sacrilège ou (et) comme un balourd : de quelques précautions qu'elle s'entoure pour éviter les fautes et les ridicules du scientisme, l'attitude « scientifique » est toujours intimidée devant les moyens de l'art, dont on est généralement porté à croire qu'ils ne valent que par ce qui en eux, « infracassable noyau de nuit », se dérobe à l'étude et à la connaissance.

Il faut savoir gré à Jean Cohen [2] d'avoir écarté ces scrupules et d'être entré dans ces mystères avec une fermeté que l'on peut juger brutale, mais qui ne se refuse pas au débat ni même, éventuellement, à la réfutation. « Ou bien, dit-il justement, la poésie est une grâce venue d'en haut qu'il faut recevoir dans le silence et le recueillement. Ou bien on décide d'en parler, et alors il faut essayer de le faire d'une

un grand dommage) : elle s'est plutôt transposée dans le visuel et, à cette occasion, en quelque sorte idéalisée; il y a une façon muette de percevoir les effets « sonores », une sorte de diction silencieuse, comparable à ce qu'est pour un musicien exercé la lecture d'une partition. Toute la théorie prosodique serait à reprendre dans ce sens.

1. « Pour une sémiologie de l'expression poétique », *Langue et Littérature*, Paris, Éd. Les Belles Lettres, 1961.

2. *Structure du langage poétique*, Paris, Flammarion, 1966.

manière positive... Il faut poser le problème de manière telle que des solutions s'avèrent concevables. Il est fort possible que les hypothèses que nous présentons ici se révèlent fausses, mais au moins auront-elles ce mérite d'offrir le moyen de prouver qu'elles le sont. Il sera alors possible de les corriger ou de les remplacer jusqu'à ce que l'on trouve la bonne. Rien d'ailleurs ne nous garantit qu'en cette matière la vérité soit accessible et l'investigation scientifique peut finalement se révéler inopérante. Mais cela, comment le savoir avant de l'avoir tenté [1] ? »

Le principe majeur de la poétique ainsi offerte à la discussion, c'est que le langage poétique se définit, par rapport à la prose, comme un *écart* par rapport à une norme, et donc (l'écart, ou déviation, étant, selon Guiraud comme selon Valéry, selon Spitzer comme selon Bally, la marque même du « fait de style ») que la poétique peut être définie comme une *stylistique de genre*, étudiant et mesurant les déviations caractéristiques, non pas d'un individu, mais d'un *genre de langage* [2], c'est-à-dire, assez exactement, de ce que Barthes a proposé de nommer une *écriture* [3]. Mais on risquerait d'affadir l'idée que Jean Cohen se fait de l'écart poétique si l'on ne précisait que cette idée correspond moins au concept de déviation qu'à celui d'*infraction* : la poésie ne dévie pas par rapport au code de la prose comme une variante libre par rapport à une constante thématique, elle le viole et le transgresse, elle en est la contra-

---

1. *Ibid.*, p. 25.
2. P. 14. Un exemple frappant de l'influence du genre sur le style est donné p. 122 par le cas de Hugo, qui emploie 6 % d'épithètes « impertinentes » dans le roman et 19 % en poésie.
3. Avec cette réserve toutefois que selon Barthes la poésie moderne ignore l'écriture comme « figure de l'Histoire ou de la socialité », et se réduit à une poussière de styles individuels (*Le Degré zéro de l'écriture*, Éd. du Seuil, 1953, chap. 4).

diction même : la poésie, c'est l'*antiprose*[1]. En ce sens précis, on pourrait dire que l'écart poétique, pour Cohen, est un écart absolu.

Un second principe, que nous appellerons le principe mineur, pourrait rencontrer ailleurs la plus vive opposition, si ce n'est une fin de non-recevoir pure et simple : ce principe, c'est que l'évolution diachronique de la poésie va régulièrement dans le sens d'une poéticité sans cesse croissante, comme la peinture se serait faite, de Giotto à Klee, de plus en plus picturale, « chaque art *involuant* en quelque sorte, par une approche toujours plus grande de sa propre forme pure[2] » ou de son essence. On voit immédiatement tout ce qu'il y a de contestable en principe dans ce postulat d'involution[3], et l'on verra plus loin comment le choix des procédures de vérification en accentue la gratuité; et lorsque Cohen affirme que « l'esthétique classique est une esthétique antipoétique[4] », pareille assertion peut jeter quelque doute sur l'objectivité de son entreprise. Mais cette discussion ne nous retiendra pas ici, puisque nous avons reçu *Structure du langage poétique* comme un effort pour constituer une poétique à partir des critères dégagés par la pratique même de la poésie « moderne ». Peut-être, simplement, une conscience plus déclarée de ce parti pris aurait-elle permis l'économie d'un axiome qui, posé comme intemporel et objectif, soulève les plus graves difficultés méthodologiques, car il donne souvent l'impression d'avoir été introduit pour les besoins de la démonstration — soit, plus précisément, pour faire servir un constat d'évolu-

1. *Op. cit.*, p. 51 et 97.
2. *Ibid.*, p. 21.
3. On peut surtout se demander si ce postulat prétend bien s'appliquer à « chaque art » au sens de *tous les arts* : en quoi peut-on dire que l'art de Messiaen est plus purement musical que celui de Palestrina, ou celui de Le Corbusier plus purement architectural que celui de Brunelleschi? Si l'involution se réduit, comme on peut le concevoir par l'exemple de la peinture et de la sculpture, à un abandon progressif de la fonction représentative, il faut se demander plus précisément ce que cet abandon peut signifier dans le cas de la poésie.
4. *Op. cit.*, p. 20.

tion (la poésie est de plus en plus écart) à l'établissement du principe majeur (l'écart est l'essence de la poésie). En fait, les deux postulats se soutiennent un peu subrepticement l'un l'autre dans un tourniquet implicite de prémisses et de conclusions que l'on pourrait expliciter à peu près ainsi : premier syllogisme, la poésie est de plus en plus écart, or elle est de plus en plus proche de son essence, donc son essence est l'écart; second syllogisme, la poésie est de plus en plus écart, or l'écart est son essence, donc elle est de plus en plus près de son essence. Mais peu importe, sans doute, si l'on décide d'accepter sans démonstration (et pour cause) le principe mineur comme exprimant l'inévitable, et en un sens légitime, anachronisme du *point de vue*.

La vérification empirique, qui occupe la plus grande partie de l'ouvrage, porte donc pour l'essentiel sur le fait d'évolution, dont on vient de voir le rôle stratégique déterminant. Elle est confiée à un test statistique très simple et très révélateur qui consiste à comparer sur quelques points décisifs, soit entre eux, soit à un échantillon de prose scientifique de la fin du XIXᵉ siècle (Berthelot, Claude Bernard, Pasteur), un corpus de textes poétiques pris à trois époques différentes : classique (Corneille, Racine, Molière), romantique (Lamartine, Hugo, Vigny) et symboliste (Rimbaud, Verlaine, Mallarmé) [1]. Le premier point examiné, qui bien entendu ne peut confronter que les textes poétiques entre eux, est celui de la *versification*, considérée tout d'abord sous l'angle du rapport entre la pause métrique (fin de vers) et la pause syntaxique; le simple compte des fins de vers non ponctuées (et donc en discordance avec le rythme phrastique) fait apparaître une proportion moyenne de 11 % chez les trois classiques, 19 chez les romantiques et 39 chez les symbolistes : écart, donc, par rapport à la norme prosaïque de l'isochronie entre phrase-son et phrase-sens; considérée ensuite du point de vue de la grammaticalité des rimes : les rimes « non-catégo-

[1]. A raison de 100 vers (10 séries de 10) par poète.

rielles », c'est-à-dire unissant des vocables qui n'appartiennent pas à la même classe morphologique, passent, pour cent vers, de 18,6 de moyenne chez les classiques à 28,6 chez les romantiques et 30,7 chez les symbolistes : écart, ici, par rapport au principe linguistique de synonymie des finales homonymes (ess*ence* — exist*ence*, part*iront* — réuss*iront*).

Le second point est celui de la *prédication*, étudiée du point de vue de la pertinence des épithètes. La comparaison des échantillons de prose scientifique, de prose romanesque (Hugo, Balzac, Maupassant) et de poésie romantique fait apparaître au XIX⁰ siècle des moyennes respectives de 0 %, 8 % et 23, 6 % d'épithètes « impertinentes », c'est-à-dire logiquement inacceptables en leur sens littéral (exemples : « ciel *mort* » ou « vent *crispé* »). Les trois époques poétiques considérées se différencient comme suit : classique, 3,6 ; romantique, 23, 6 ; symboliste, 46,3. Encore faut-il distinguer ici deux degrés d'impertinence : le degré faible est réductible par simple analyse et abstraction, comme dans « herbe *d'émeraude* » = herbe *verte* parce qu'*émeraude* = (*pierre* +) *verte* ; le degré fort n'est pas justiciable d'une telle analyse, et sa réduction exige un détour plus onéreux, soit celui d'une synesthésie, comme dans « *bleus* angélus » = angélus *paisibles*, en vertu de la synesthésie *bleu* = *paix* [1]. Si l'on considère de ce point de vue le nombre des épithètes de couleur impertinentes, les classiques se trouvent exclus du tableau à cause de leur trop petit nombre d'épithètes de couleur, et l'on passe de 4,3 chez les romantiques à 42 chez les symbolistes,

---

1. Cette interprétation en particulier, et l'idée en général que toutes les impertinences du second degré se ramènent à des synesthésies, paraissent très discutables. On pourrait aussi bien lire *bleus angélus* comme une prédication métonymique (l'angélus résonnant dans le bleu du ciel) ; l'hypallage *ibant obscuri* est typiquement métonymique ; *homme brun* pour *homme aux cheveux bruns* est évidemment synecdochique, etc. Il y a sans doute, pour le moins, autant d'espèces d'épithètes impertinentes qu'il y a d'espèces de tropes ; l'épithète « synesthésique » correspondant simplement à l'espèce des métaphores, dont les poétiques « modernes » surestiment généralement l'importance.

l'écart grandissant étant évidemment ici l'impertinence de la prédication, l'anomalie sémantique.

Le troisième test porte sur la *détermination*, c'est-à-dire en fait sur la carence de détermination décelée par le nombre des épithètes *redondantes*, du genre « *verte* émeraude » ou « éléphants *rugueux* ». La notion de redondance est ici justifiée par le principe, linguistiquement contestable et d'ailleurs contesté, selon lequel la fonction pertinente d'une épithète est de déterminer une espèce à l'intérieur du genre désigné par le nom, comme dans « les éléphants *blancs* sont très rares ». Toute épithète descriptive est donc, pour Cohen, redondante. La proportion de ces épithètes par rapport au nombre total d'épithètes pertinentes est de 3,66 en prose scientifique, 18,4 en prose romanesque et 58,5 en poésie du XIXᵉ siècle, le corpus poétique opposé aux deux autres étant maintenant non plus, comme pour les épithètes impertinentes, celui des romantiques, mais celui que fournissent ensemble Hugo, Baudelaire et Mallarmé (pourquoi ce glissement vers l'époque moderne?). A l'intérieur du langage poétique, le tableau d'évolution donne 40,3 aux classiques, 54 aux romantiques, 66 aux symbolistes : progression plus faible, à corriger, selon Jean Cohen, par le fait (allégué sans vérification statistique) que les épithètes redondantes des classiques sont « dans leur immense majorité » du premier degré, c'est-à-dire réductibles à une valeur circonstancielle (Corneille : « Et mon amour flatteur déjà me persuade... » = Et mon amour, parce qu'il est flatteur...), tandis que celles des modernes (Mallarmé : « ...d'azur *bleu* vorace ») ne peuvent généralement pas s'interpréter ainsi. Écart donc, et ici encore, grandissant par rapport à la norme (?) de la fonction déterminative de l'épithète [1].

Quatrième point de comparaison : l'inconséquence (croissante) des coordinations. La progression est ici marquée, sans appareil statistique, par le passage des coordinations presque

---

1. Le total des épithètes « anormales » (impertinentes + redondantes) donne la progression suivante : 42 %, 64,6 % et 82 %.

toujours logiques du discours classique (« Je pars, cher Théramène, Et quitte le séjour de l'aimable Trézène ») aux ruptures momentanées du discours romantique (« Ruth songeait et Booz rêvait; l'herbe était noire »), puis à l'inconséquence systématique et, si l'on peut dire, continue, qu'inaugurent les *Illuminations* et qui s'épanouit dans l'écriture surréaliste.

La cinquième et dernière confrontation porte sur l'inversion, et plus précisément sur l'antéposition des épithètes. Le tableau comparatif donne ici 2 % à la prose scientifique, 54,3 à la poésie classique, 33,3 à la romantique, 34 à la symboliste. La dominance des classiques dans un tableau des inversions poétiques n'a rien pour surprendre en principe, mais le postulat d'involution cher à Cohen le gêne pour accepter un tel fait : aussi n'est-il pas fâché de pouvoir rétablir sa norme en éliminant du compte les épithètes « évaluatives », plus susceptibles d'antéposition normale (un *grand* jardin, une *jolie* femme). Le tableau ainsi corrigé donne 0 % à la prose scientifique, 11,9 aux classiques, 52,4 aux romantiques, 49,5 aux symbolistes. Cette correction est probablement justifiée, mais elle ne peut dissimuler un fait connu de tous, qui est la fréquence relative plus grande en poésie classique de l'inversion en général, qui ne se réduit pas à l'antéposition de l'épithète [1].

On pourrait de la même façon s'interroger sur l'absence d'autres comparaisons qui eussent été tout aussi instructives : on sait par exemple que Pierre Guiraud a établi [2], d'après un corpus à vrai dire curieusement choisi (*Phèdre, les Fleurs du mal*, Mallarmé, Valéry, *les Cinq grandes odes*), un lexique poétique dont il a comparé les fréquences à celles que donne, pour la langue normale, la table de Van der Beke, et que cette

---

1. « Souvent (l'inversion) est, comme le dit Laharpe, le seul trait qui différencie les vers de la prose » (Fontanier, *Les Figures du discours*, 1827; rééd. Flammarion, 1968, p. 288).
2. *Langage et versification d'après l'œuvre de Paul Valéry : Étude sur la forme poétique dans ses rapports avec la langue*, Paris, Klincksieck, 1952.

comparaison révèle un écart de vocabulaire très sensible (sur les 200 mots les plus fréquents en poésie, ou *mots-thèmes*, on en trouve 130 dont la fréquence est anormalement forte par rapport à celle de Van der Beke; parmi ces 130 *mots-clés*, 22 seulement appartiennent aux 200 premiers de la langue normale). Il serait intéressant de soumettre à une comparaison analogue les échantillons retenus par Cohen, mais il n'est pas certain d'avance que l'écart de vocabulaire serait plus sensible chez les symbolistes, et *a fortiori* chez les romantiques, que chez les classiques : les xviie et xviiie siècles n'ont-ils pas été pour la poésie l'époque par excellence du lexique réservé, avec ses *ondes*, ses *coursiers*, ses *mortels*, ses *lèvres de rubis* et ses *seins d'albâtre* ? Et le geste révolutionnaire dont se flatte Hugo dans la *Réponse à un acte d'accusation* ne fut-il pas précisément, en l'occurrence, une *réduction d'écart* ?

Mais cette objection, comme sans doute quelques autres semblables, ne tomberait probablement pas sur le propos essentiel de Jean Cohen. Selon lui, en effet, l'écart n'est pas pour la poésie une fin, mais un simple moyen, ce qui rejette hors de son champ d'intérêt certaines des déviations les plus massives du langage poétique, comme les effets de lexique mentionnés à l'instant ou les privilèges dialectaux dont il a été question plus haut : l'écart linguistique le plus manifeste, celui qui consisterait à réserver à la poésie un idiome spécial, ne serait pas un cas exemplaire, car l'écart ne remplit sa fonction poétique qu'en tant qu'il est l'instrument d'un *changement de sens*. Il faut donc à la fois qu'il établisse, à l'intérieur de la langue naturelle, une anomalie ou impertinence, et que cette impertinence soit *réductible*. L'écart non réductible, comme dans l'énoncé surréaliste « l'huître du Sénégal mangera le pain tricolore », n'est pas poétique; l'écart poétique se définit par sa réductibilité [1], qui implique

---

1. Mais comment savoir où passe la frontière ? On voit bien ici que pour Cohen *bleus angélus* fait un écart réductible et *huître du Sénégal...* un écart absurde (ce qui est d'ailleurs discutable). Mais où mettra-t-il (par exemple) « la mer aux entrailles de raisin » (Claudel) ou « la rosée à tête de chatte » (Breton) ?

nécessairement un changement de sens, et plus précisément un passage du sens « dénotatif », c'est-à-dire intellectuel, au sens « connotatif », c'est-à-dire affectif : le courant de signification bloqué au niveau dénotatif (angélus *bleu*) se remet en marche au niveau connotatif (angélus *paisible*), et ce blocage de la dénotation est indispensable pour libérer la connotation. Un message ne peut, selon Cohen, être à la fois dénotatif et connotatif : « Connotation et dénotation sont antagonistes. Réponse émotionnelle et réponse intellectuelle ne peuvent se produire en même temps. Elles sont antithétiques, et pour que la première surgisse, il faut que la seconde disparaisse[1]. » Aussi bien toutes les infractions et impertinences relevées dans les divers domaines de la versification, de la prédication, de la détermination, de la coordination et de l'ordre des mots ne sont telles qu'au plan dénotatif : c'est leur moment négatif, qui s'abolit aussitôt dans un moment positif où pertinencé et respect du code se rétablissent au profit du signifié de connotation. Ainsi, l'impertinence dénotative qui sépare les deux termes de la rime *sœur* — *douceur* dans *l'Invitation au voyage* s'efface devant une pertinence connotative : « La vérité affective vient corriger l'erreur notionnelle. Si la " sororité " connote une valeur, sentie comme telle, d'intimité et d'amour, alors il est vrai que toute sœur est douce, et même, réciproquement, que toute douceur est " sororale ". Le sémantisme de la rime est métaphorique[2]. »

Si l'on veut appliquer à ce livre, dont l'un des mérites est d'éveiller presque à chaque page la discussion par la vigueur de sa démarche et la netteté de son propos, l'esprit de contestation rigoureuse que son auteur sollicite avec tant de bonne

1. *Op. cit.*, p. 214.
2. *Ibid.*, p. 220.

grâce, on doit d'abord relever dans la procédure de vérification adoptée trois partis pris qui inclinent un peu trop opportunément la réalité dans un sens favorable à la thèse. Le premier concerne le choix des trois périodes envisagées. Il va de soi d'abord que l'histoire de la poésie française ne s'arrête pas à Mallarmé, mais on admettra sans trop de résistance que, du moins sur quelques-uns des critères retenus par lui, un échantillon prélevé sur la poésie du xxe siècle ne ferait qu'accentuer l'évolution décelée par Cohen dans la poésie romantique et symboliste. En revanche, il est vraiment trop commode de prendre comme point de départ le xviie siècle (et même, en fait, sa deuxième moitié) sous prétexte [1] que remonter plus haut ferait intervenir des états de langue trop hétérogènes. Un corpus de la seconde moitié du xvie siècle composé par exemple de Du Bellay, Ronsard et d'Aubigné n'aurait pas adultéré très sensiblement l'état de langue que constitue, en un sens de toute façon très relatif, le « français moderne » — surtout dans une enquête qui ne faisait pas intervenir les écarts lexicaux; par contre, il est probable qu'il aurait compromis la courbe d'involution sur laquelle repose toute la thèse de Cohen, et qu'on aurait vu apparaître au début du cycle, au moins sur quelques critères, un « taux de poésie [2] », c'est-à-dire une tendance à l'écart supérieure, on s'en doute, à celle du classicisme, mais peut-être également à celle du romantisme. L'inconvénient pour l'auteur eût sans doute été du même ordre si, au lieu de choisir au xviie siècle trois « classiques » aussi canoniques que Corneille, Racine et Molière, il avait cherché du côté des Régnier, des Théophile, des Saint-Amant, des Martial de Brives, des Tristan, des Le Moyne, qui ne sont pas précisément des *minores*. Je sais bien que Cohen justifie ce choix, qui n'est pas le sien mais celui de la « postérité [3] », par un souci d'objectivité : mais

1. *Ibid.*, p. 18.
2. *Ibid.*, p. 15.
3. *Ibid.*, p. 17-18.

précisément le consensus du public n'est pas immuable, et il y a quelque discordance entre le choix de critères modernes (puisque essentiellement sémantiques) et celui d'un corpus franchement académique. Discordance surprenante au premier abord, et qui devient choquante une fois perçu son principal effet, qui est de faciliter la démonstration : le classicisme, qui est dans l'histoire de la littérature française un épisode, une *réaction*, devient ici une origine : comme un premier état, encore timide, d'une poésie dans l'enfance et qui devra acquérir progressivement ses caractères adultes. Effacée la Pléiade, gommé le baroque, oubliés le maniérisme et la préciosité! Boileau disait : « Enfin Malherbe vint... », ce qui était au moins un hommage involontaire à l'histoire, l'aveu inconscient d'un passé désavoué. Chez Cohen, cela devient à peu près : au commencement était Malherbe.

Lequel d'ailleurs n'est guère payé de sa peine, puisqu'il ne figure même pas sur la liste des trois poètes classiques : liste assez singulière et qui n'a pour elle ni (probablement) la sanction de la postérité, ni (à coup sûr) la pertinence méthodologique. Que parmi les trois plus grands *poètes* classiques, dans une enquête portant nommément sur le *langage poétique*, Racine soit presque fatalement nommé, cela va de soi; le cas de Corneille est beaucoup plus incertain, et quant à Molière... Élire, ou prétendre faire élire par le consensus ces trois noms pour former le corpus de la *poésie* classique, et les opposer ensuite aux romantiques et aux symbolistes que l'on sait, c'est se donner la partie vraiment trop belle et manifester à trop peu de frais que « l'esthétique classique est une esthétique antipoétique ». Une liste composée par exemple de Malherbe, Racine et La Fontaine eût été un peu plus représentative. Il ne s'agit pas seulement, d'ailleurs, de la « valeur » poétique des œuvres considérées, il s'agit surtout de l'équilibre des genres : Cohen se flatte [1] d'avoir couvert « des genres très variés : lyrique, tragique, épique,

1. *Ibid.*, p. 19.

comique, etc. » (etc. ?), mais comment ne voit-il pas que tout le dramatique est dans son échantillon classique, et réciproquement, et que par suite toute sa confrontation revient à opposer trois *dramaturges* classiques à six poètes modernes essentiellement *lyriques* [1] ? Or, quand on sait quelle différence les classiques mettaient (pour des raisons évidentes) entre la teneur poétique exigée d'une poésie lyrique et celle dont pouvait (et devait) se contenter une tragédie, et *a fortiori* une comédie, on mesure l'incidence d'un tel choix. Un seul exemple (le moins évident) suffira peut-être à l'illustrer : Jean Cohen observe une progression des rimes non-catégorielles qui va de 18,6 à 28,6 et à 30,7. Mais qui ne sait que les rimes de la tragédie (et, encore une fois, *a fortiori* de la comédie) étaient pour ainsi dire statuairement plus *faciles* (ce qui signifie, entre autres, plus catégorielles) que celles de la poésie lyrique ? Qu'en eût-il été de la démonstration de Cohen sur ce point avec un autre échantillon ? Le principe de Banville cité par lui (« Vous ferez rimer ensemble, autant qu'il se pourra, des mots très semblables entre eux comme sons, et très différents entre eux comme sens ») est d'esprit typiquement malherbien ; mais les exigences malherbiennes ne s'appliquent pas au vers de théâtre, dont tout le mérite est dans la simplicité et l'intelligibilité immédiate. Comparer les « taux de poésie » du classicisme et de la modernité dans ces conditions, c'est à peu près comme si l'on comparait les climats de Paris et de Marseille en prenant à Paris la moyenne de décembre et à Marseille celle de juillet : c'est manifestement fausser la partie.

On répondra sans doute que ces accidents de méthode ne ruinent pas l'essentiel du propos, et qu'une enquête plus rigoureuse ferait tout aussi bien apparaître dans la poésie « moderne », au moins sur le plan proprement sémantique, une augmentation de l'écart. Encore faudrait-il s'entendre

---

1. Même si certains items pris dans *la Légende des siècles* ont été comptés comme épiques, ce qui prêterait évidemment à discussion.

sur la signification et sur la portée de cette notion, qui n'est peut-être pas aussi claire, ni aussi pertinente qu'on pourrait le croire au premier abord.

Lorsque Cohen caractérise comme un écart l'impertinence ou la redondance d'une épithète, et qu'il parle à ce propos de *figure*, il semble bien qu'il s'agisse là d'un écart par rapport à une norme de littéralité, avec glissement de sens et substitution de terme : c'est bien ainsi qu'*angélus bleu* s'oppose à *angélus paisible*. Mais lorsqu'il affirme qu'une métaphore d'usage (soit : *flamme* pour *amour*) n'est pas un écart, et, qui plus est, qu'elle ne l'est pas « par définition, » déniant par exemple une valeur d'écart à la double métaphore racinienne « *flamme si noire* » pour *amour coupable*, parce que ces deux tropes « sont à l'époque d'un usage courant », et ajoutant que « si la figure est écart, le terme *figure d'usage* est une contradiction dans les termes, l'usuel étant la négation même de l'écart [1] », il ne définit plus l'écart, comme Fontanier définissait la figure, par opposition au littéral, mais par opposition à l'usage, méconnaissant au passage cette vérité cardinale de la rhétorique qu'il se fait plus de figures en un jour de Halle qu'en un mois d'Académie — autrement dit, que l'usage est saturé d'écarts-figures et que ni l'usage ni l'écart ne s'en portent plus mal, tout simplement parce que l'écart-figure se définit linguistiquement, comme différent du *terme propre*, et non pas, psycho-sociologiquement, comme différent de l'expression usuelle; ce n'est pas le fait de « tomber dans l'usage » qui périme une figure en tant que telle, mais la disparition du terme propre. *Tête* n'est plus figure, non pour avoir trop servi, mais parce que *chef*, en ce sens, a disparu; *gueule* ou *bobine*, si usités, si usagés soient-ils, seront sentis comme écarts tant qu'ils n'auront pas éliminé et remplacé *tête*. Et *flamme*, dans le discours classique, ne cesse pas d'être métaphore pour y être d'un usage courant : il n'aurait cessé de l'être que si celui du mot *amour* s'était

1. *Op. cit.*, p. 114, note, et p. 46.

perdu. Si la rhétorique distingue figures d'usage et figures d'invention, c'est bien parce que les premières restent à ses yeux des figures, et il me semble que c'est elle qui a raison. Le titi qui répète « Faut le faire » ou « Va te faire cuire un œuf » sait fort bien qu'il emploie là des clichés et même des scies d'époque, et son plaisir stylistique n'est pas d'*inventer* une expression, mais d'employer une expression *détournée*, un *détour d'expression* qui soit à la mode : la figure est dans le détour, et la mode (l'usage) *n'efface pas le détour*. Il faut donc choisir entre une définition de l'écart comme infraction ou comme détour, même si certains d'entre eux se trouvent être les deux à la fois, comme Archimède est à la fois prince et géomètre : c'est à ce choix que se refuse Jean Cohen[1], jouant tantôt sur un caractère, tantôt sur l'autre, ce qui lui permet d'accueillir la métaphore moderne, parce que d'invention, et de repousser la métaphore classique, parce que d'usage, bien que l' « impertinence », et donc selon sa propre théorie le passage du dénotatif au connotatif y soient aussi présents : tout se passe comme si le critère sémantique (écart = détour) lui servait à fonder sa théorie du langage poétique, et le critère psycho-sociologique (écart = invention) à en réserver le bénéfice à la poésie moderne. Équivoque certainement involontaire, mais sans doute favorisée par le désir inconscient de majorer l'effet du principe d'involution.

Si la notion d'écart n'est donc pas exempte de toute confusion, elle n'est pas non plus, appliquée au langage poétique, d'une pertinence décisive. On a vu qu'elle était empruntée à la stylistique, et que Cohen définit la poétique comme une « stylistique de genre » : propos peut-être défendable, mais à condition que soit nettement maintenue la différence d'exten-

---

1. Après bien d'autres, il est vrai, dont les rhétoriciens eux-mêmes, qui opposent si souvent dans leurs définitions la figure à l'expression « simple et commune », sans distinguer davantage entre la norme de littéralité (expression *simple*) et la norme d'usage (expression *commune*), comme si elles coïncidaient nécessairement, ce qu'infirment leurs propres observations sur l'emploi courant, populaire, voire « sauvage », des figures de toutes sortes.

sion et de compréhension entre les concepts de style en général et de style poétique en particulier. Or ce n'est pas toujours le cas, et le dernier chapitre s'ouvre sur un glissement très caractéristique. Soucieux de répondre à l'objection : « Suffit-il qu'il y ait écart pour qu'il y ait poésie ? », Cohen répond ainsi : « Nous croyons qu'effectivement il ne suffit pas de violer le code pour écrire un poème. Le style est faute mais toute faute n'est pas style [1]. » Cette mise au point est peut-être nécessaire, mais il ne s'ensuit pas qu'elle soit suffisante, car elle laisse de côté la question la plus importante : *tout style est-il poésie ?* Cohen semble parfois le penser, comme lorsqu'il écrit que « du point de vue stylistique (la prose littéraire) ne diffère de la poésie que d'un point de vue quantitatif. La prose littéraire n'est qu'une poésie modérée, ou, si l'on veut, la poésie constitue la forme véhémente de la littérature, le degré paroxystique du style. Le style est un. Il comporte un nombre fini de figures, toujours les mêmes. De la prose à la poésie, et d'un état de la poésie à l'autre, la différence est seulement dans l'audace avec laquelle le langage utilise les procédés virtuellement inscrits dans sa structure [2] ».

Ainsi s'explique que Cohen ait adopté comme point de référence unique la « prose scientifique » de la fin du XIXe siècle, qui est une écriture neutre, volontairement dépouillée d'effets stylistiques, celle-là même que Bally utilise pour dégager a contrario les effets expressifs du langage, y compris du langage parlé. On pourrait se demander ce qu'eût donné une comparaison systématique, époque par époque, de la poésie classique à la prose littéraire classique, de la poésie romantique à la prose romantique, de la poésie moderne à la prose moderne. Entre Racine et La Bruyère, Delille et Rousseau, Hugo et Michelet, Baudelaire et Goncourt, Mallarmé et Huysmans, l'écart ne serait

1. *Op. cit.*, p. 201.
2. *Ibid.*, p. 149.

peut-être pas si grand, ni si croissant, et au fond Cohen lui-même en est convaincu d'avance : « Le style est un. » La « structure » qu'il dégage est peut-être moins celle du langage poétique que celle du style en général, mettant en lumière quelques *traits stylistiques* que la poésie ne détient pas en propre, mais partage avec d'autres espèces littéraires. On ne peut donc s'étonner de le voir conclure sur une définition de la poésie qui est à peu près celle que Bally donne de l'expressivité en général : substitution du langage affectif (ou émotionnel) au langage intellectuel.

Le plus surprenant est que Cohen ait nommé *connotation* cette substitution, en insistant avec force, comme on l'a vu plus haut, sur l'antagonisme des deux significations, et sur la nécessité que l'une s'efface pour que l'autre apparaisse. En effet, même sans s'astreindre à la définition linguistique rigoureuse (Hjelmslev-Barthes) de la connotation comme système signifiant signifiant décroché à partir d'une signification première, il semble que le préfixe indique assez clairement une co-notation, c'est-à-dire une signification qui *s'ajoute* à une autre sans la chasser. « Dire *flamme* pour *amour*, c'est pour le message, porter la mention : *je suis poésie*[1] » : voilà typiquement une connotation, et l'on voit bien qu'ici le sens second (poésie) ne chasse pas le sens « premier » (amour); *flamme* dénote *amour* et en même temps connote *poésie*. Or les effets de sens caractéristiques du langage poétique sont bien des connotations, mais non pas seulement parce que, comme on le voit ici, la présence d'une figure d'usage connote pour nous le « style poétique » classique : pour qui prend au sérieux la métaphore, *flamme* connote aussi, et d'abord, le détour par l'analogie sensible, la présence du comparant dans le comparé, autrement dit, ici : le *feu de la passion*[2]. C'est une étrange illusion rétrospec-

1. *Ibid.*, p. 46.
2. Le rapport entre l'opposition littéral/figuré et l'opposition dénoté/connoté est assez complexe, comme tout ajustement entre catégories appartenant à des champs épistémologiques disparates. Il nous semble que le plus juste

tive que d'attribuer au public et aux poètes classiques une
indifférence aux connotations sensibles des figures, qui serait
plutôt le fait, après trois siècles d'usure et d'affadissement
scolaire, du lecteur moderne, demi-habile blasé, prévenu,
bien décidé par avance à ne trouver aucune saveur, aucune
couleur, aucun relief, dans un discours réputé de part en part
« intellectuel » et « abstrait ». Les rhétoriciens de l'époque
classique, par exemple, ne voyaient pas dans les tropes de
ces sortes d'indicatifs stéréotypés de la poéticité du style,
mais de véritables images sensibles [1]. Aussi faudrait-il peut-
être voir dans la *flamme noire* de Racine un peu plus de
flamme et un peu plus de noir que ne le veut Cohen pour
retrouver une juste entente du discours racinien : entre une
lecture « suractivante » et celle qui — sous prétexte de laisser
aux mots leur « valeur d'époque » — *réduit* systématiquement
l'écart sensible des figures, la plus *anachronique* n'est peut-
être pas celle qu'on pense.

Bref, dénotation et connotation sont loin d'être aussi
« antagonistes » que le dit Jean Cohen, et c'est leur double
présence simultanée qui entretient l'ambiguïté poétique,
aussi bien dans l'*image* moderne que dans la figure classique.
L'*angélus bleu* ne « signifie » pas seulement l'angélus paisible :
même si l'on accepte la traduction proposée par Cohen, on
doit admettre que le détour par la couleur importe au sens
« affectif », et donc que la connotation n'a pas chassé la dénotation. Ce qui pousse Cohen à l'affirmer, c'est son désir de

est de considérer, dans le trope, comme *dénoté*, bien que « second », le sens
figuré (ici : *amour*), et comme connotés entre autres, la trace du sens littéral
(*feu*) et l'effet de style, au sens classique, de la présence même du trope (*poésie*).
   1. « Les expressions plaisent qui forment dans l'imagination une peinture
sensible de ce qu'on va faire concevoir. C'est pourquoi les poètes, dont le but
principal est de plaire, n'emploient que ces dernières expressions. Et c'est
pour cette même raison que les métaphores, qui rendent toutes choses sensibles,
sont si fréquentes dans leur style » (Lamy, *Rhétorique*, 1688, IV, 16). On trouverait dans les traités des tropes postérieurs des appréciations concordantes,
mais nous nous en tenons volontairement à un rhétoricien de la pleine époque
classique. Et, au surplus, cartésien.

transformer entièrement le langage poétique en un langage de l'émotion : ayant lié le destin de l'*émotionnel* au langage connotatif et celui du *notionnel* au langage dénotatif, il lui faut absolument expulser le second au profit exclusif du premier. « Notre code, dit-il un peu vite à propos de la langue naturelle, est dénotatif. Et c'est pourquoi le poète est tenu de forcer le langage s'il veut faire lever ce visage pathétique du monde... [1] » C'est là, peut-être, tout à la fois assimiler trop largement la fonction poétique à l'expressivité du style affectif (si consubstantielle, on le sait au moins depuis Bally, au langage parlé lui-même), et séparer trop brutalement le langage poétique des ressources profondes de la langue. La poésie est à la fois une opération plus spécifique, et plus étroitement liée à l'être intime du langage. La poésie ne *force* pas le langage : Mallarmé disait avec plus de mesure, et d'ambiguïté, qu'elle en « rémunère le défaut ». Ce qui signifie en même temps qu'elle corrige ce défaut, qu'elle le compense, et qu'elle le récompense (en l'exploitant); qu'elle le remplit, le supprime et l'exalte : qu'elle le *comble*. Que, loin de s'écarter du langage, elle s'établit et s'accomplit *à son défaut*. En ce défaut, précisément, qui le constitue [2].

Pour apporter quelque justification à ces formules que Jean Cohen rejetterait sans doute, non sans apparence de

1. *Op. cit.*, p. 225.
2. Il conviendrait de rapprocher le livre de Cohen d'un autre ouvrage, qui représente l'une des tentatives les plus intéressantes de théorie du langage poétique : *Les Constantes du Poème*, de A. Kibédi Varga (Van Goor Zonen, La Haye, 1963). La notion d'*étrangeté*, qui est au cœur de cette poétique « dialectique », rappelle évidemment l'*ostranenie* des formalistes russes. Elle nous paraît plus heureuse que celle d'*écart*, en ce qu'elle n'érige pas la prose en référence nécessaire à la définition de la poésie, et qu'elle s'accorde davantage à l'idée du langage poétique comme état intransitif du langage, de tout texte reçu comme « message centré sur lui-même » (Jakobson) : ce qui, peut-être, nous délivre de M. Jourdain — j'entends, du *tourniquet* prose/poésie.

raison, comme « vaines, parce qu'elles ne sont ni claires ni
vérifiables », il faut considérer de plus près ce texte de Mallarmé qui nous semble toucher à l'essentiel de la fonction
poétique : « Les langues imparfaites en cela que plusieurs,
manque la suprême : penser étant écrire sans accessoires, ni
chuchotement mais tacite encore l'immortelle parole, la
diversité, sur terre, des idiomes empêche personne de proférer les mots qui, sinon se trouveraient, par une frappe
unique, elle-même matériellement la vérité... Mon sens
regrette que le discours défaille à exprimer les objets par des
touches y répondant en coloris ou en allure, lesquels existent
dans l'instrument de la voix, parmi les langages et quelquefois chez un. A côté d'*ombre*, opaque, *ténèbres* se fonce peu;
quelle déception, devant la perversité conférant à *jour* comme
à *nuit*, contradictoirement, des timbres obscur ici, là clair.
Le souhait d'un terme de splendeur brillant, ou qu'il s'éteigne,
inverse; quant à des alternatives lumineuses simples —
Seulement, sachons *n'existerait pas le vers* : lui, philosophiquement rémunère le défaut des langues, complément supérieur[1]. » Le style de cette page ne doit pas dissimuler la
fermeté de son propos, ni la solidité de son fondement
linguistique : le « défaut » du langage, attesté pour Mallarmé
comme, plus tard, pour Saussure, par la *diversité des idiomes*,
et illustré par la disconvenance des sonorités et des significations, c'est évidemment ce que Saussure appellera l'arbitraire du signe, le caractère conventionnel de la liaison entre
signifiant et signifié; mais ce défaut même est la raison d'être
de la poésie, qui n'existe que par lui : si les langues étaient
parfaites, *n'existerait pas le vers*, parce que toute parole serait
poésie; et donc, aucune. « Si je vous suis, disait Mallarmé à
Viélé-Griffin (d'après ce dernier), vous appuyez le privilège
créateur du poète à l'imperfection de l'instrument dont il
doit jouer; une langue hypothétiquement adéquate à traduire sa pensée supprimerait le littérateur, qui s'appellerait,

---

1. *Œuvres complètes*, Pléiade, p. 364.

du fait, monsieur Tout le Monde [1]. » Car la fonction poétique est précisément dans cet effort pour « rémunérer », fût-ce illusoirement, l'arbitraire du signe, c'est-à-dire pour *motiver le langage*. Valéry, qui avait longuement médité l'exemple et l'enseignement de Mallarmé, est revenu très souvent sur cette idée, opposant à la fonction prosaïque, essentiellement transitive, où l'on voit la « forme » s'abolir dans son sens (comprendre étant *traduire*), la fonction poétique où la forme s'unit au sens et tend à se perpétuer indéfiniment avec lui : on sait qu'il comparait la transitivité de la prose à celle de la marche, et l'intransitivité de la poésie à celle de la danse. La spéculation sur les *propriétés sensibles* de la parole, l'indissolubilité de la forme et du sens, l'illusion d'une ressemblance entre le « mot » et la « chose » étaient pour lui, comme pour Mallarmé [2], l'essence même du langage poétique : « La puissance des vers tient à une harmonie indéfinissable entre ce qu'ils *disent* et ce qu'ils *sont* [3]. » Aussi voit-on l'activité poétique étroitement liée chez certains, comme Mallarmé lui-même (voir ses *Mots anglais*, et l'intérêt qu'il prend au fameux *Traité du verbe* de René Ghil), à une incessante *imagination du langage* qui est en son fond une rêverie motivante, une rêverie de la motivation linguistique, marquée d'une sorte de semi-nostalgie de l'hypothétique état « primitif » de la langue, où la parole aurait *été* ce qu'elle disait. « La fonction poétique, au sens le plus large du terme,

1. « Stéphane Mallarmé, esquisse orale », *Mercure de France*, fév. 1924.
2. Ou pour Claudel : « Nous employons dans la vie ordinaire les mots non pas proprement en tant qu'ils *signifient* les objets, mais en tant qu'ils les *désignent* et en tant que pratiquement ils nous permettent de les prendre et de nous en servir. Ils nous en donnent une espèce de réduction portative et grossière, une valeur, banale comme de la monnaie. Mais le poète ne se sert pas des mots de la même manière. Il s'en sert non pas pour l'utilité, mais pour constituer de tous ces fantômes sonores que le mot met à sa disposition un tableau à la fois intelligible et délectable » (*Œuvres en prose*, Pléiade, p. 47-48). La théorie de Sartre, dans *Qu'est-ce que la littérature ?* et dans *Saint Genet*, n'est pas essentiellement différente.
3. *Œuvres*, Pléiade, II., p. 637.

dit Roland Barthes, se définirait ainsi par une conscience cratyléenne des signes, et l'écrivain serait le récitant de ce grand mythe séculaire qui veut que le langage imite les idées et que, contrairement aux précisions de la science linguistique, les signes soient motivés [1]. »

L'étude du langage poétique ainsi défini devrait s'appuyer sur une autre étude, qui n'a encore jamais été systématiquement entreprise, et qui porterait sur la *poétique du langage* (au sens où Bachelard parlait, par exemple, d'une poétique de l'espace), c'est-à-dire sur les innombrables formes de l'imagination linguistique. Car les hommes ne rêvent pas seulement avec des mots, ils rêvent aussi, et même les plus frustes, sur les mots, et sur toutes les manifestations du langage : il y a là, précisément depuis le *Cratyle*, ce que Claudel appelle un « formidable dossier » [2] — qu'il faudra bien ouvrir un jour. Il faudrait d'autre part analyser de près l'ensemble des procédés et artifices auxquels recourt l'expression poétique pour motiver les signes; on ne peut ici qu'en indiquer les principales espèces.

La mieux connue, car la plus immédiatement perceptible, rassemble les procédés qui, avant de s'attaquer au « défaut » du langage, s'attachent à le réduire, exploitant en quelque sorte le défaut du défaut, c'est-à-dire les quelques bribes de motivation, directe ou indirecte, que l'on trouve naturellement dans la langue : onomatopée, mimologismes, harmonies imitatives, effets d'expressivité phonique ou graphique [3], évocations par synesthésie, associations lexicales [4]. Valéry,

1. « Proust et les noms », *To honor R. Jakobson*, Mouton, 1967.
2. *Œuvres en prose*, p. 96.
3. Les premiers sont bien connus (trop bien sans doute) depuis Grammont et Jespersen. Les seconds ont été beaucoup moins étudiés, malgré l'insistance de Claudel (cf. en particulier *Idéogrammes occidentaux*, *ibid.*, p. 81).
4. On peut appeler ainsi, malgré quelques flottements dans la terminologie linguistique, les contagions sémantiques entre mots proches par la forme *(fruste-rustre)* ; l'association fréquente, à la rime par exemple, avec *funèbre*, peut ainsi obscurcir, comme le souhaite Mallarmé, le sémantisme « naturel » de *ténèbres*.

qui faisait pourtant claquer son fouet tout comme un autre [1], n'avait pas grande estime pour ce genre d'effets : l'harmonie entre l'être et le dire « ne doit pas, écrivait-il, être définissable. Quand elle l'est, c'est l'harmonie imitative, et ce n'est pas bien [2] ». Il est certain du moins que ce sont là les moyens les plus faciles, puisqu'ils sont donnés dans la langue, et donc à la portée de « monsieur Tout le Monde », et surtout que le mimétisme qu'ils établissent est de l'espèce la plus grossière. Il y a plus de subtilité dans les artifices qui (répondant ainsi plus directement à la formule de Mallarmé) s'efforcent de corriger le défaut en rapprochant, en adaptant l'un à l'autre le signifiant et le signifié séparés par la dure loi de l'arbitraire. Schématiquement parlant, cette adaptation peut être réalisée de deux façons différentes.

La première consiste à rapprocher le signifié du signifiant, c'est-à-dire à infléchir le sens, ou, plus exactement sans doute, à choisir parmi les virtualités sémiques celles qui s'accordent le mieux à la forme sensible de l'expression. C'est ainsi que Roman Jakobson indique comment la poésie française peut exploiter, et par là même justifier, la discordance relevée par Mallarmé entre les phonétismes des mots *jour* et *nuit* et l'on a tenté de montrer [3] en quoi les effets de cette discordance et de son exploitation peuvent contribuer à la nuance particulière que donne la poésie française à l'opposition du jour et de la nuit; ce n'est qu'un exemple entre des milliers d'autres possibles : il nous faudrait ici de nombreuses études de sémantique pré-poétique, dans tous les domaines (et dans toutes les langues) pour commencer seulement à apprécier l'incidence de ces phénomènes sur ce que l'on appelle, peut-être improprement, la « création » poétique.

La seconde consiste, inversement, à rapprocher le signifiant du signifié. Cette action sur le signifiant peut être de

1. Par exemple : « L'insecte net gratte la sécheresse » (*Le Cimetière marin*).
2. *Œuvres*, Pléiade, II p. 637.
3. Ici même p. 111-119.

deux ordres très différents : d'ordre morphologique, si le poète, non satisfait des ressources expressives de son idiome, s'applique à modifier les formes existantes ou même à en forger de nouvelles; ce chapitre de l'invention verbale a été, comme on le sait, particulièrement illustré au xxᵉ siècle par des poètes comme Fargue ou Michaux, mais le procédé est resté jusqu'ici exceptionnel, pour des raisons évidentes. L'action sur le signifiant la plus fréquente, la plus efficace sans doute — la plus conforme, en tout cas, à la vocation du jeu poétique, qui est de se situer à l'intérieur de la langue naturelle et non à côté d'elle —, est d'ordre sémantique : elle consiste non pas à déformer des signifiants ou à en inventer d'autres, mais à les *déplacer*, c'est-à-dire à substituer au terme propre un autre terme que l'on détourne de son emploi et de son sens pour lui confier un emploi et un sens nouveaux. Cette action de déplacement, que Verlaine a joliment appelée la « méprise », est évidemment au principe de toutes ces « figures de mots pris hors de leur signification » que sont les tropes de la rhétorique classique. Il est une fonction de la figure qui n'a peut-être pas été suffisamment mise en lumière jusqu'ici [1], et qui concerne directement notre propos : contrairement au terme « propre » ou littéral, qui est normalement arbitraire, le terme figuré est essentiellement motivé, et motivé en deux sens : d'abord, et tout simplement, parce qu'il est *choisi* (même si c'est dans un répertoire traditionnel comme celui des tropes d'usage) au lieu d'être imposé par la langue; ensuite parce que la substitution de terme procède toujours d'un certain rapport entre les deux signifiés (rapport d'analogie pour une métaphore, d'inclusion pour une synecdoque, de contiguïté pour une métonymie, etc.) qui reste présent (connoté) dans le signifiant déplacé et substitué, et qu'ainsi ce signifiant, quoique généralement tout aussi arbitraire, dans son sens littéral, que

1. Cf. cependant Ch. Bally : « Les hypostases sont toutes des signes motivés » (*Le Langage et la Vie*, p. 95)

le terme évincé, devient motivé dans son emploi figuré. Dire *flamme* pour désigner la flamme, *amour* pour désigner l'amour, c'est se soumettre à la langue en acceptant les mots arbitraires et transitifs qu'elle nous intime; dire *flamme* pour *amour*, c'est motiver son langage (je dis *flamme* parce que l'amour brûle), et par là même lui donner l'épaisseur, le relief et le poids d'existence qui lui manquent dans la circulation quotidienne de l'*universel reportage*.

Il convient toutefois de préciser ici que toute espèce de motivation ne répond pas au vœu poétique profond, qui est, selon le mot d'Eluard [1], de parler *un langage sensible*. Les « motivations relatives », d'ordre essentiellement morphologique (*vache*/*vacher*, *égal*/*inégal*, *choix*/*choisir*, etc.) dont parle Saussure, et qu'il voit régner dans les langues les plus « grammaticales » [2], ne sont pas des plus heureuses pour le langage poétique, peut-être parce que leur principe est trop intellectuel et leur fonctionnement trop mécanique. Le rapport entre *obscur* et *obscurité* est trop abstrait pour donner à *obscurité* une véritable motivation poétique. Un lexème inanalysable comme *ombre* ou *ténèbres*, avec ses qualités et ses défauts sensibles immédiats et son réseau d'évocations indirectes (*ombre-sombre*, *ténèbres-funèbre*) donnera sans doute prétexte à une action motivante plus riche, malgré son immotivation linguistique plus grande. Et *obscurité* lui-même, pour acquérir quelque densité poétique, devra se donner une sorte de fraîcheur verbale en faisant oublier sa dérivation et en réactivant les attributs sonores et visuels de son existence lexicale. Cela implique entre autres que la présence du morphème ne soit pas soulignée par une rime « catégorielle » du genre *obscurité-vérité*, et l'on peut, soit dit en passant, imaginer que cette raison, fût-ce inconsciemment et avec plusieurs autres, a contribué à la proscription des rimes grammaticales. Voyez au contraire comment le mot

1. *Sans âge (Cours naturel)*.
2. *Cours de linguistique générale*, p. 180-184.

se régénère et se sensibilise dans un entourage approprié,
comme dans ces vers de Saint-Amant :

> *J'écoute, à demi transporté,*
> *Le bruit des ailes du silence*
> *Qui vole dans l'obscurité* [1].

Obscurité a trouvé là son destin poétique; elle n'est plus la
qualité abstraite de ce qui est obscur, elle est devenue un
espace, un élément, une substance; et, entre nous (contre
toute logique, mais selon la secrète vérité du nocturne),
combien lumineuse!

Cette digression nous a éloignés des *procédés de motivation*,
mais nous n'avons pas à le regretter, car en vérité l'essentiel
de la motivation poétique n'est pas dans ces artifices, qui
ne lui servent peut-être que de catalyseurs : plus simplement
et plus profondément, il est dans l'attitude de lecture que
le poème réussit (ou, plus souvent, échoue) à imposer au
lecteur, attitude motivante qui, au-delà ou en deçà de tous
les attributs prosodiques ou sémantiques, accorde à tout
ou partie du discours cette sorte de présence intransitive
et d'existence absolue qu'Eluard appelle l'*évidence poétique*.
Le langage poétique révèle ici, nous semble-t-il, sa véritable
« structure », qui n'est pas d'être une *forme* particulière, définie
par ses accidents spécifiques, mais plutôt un *état*, un degré
de présence et d'intensité auquel peut être amené, pour
ainsi dire, n'importe quel énoncé, à la seule condition que
s'établisse autour de lui cette *marge de silence* [2] qui l'isole au
milieu (mais non à l'écart) du parler quotidien. C'est sans

1. *Le Contemplateur.*
2. « Les poèmes ont toujours de grandes marges blanches, de grandes marges
de silence » (P. Eluard, *Donner à voir*, p. 81). On observera que la poésie la plus
libérée des formes traditionnelles n'a pas renoncé (au contraire) à la puissance
de mise en condition poétique qui tient à la disposition du poème dans le
blanc de la page. Il y a bien, dans tous les sens du terme, une *disposition poétique*.
Cohen le montre bien par cet exemple forgé :

> « *Hier sur la Nationale sept*
> *Une automobile*

doute par là que la poésie se distingue le mieux de toutes les sortes de style, avec lesquelles elle partage seulement un certain nombre de moyens. Le style est bien, lui, un écart, en ce sens qu'il s'éloigne du langage neutre par un certain effet de différence et d'excentricité; la poésie ne procède pas ainsi : on dirait plus justement qu'elle se retire du langage commun *par l'intérieur*, par une action — sans doute largement illusoire — d'approfondissement et de retentissement comparable à ces perceptions exaltées par la drogue dont Baudelaire affirme qu'elles transforment « la grammaire, l'aride grammaire elle-même » en une sorte de « sorcellerie évocatoire : les mots ressuscitent revêtus de chair et d'os, le substantif, dans sa majesté substantielle, l'adjectif, vêtement transparent qui l'habille et le colore comme un glacis, et le verbe, ange du mouvement, qui donne le branle à la phrase [1] ».

> *Roulant à cent à l'heure s'est jetée*
> *Sur un platane*
> *Ses quatre occupants ont été*
> *Tués. »*

Ainsi disposée, la phrase, dit-il justement, « n'est déjà plus de la prose. Les mots s'animent, le courant passe » (p. 76). Cela tient non seulement, comme il le dit, au découpage grammaticalement aberrant, mais aussi et d'abord à une mise en page que l'on dirait volontiers intimidant. La suppression de la ponctuation dans une grande partie de la poésie moderne, dont Cohen souligne à juste titre l'importance (p. 62), va aussi dans le même sens : effacement des relations grammaticales et tendance à constituer le poème, dans l'espace silencieux de la page, comme une pure *constellation verbale* (on sait combien cette image a hanté Mallarmé).

[1]. *Le Poème du haschisch*, 4ᵉ partie. La mention faite ici de la grammaire ne contredit pas l'idée, que pour l'essentiel nous partageons avec Jean Cohen, de la poésie comme dégrammaticalisation du langage, et n'appuie pas, comme le voudrait Roman Jakobson (« Une microscopie du dernier *Spleen* », *Tel Quel* 29), le propos d'une *poésie de la grammaire*. Pour Baudelaire, l'*aride* grammaire ne devient « sorcellerie évocatoire » (formule cardinale, on le sait, qui se retrouve dans *Fusées* et dans l'article sur Gautier, dans des contextes qui ne doivent plus rien au stupéfiant) qu'en perdant le caractère purement relationnel qui fait son « aridité », c'est-à-dire en se dégrammaticalisant :

Du langage poétique ainsi compris, qu'il vaudrait peut-être mieux nommer le langage à l'état poétique, ou *l'état poétique du langage*, on dira sans trop forcer la métaphore, qu'il est le langage *à l'état de rêve*, et l'on sait bien que le rêve par rapport à la veille, n'est pas un écart, mais au contraire... mais comment *dire* ce qu'est le contraire d'un écart? En vérité, ce qui se laisse le plus justement définir par l'écart, comme écart, ce n'est pas le langage poétique, mais bien la prose, *l'oratio soluta*, la parole disjointe, le langage même comme écartement et disjonction des signifiants, des signifiés, de signifiant et du signifié. La poésie serait bien alors, comme le dit Cohen (mais en un sens différent, ou plutôt dans une direction opposée), *antiprose* et *réduction de l'écart* : écart à l'écart, négation, refus, oubli, effacement de l'écart, de cet écart qui *fait* le langage [1]; illusion, rêve, utopie

les *partes orationis* ressuscitent en se couvrant de chair et d'os, en retrouvant une existence *substantielle*, les mots deviennent des êtres matériels, colorés et animés. Rien n'est plus loin d'une exaltation de la grammaire comme telle. Il existe peut-être des imaginations linguistiques centrées sur la grammatica, et Mallarmé, du moins, se prétendait un « syntaxier ». Mais le poète qui louait chez Gautier « ce magnifique *dictionnaire* dont les feuillets, remués par un souffle divin, s'ouvrent tout juste pour laisser jaillir le *mot* propre, le *mot* unique », et qui écrit encore dans l'article de 1861 sur Hugo : « Je vois dans la Bible un prophète à qui Dieu ordonne de manger un livre. J'ignore dans quel monde Victor Hugo a mangé préalablement le *dictionnaire* de la langue qu'il était appelé à parler : mais je vois que le *lexique* français, en sortant de sa bouche, est devenu un monde, un univers coloré, mélodieux et mouvant » (souligné par nous), ce poète n'est-il pas au contraire un exemple caractéristique de ce que l'on pourrait appeler l'imagination *lexicale?* Citons encore l'article de 1859 sur Gautier : « J'avais été pris très jeune de lexicomanie. »

1. Ce renvoi de l'*écart* stylistique à l'*écartement* constitutif de tout langage peut sembler sophistique. On veut simplement, à la faveur de cette équivoque, attirer (ou ramener) l'attention sur la réversibilité de l'opposition prose/poésie, et sur l'*artifice* essentiel de la « langue naturelle ». Si la poésie est écart à la langue, la langue est écart à toutes choses, et notamment à elle-même. De Brosses désigne par ce terme la séparation, selon lui progressive (et fâcheuse), dans l'histoire des langues, entre objet, idée, et signifiants (phonique et graphique) : « Quelques *écarts* qu'il y ait dans la composition des langues, quelque part que l'*arbitraire* puisse y avoir... »; « Quand on a percé ce

nécessaire et absurde d'un langage sans écart, sans hiatus
— sans défaut.

mystère difficile (de l'union, dans la langue primitive, de l' « être réel », de
l'idée, du son et de la lettre), on n'est pas étonné, dans le progrès de l'observation, de reconnaître à quel excès ces quatre choses, après s'être ainsi rappro-
chées d'un centre commun, *s'écartent* de nouveau par un système de dérivation... » (*Traité de la formation mécanique des langues*, Paris, 1765, p. 6 et 21.
Souligné par nous).

« STENDHAL »

*Le mélomane véritable, ridicule assez rare en France, où d'ordi-
naire il n'est qu'une prétention de la vanité, se trouve à chaque pas
en Italie. Lorsque j'étais en garnison à Brescia, l'on me fit faire
la connaissance de l'homme du pays qui était peut-être le plus
sensible à la musique. Il était fort doux et fort poli; mais quand il
se trouvait à un concert, et que la musique lui plaisait à un certain
point, il ôtait ses souliers sans s'en apercevoir. Arrivait-on à
un passage sublime, il ne manquait jamais de lancer ses souliers
derrière lui sur les spectateurs* [1].*

*

Il y a dans le *beylisme*, dans le *Stendhal-Club*, et autres
manifestations — particulièrement marquées à l'égard de
Stendhal — du fétichisme de l'auteur, au moins ceci de bon,
qu'elles nous préservent, ou nous détournent, d'une autre
sorte d'idolâtrie, non moins grave, et aujourd'hui plus dangereuse, qui est le fétichisme de l'œuvre — conçue comme
un objet clos, achevé, absolu.
Mais d'un autre côté, rien n'est plus vain que de chercher
dans les écrits de Stendhal, ou dans les témoignages de ses
contemporains, la trace d'un être défini et substantiel que l'on
pourrait légitimement, en accord avec l'état civil, nommer

1. *Vie de Rossini* (Divan), I, p. 31. La mention *Divan* renvoie ici à l'édition
en 79 volumes (1927-1937); *Divan critique* renverra aux éditions critiques pro-
curées, également au Divan, par Henri Martineau.

Henri Beyle. Combien plus juste, dans son excès, la réserve de
Mérimée, intitulant d'un laconique *H. B.* une sorte de nécro-
logie clandestine, et soutenant que le défunt n'écrivait
jamais une lettre sans la signer d'un nom supposé ou la
dater d'un lieu fantaisiste, qu'il gratifiait tous ses amis
d'un nom de guerre, et que « personne n'a su exactement
quels gens il voyait, quels livres il avait écrits, quels voyages
il avait faits ». Les découvertes de l'érudition depuis lors
n'ont guère fait qu'épaissir le mystère en multipliant ses
données.

Les deux cariatides de l'ancien « savoir » littéraire se
nommaient, on s'en souvient peut-être : l'*homme* et l'*œuvre*.
La valeur exemplaire du phénomène Stendhal tient à la façon
dont il ébranle ces deux notions en altérant leur symétrie, en
brouillant leur différence, en dévoyant leurs rapports. En
ce « nom de guerre » qu'est Stendhal se rejoignent et se
croisent et s'abolissent réciproquement sans cesse la « personne » d'Henri Beyle et son « œuvre », car si, pour tout
stendhalien, l'œuvre de Stendhal désigne constamment
Henri Beyle, Henri Beyle à son tour n'existe véritablement
que par l'œuvre de Stendhal. Rien n'est plus improbable,
rien n'est plus fantomatique que le Beyle des souvenirs,
des témoignages, des documents, le Beyle « raconté par
ceux qui l'ont vu », ce Beyle précisément dont Sainte-Beuve
voulait s'enquérir auprès de M. Mérimée, de M. Ampère, de
M. Jacquemont, « ceux, en un mot, qui l'ont beaucoup vu
et goûté dans sa forme première ». La forme première de
Beyle, ce Beyle avant Stendhal que cherche Sainte-Beuve,
n'est qu'une illusion biographique : la vraie forme de Beyle
est essentiellement *seconde*. Beyle n'est légitimement pour
nous qu'un personnage de Stendhal.

*

Il dit de lui-même que « le vrai métier de l'animal est
d'écrire des romans dans un grenier », ce qu'auraient pu

affirmer tout aussi bien Balzac ou Flaubert, ou n'importe quel romancier — à moins que le seul fait d'avoir à l'affirmer ne désigne la singularité d'un « écrivain » dont on a pu dire, contrairement à la plupart de ses confrères, qu' « il s'est toujours préféré à son œuvre [1] », et qui, loin de se sacrifier à elle, semble surtout désireux de la mettre au service de ce qu'il a baptisé lui-même, d'un mot importé pour la circonstance, son *égotisme*.

Mais si la « présence de l'auteur » est dans cette œuvre, de l'avis général, passablement encombrante, il faut bien autant relever son caractère constamment ambigu et comme problématique. La manie pseudonymique prend ici valeur de symbole : dans ses romans comme dans sa correspondance, dans ses essais comme dans ses mémoires, Beyle est toujours présent, mais presque toujours masqué ou travesti, et il n'est pas indifférent que son œuvre la plus directement « autobiographique » se donne pour titre un nom qui n'est ni celui de l'auteur, ni celui du héros : Stendhal couvre Henry Brulard, qui couvre Henry Beyle — lequel à son tour déplace imperceptiblement l'Henri Beyle de l'état civil, qui ne se confond tout à fait avec aucun des trois autres, et nous échappe à jamais.

*

Le paradoxe de l'égotisme est à peu près celui-ci : parler de soi, de la manière la plus indiscrète et la plus impudique, peut être le meilleur moyen de se dérober. L'égotisme est, dans tous les sens du terme, une parade.

La démonstration la plus efficace en est sans doute le si déconcertant aveu œdipien de *Brulard* : « Ma mère, madame Henriette Gagnon, était une femme charmante et j'étais amoureux de ma mère...

« Je voulais couvrir ma mère de baisers et qu'il n'y eût

---

1. Jean Pouillon, « La création chez Stendhal », *Temps Modernes*, n° 69.

pas de vêtements. Elle m'aimait à la passion et m'embrassait souvent, je lui rendais ses baisers avec un tel feu qu'elle était souvent obligée de s'en aller. J'abhorrais mon père quand il venait interrompre nos baisers...

« Un soir, comme par quelque hasard on m'avait mis coucher dans sa chambre par terre, sur un matelas, cette femme vive et légère comme une biche sauta par-dessus mon matelas pour atteindre plus vite à son lit [1]. »

Pour les spécialistes, pareil texte devrait être une manière de scandale : que laisse-t-il à interpréter? On imagine Œdipe, au lever du rideau, déclarant sans préambule au peuple thébain : « Bonnes gens, j'ai tué mon père Laïus et fait quatre enfants à ma mère Jocaste : deux garçons et deux filles. N'allez pas chercher plus loin, tout le mal vient de là ». Tête de Tirésias. (Tête de Sophocle.)

Scandale, entre autres, au sens étymologique : *scandalon* signifie « piège », et dire l'indicible est un piège infini. Grâce à *Brulard*, une psychanalyse de Stendhal nous fait encore cruellement défaut. Ce qui donne une sorte de vérité bouffonne à cette affirmation d'Alain : « Stendhal est aussi loin qu'on voudra de nos freudiens. »

*

En marge du manuscrit de *Leuwen*, à propos d'un trait de caractère du héros, Stendhal inscrit : « Modèle : Dominique himself. — Ah! Dominique himself! [2] »

Cette étrange désignation de soi est typiquement sten-dhalienne, en son tout comme en ses parties. *Dominique*, on le sait, est depuis longtemps son surnom le plus intime, celui qu'il réserve, presque exclusivement, à son usage personnel : c'est ainsi qu'il *se* nomme. Le sabir international est aussi l'un de ses procédés cryptographiques favoris, dans

1. *Vie de Henry Brulard* (Divan crit.), I, p. 42, 45.
2. Éd. Hazan, p. 671.

les notes qu'il ne destine qu'à soi-même. Mais la convergence des deux codes sur le même objet, qui se trouve être
ici, précisément, le *sujet*, est d'un effet saisissant. Le « moi »
stendhalien n'est pas exactement haïssable : il est proprement (et profondément) *innommable*. Le langage ne peut
s'en approcher sans se désintégrer en une multitude de
substitutions, déplacements et détours à la fois redondants
et élusifs. *Dominique*, prénom italianisant, peut-être emprunté,
en manière d'hommage, à l'auteur du *Matrimonio segreto* ;
himself, le « réfléchi » anglais dont l'idiomatisme biscornu
excuse, en le repoussant dans une excentricité vaguement
ridicule, l'insupportable rapport à soi. *Ah ! Dominique
himself !* Peut-on déclarer de façon plus nette le décentrement du sujet, l'altérité, l'extranéité de l'*ego* ?

Ou encore, à plusieurs reprises dans le *Journal* : « Mr.
(ou M.) Myself ».

Refus œdipien du patronyme, sans doute. Mais que signifient d'autre part l'effacement ou l'altération du prénom
(pratique certes banale), et, chose plus rare, le tabou ici
posé sur la *langue maternelle* ? (A moins qu'il ne faille dire
paternelle (sermo patrius), la langue originaire, côté Gagnon,
étant — mythiquement — l'italien).

*

La prolifération pseudonymique [1] ne touche pas seulement
Beyle lui-même (plus de cent sobriquets dans la Correspondance et les papiers intimes, deux pseudonymes littéraires,
sans compter les divers prête-noms de *Rome, Naples et Florence*
ou de *l'Amour*), ou ses amis les plus proches (Mérimée
devient *Clara*, Mme Dembowsky *Léonore*, Alberthe de Rubempré *Mme Azur* ou *Sanscrit*), ou les lieux familiers (Milan
s'écrit *1 000 ans*, Rome est *Omar* ou *Omer*, Grenoble, *Cularo*,

1. Cf. J. Starobinski, « Stendhal pseudonyme », *L'Œil vivant*, p. 193-244.

Civita-Vecchia *Abeille*; et *Milan* désigne parfois, glorieu-
sement, Napoléon). Elle touche également les titres de certaines œuvres. Ainsi, *De l'Amour* est-il presque constamment
baptisé *Love*, et le *Rouge* : *Julien*. On sait que Stendhal hésita,
pour *Lucien Leuwen*, entre *Leuwen*, *l'Orange de Malte*, *le
Télégraphe*, *le Chasseur vert*, *les Bois de Prémol*, *l'Amarante
et le Noir*, *le Rouge et le Blanc* : mais, plus que d'une véritable
indécision, on dirait qu'il s'agit d'une sorte de réaction
en chaîne, comme si le premier titre adopté appelait imimédia-
tement une substitution pseudonymique, laquelle, une fois
stabilisée en dénomination propre, appelle à son tour une
autre substitution, et ainsi de suite. L'argot connaît bien cette
fuite perpétuelle des dénominations, dont le principe est
peut-être le désir toujours déçu et toujours relancé de nommer autrement ce qui est déjà nommé. Et le pseudonymisme,
comme les autres techniques d'encodage chères à Stendhal
(abréviations, anagrammes, anglicismes, etc.) procède de
cette rage métalinguistique. Les cryptographies stendhaliennes révèlent moins sans doute une obsession policière
qu'une certaine hantise du langage, laquelle s'exprime par
fuite et surenchère.

Si l'on en croit Mérimée, il arriva au consul de France à
Civita-Vecchia d'envoyer à son ministre des Affaires étrangères une lettre chiffrée, et le chiffre sous la même enveloppe.
Mérimée explique le fait par l'étourderie, mais si l'on veut
interpréter l'étourderie elle-même, il est tentant de voir dans
ce lapsus un aveu : le chiffrement est là pour le plaisir. Et
le plaisir du chiffre, c'est en même temps d'écarter le langage,
et de parler *deux fois*.

*

Mocenigo. Que désigne exactement ce nom vénitien qui
hante le Journal entre 1811 et 1814? Une œuvre en projet,
ainsi baptisée du nom de son héros? « I will be able to work
to Mocenigo. » Un certain rôle ou type social, ou psycholo-

gique? « The métier of Mocenigo makes bashfull en donnant des jouissances intérieures qu'on est bien aise de ne troubler par rien. » Beyle lui-même? « Angélique Delaporte, actuellement âgée de seize ans et dix mois, et que l'on juge au moment où j'écris ceci, me semble un être digne de toute l'attention de Mocenigo. » Le genre dramatique, comme le veut Martineau? « Il faut entendre par ce mot l'art du théâtre dans lequel il pensait toujours s'illustrer. » Plus généralement la « connaissance du cœur humain » et toute littérature d'analyse? « Les Mémoires écrits avec vérité... vraies mines for the Mocenigo. » Ou encore le Journal lui-même? « J'avais le projet d'écrire aujourd'hui la partie di Mocenigo de la journée d'hier. Mais je rentre fatigué à minuit et n'ai que la force de noter la journée d'aujourd'hui [1]. » Il semble que, dans l'état actuel des études stendhaliennes, toutes ces questions restent sans réponse, et peut-être le resteront-elles à jamais. Mais que *Mocenigo* puisse apparaître aussi bien, selon les occurrences, comme un nom de personnage, un titre, un pseudonyme, ou encore comme la désignation de quelque entité littéraire plus vaste, cette polyvalence même est révélatrice et, d'une certaine manière, exemplaire. *Mocenigo* : ni l' « homme » ni l' « œuvre », mais quelque chose comme le travail réciproque, ou réversible, qui les unit et les fonde l'un par l'autre. Faire *Mocenigo*, être *Mocenigo*, c'est tout un.

De même, peut-être, dans les années 1818-1820, Beyle désigne volontiers du nom de *Bombet*, dont il les avait signées, les *Vies de Haydn, Mozart et Métastase*, et par *Stendhal*, la première version de *Rome, Naples et Florence* : « Au lieu de faire un article sur Stendhal, articulez sur Bombet... Les 158 Stendhal se débiteront d'eux-mêmes [2]. » Ce nom de Stendhal n'est encore pour lui que celui d'un livre. Il

1. *Journal* (Divan), V, 258, 94, 85; Martineau, *Le Cœur de Stendhal*, p. 361; *Journal*, IV, 254, V, 153.
2. *Correspondance* (Divan), V, 108-109.

deviendra Stendhal lui-même par métonymie, en s'identifiant à ce livre et à son problématique auteur.

*

Le superbe hôtel bâti par Pierre Wanghen occupe l'extrémité nord de Frédéric-Gasse, la belle rue de Kœnigsberg, si remarquable aux yeux des étrangers par ce grand nombre de petits perrons de sept à huit marches faisant saillie sur la rue et qui conduisent aux portes d'entrée des maisons. Les rampes de ces petits escaliers, d'une propreté brillante, sont en fer coulé de Berlin, je crois, et étalent toute la richesse un peu bizarre du dessin allemand. Au total ces ornements contournés ne déplaisent pas, ils ont l'avantage de la nouveauté et se marient fort bien à ceux des fenêtres de l'appartement noble qui, à Kœnigsberg, est à ce rez-de-chaussée élevé de quatre à cinq pieds au-dessus du niveau de la rue. Les fenêtres sont garnies dans leurs parties inférieures de châssis mobiles qui portent des toiles métalliques d'un effet assez singulier. Ces tissus brillants, fort commodes pour la curiosité des dames, sont impénétrables pour l'œil du passant ébloui par les petites étincelles qui s'élancent du tissu métallique. Les messieurs ne voient nullement l'intérieur des appartements, tandis que les dames qui travaillent près des fenêtres voient parfaitement les passants.

Ce genre de plaisir et de promenade sédentaires, si l'on veut permettre cette expression hasardée, forme un des traits marquants de la vie sociale en Prusse. De midi à quatre heures, si l'on veut se promener à cheval et faire faire un peu de bruit à son cheval, on est sûr de voir toutes les jolies femmes d'une ville travaillant tout contre le carreau de vitre inférieur de leur croisée. Il y a même un genre de toilette qui a un nom particulier et qui est indiqué par la mode pour paraître ainsi derrière ce carreau qui, dans les maisons un peu bien tenues, est une glace fort transparente.

La curiosité des dames est aidée par une ressource accessoire : dans toutes les maisons distinguées l'on voit, aux deux côtés des fenêtres de rez-de-chaussée élevé de quatre pieds au-dessus de la rue, des miroirs d'un pied de haut, portés sur un petit bras de fer et un peu inclinés en dedans. Par l'effet de ces miroirs inclinés les dames voient les passants qui arrivent du bout de la rue, tandis que, comme nous l'avons dit, l'œil curieux de ces messieurs ne peut pénétrer dans l'appartement, au travers des toiles métalliques qui aveuglent le bas des fenêtres. Mais s'ils ne voient pas, ils savent qu'on les voit et cette certitude donne une rapidité particulière à tous les petits romans qui animent la société de Berlin et de Kœnigsberg. Un homme est sûr d'être vu tous les matins et plusieurs fois, par la femme qu'il préfère; même, il n'est pas absolument impossible que le châssis de toile métallique ne soit quelquefois dérangé par un pur effet du hasard et ne permette pas au promeneur d'apercevoir la jolie main de la dame qui cherche à le remettre en place. On va même jusqu'à dire que la position de ces châssis peut avoir un langage. Qui pourrait le comprendre ou s'en offenser [1]?

La communication indirecte est une des situations privilégiées de la topique stendhalienne. On connaît la condamnation portée par Rousseau contre la fonction médiatrice du langage et, pour lui doublement médiatrice, de l'écriture; il semble au contraire que Stendhal repousse, ou à tout le moins réserve, cette relation de transparence où « l'âme parle directement à l'âme ». Les moments décisifs de la communication (aveux, ruptures, déclarations de guerre) sont chez lui généralement confiés à l'écriture : ainsi de la correspondance entre Lucien Leuwen et Mme de Chasteller, qui transpose dans le mode de la passion vraie la redoutable technique de séduction épistolaire empruntée à Laclos (dont l'épisode des lettres recopiées pour Mme de Fervaques, dans le *Rouge*, constitue au contraire une sorte de parodie), ou de l'échange de lettres entre Julien et Mathilde aux chapitres XIII et XIV de la deuxième partie du *Rouge*. Le mode de transmission, dans ce dernier épisode, est lui aussi caractéristique : Julien et

1. *Le Rose et le Vert, Romans et Nouvelles* (Divan), I, p. 17.

Mathilde habitent sous le même toit, se rencontrent tous les jours, mais l'aveu que Mathilde a à faire excède la parole : « Vous recevrez ce soir une lettre de moi, lui dit-elle d'une voix tellement altérée, que le son n'en était pas reconnaissable... Une heure après, un laquais remit une lettre à Julien; c'était tout simplement une déclaration d'amour. » Cette lettre compromettante, Julien la confie à la garde de son ami Fouqué, non sans précautions hyperboliques : cachée dans la couverture d'une énorme Bible spécialement achetée chez un libraire protestant. Puis il rédige une réponse prudente, qu'il remet en main propre. « Il pensait qu'il était de son devoir de lui parler; rien n'était plus commode, du moins, mais Mlle de la Môle ne voulut pas l'écouter et disparut. Julien en fut charmé, il ne savait que lui dire. » Seconde lettre de Mathilde : « Mlle de la Môle parut sur le seuil de la porte de la bibliothèque, lui jeta une lettre et s'enfuit. Il paraît que ceci va être un roman par lettres, dit-il en relevant celle-ci. » Troisième lettre : « Elle lui fut lancée de la porte de la bibliothèque. Mlle de la Môle s'enfuit encore. Quelle manie d'écrire! se dit-il en riant, quand on peut parler si commodément! » Julien en parle à son aise : il n'est pas amoureux. Pour Mathilde, non seulement elle ne peut dire « commodément » ce qu'elle a à dire, mais encore elle ne peut qu'à grand-peine tenir et faire tenir ce qu'elle a écrit, et qui brûle : elle fait porter ses lettres, ou les jette de loin comme des grenades.

L'écriture est donc vite doublée, comme médiation, par un acte ou moyen de transmission qui en aggrave le caractère indirect et différé. Lucien fait six lieues à cheval pour aller poster ses lettres à Darney, sur la route de Nancy à Paris. Mme de Chasteller lui répond à l'adresse supposée de son domestique. Des courriers se croisent et se télescopent, quiproquo postal au service de la cristallisation. Octave et Armance confient leurs lettres, vraies et fausses, à la caisse d'un oranger. Dans *Ernestine ou la Naissance de l'amour* [1],

1. *De l'Amour* (Divan crit.), p. 320-343.

les billets de Philippe Astézan sont attachés au nœud de bouquets déposés dans le creux d'un grand chêne au bord du lac. C'est aussi dans un bouquet fixé à l'extrémité d'une série de cannes de jonc que Jules Branciforte, dans *l'Abbesse de Castro*, hisse sa première lettre à hauteur de la fenêtre d'Hélène de Campireali; la réponse favorable sera l'envoi d'un mouchoir.

L'amour stendhalien est entre autres choses un système et un échange de signes[1]. Le chiffre n'y est pas seulement un auxiliaire de la passion : le sentiment tend pour ainsi dire naturellement à la cryptographie, comme par une sorte de superstition profonde. La communication amoureuse s'accomplit donc volontiers, à la faveur de réclusions parfois complaisantes (couvents, prisons, claustrations familiales), à travers des codes télégraphiques dont l'ingéniosité simule assez bien celle du désir. Dans *Suora Scolastica*, Gennaro emploie l'alphabet manuel des sourds-muets, bien connu, paraît-il, des jeunes filles napolitaines, pour faire parvenir à Rosalinde ce message : « Depuis que je ne vous vois plus, je suis malheureux. Dans le couvent, êtes-vous heureuse? Avez-vous la liberté de venir souvent au belvédère? Aimez-vous toujours les fleurs? » Dans la prison Farnèse, Clélia s'adresse à Fabrice en s'accompagnant au piano, feignant de chanter un récitatif de l'opéra à la mode. Fabrice répond en traçant des lettres au charbon sur sa main : c'est pour demander du papier et du crayon. La jeune fille à son tour « se mit à la hâte à tracer de grandes lettres à l'encre sur les pages d'un livre qu'elle déchira, et Fabrice fut transporté de joie en voyant enfin établi, après trois mois de soins, ce moyen de correspondance qu'il avait si vainement sollicité. Il n'eut garde d'abandonner la petite ruse qui lui avait si bien réussi, il aspirait à écrire des lettres, et feignait à chaque instant de ne pas bien saisir les mots dont Clélia exposait successivement à ses yeux toutes les lettres ». La liaison (de substitution) entre

---

1. « En amour, tout est signe » (*De l'Amour*, chap. 26).

l'échange d'écriture et le rapport amoureux est ici presque trop manifeste. Fabrice recevra encore par la suite « un pain assez gros, garni de tous les côtés de petites croix tracées à la plume : Fabrice les couvrit de baisers », puis des messages en marge d'un bréviaire, dont il arrachera des pages pour fabriquer un alphabet, et ce mode de correspondance durera jusqu'à l'évasion. Avec Gina, il communique d'abord par signaux lumineux : un pour A, deux pour B, etc. « Mais tout le monde pouvait les voir et les comprendre; on commença dès cette première nuit à établir des abréviations : trois apparitions se suivant très rapidement indiquaient la duchesse; quatre, le prince; deux, le comte Mosca; deux apparitions rapides suivies de deux lentes voulaient dire *évasion*. On convint de suivre à l'avenir l'ancien alphabet *alla Monaca*, qui, afin de n'être pas deviné par des indiscrets, change le numéro ordinaire des lettres, et leur en donne d'arbitraires : A, par exemple, porte le numéro 10; le B, le numéro 3; c'est-à-dire que trois éclipses successives de la lampe veulent dire B, dix éclipses successives, l'A, etc. Un moment d'obscurité fait la séparation des mots [1]. »

Mais certes aucun de ces alphabets ne surpasse en charme ni en commodité le mystérieux langage des châssis de Kœnigsberg, que nul ne peut comprendre, et dont nul ne peut s'offenser.

*

Je me suis promené ce matin avec un beau jeune homme fort instruit et parfaitement aimable. Il écrivait ses confessions, et avec tant de grâce que son confesseur le lui a défendu. — Vous jouissez une seconde fois de vos péchés en les écrivant ainsi, dites-les-moi de vive voix [2].

1. *Abbesse de Castro, Chroniques italiennes* (Divan), I, p. 33-37; *Suora Scolastica, ibid.*, II, p. 236; *Chartreuse* (Garnier), p. 315, 317, 318, 324-325.
2. *Mémoires d'un touriste* (Calmann-Lévy), II, p. 140.

Tous les stendhaliens connaissent cette étrange habitude de l'inscription mémorative qui conduit Beyle, par exemple, à tracer dans la poussière d'Albano les initiales des femmes qui l'ont diversement occupé au cours de sa vie, ou à écrire sur la face interne de sa ceinture, le 16 octobre 1832, « je vais avoir la cinquantaine, ainsi abrégé pour n'être pas compris : J. Vaisa voirla5 [1]. » Une vingtaine d'années plus tôt, célébrant en lui-même le deuxième anniversaire de sa « victoire » sur Angela Pietragrua, il notait dans son journal ceci, qui illustre d'une manière très singulière le *scripta manent* : « Je vois sur mes bretelles que ce fut le 21 septembre 1811, à 11 heures et demie du matin [2]. »

On ne sait, à propos de ces graffitis intimes, si l'on doit s'interroger plutôt sur le message, sur le code, ou peut-être sur la nature du support. Valéry, qu'irritaient déjà les papiers cousus dans les doublures de Pascal, s'étonne (au sujet du deuxième exemple) de « cet acte peu commun » et pose une question pertinente : « A quoi rime l'acte second de le noter ? [3] » Il y a en effet dans le *Journal* et dans *Brulard* un redoublement de l'inscription qui en aggrave le trait. Question subsidiaire, sans doute, mais non moins irritante : entre le Beyle qui inscrit sur poussière, sur ceinture, sur bretelles, et le Stendhal qui transcrit sur papier, où commence la littérature ?

Ce fétichisme épigraphique affecte aussi pour le moins deux autres héros stendhaliens, chez qui l'on notera en passant qu'il accompagne un certain babilanisme de corps (chez Octave) ou de cœur (chez Fabrice, avant la rencontre de Clélia). Octave consigne sur un petit mémento caché dans le secret de son bureau : « 14 décembre 182... Agréable effet de deux m. — Redoublement d'amitié. — Envie chez Ar. — Finir. — Je serai plus grand que lui. — Glaces de Saint-

1. *Brulard*, I, p. 15.
2. *Journal*, V, p. 211.
3. *Œuvres*, Pléiade, I, p. 567.

Gobain [1]. » Stendhal transcrit cette note sans éclaircissement ni commentaire, comme si son obscurité lui servait de lumière. Quant à Fabrice, il grave sur le cadran de sa montre, en signes abrégés, cette importante résolution : « Quand j'écris à la D(uchesse) ne jamais dire *quand j'étais prélat*, *quand j'étais homme d'Église*, cela la fâche [2]. »

*

Pour le lecteur de *Brulard*, la première surprise vient de l'importance des croquis par rapport au texte. L'habitude de dessiner en marge ou entre les lignes de ses manuscrits est constante chez Stendhal, mais ici le graphisme prolifère et envahit la page. Il ne se contente pas d'illustrer le propos, il est souvent indispensable à sa compréhension, et les nombreuses références aux croquis rendent impossible, ou absurde, l'idée d'une édition de *Brulard* réduite au texte. Ou plutôt, le dessin fait ici partie du texte : il prolonge l'écriture par un mouvement naturel qui confirme combien Stendhal, même dans la hâte et l'improvisation, et même s'il lui est arrivé de dicter certaines de ses pages, reste loin de toute littérature « orale », déclamée, murmurée ou conversée. Ses négligences mêmes sont liées à l'écrit : ellipses, écarts, ruptures. Style de notes, raccourcis, impatiences et hardiesses propres à l'écriture. *Oratio soluta*.

La présence du croquis tord le cou à toute tentation d'éloquence, et exerce parfois d'étranges effets sur le langage : « Ce jour-là, je vis couler le premier sang répandu par la Révolution française. C'était un ouvrier chapelier S, blessé à mort par un coup de baïonnette S' au bas du dos [3]. »

*

1. *Armance* (Garnier), p. 27.
2. *Chartreuse*, p. 206.
3. *Brulard*, I, p. 68.

On sait aussi que les marges des livres ayant appartenu à Stendhal, et particulièrement de ses exemplaires personnels de ses propres œuvres, sont criblées de ces notes intimes, généralement codées et presque illisibles, que les érudits stendhaliens ont mis tout leur acharnement à nous transmettre et à nous traduire. C'est la matière, en particulier, des deux petits volumes de *Marginalia et Mélanges intimes*, sanctuaire du beylisme dévot. Quand ces notes occupent les marges d'un manuscrit, comme c'est le cas pour *Lucien Leuwen*, le rôle de l'éditeur posthume est évidemment capital : c'est à lui de décider entre ce qui appartiendra à l'*œuvre* proprement dite, à ses *notes* admises en bas de page, enfin à ses *marges* rejetées en appendice critique avec variantes, « pilotis », plans, ébauches, ratures, etc. Ainsi, pour *Leuwen*, Henri Martineau a-t-il laissé en note des réflexions telles que celles-ci : « c'est un républicain qui parle », ou bien : « c'est l'opinion du héros, qui est fou et qui se corrigera », dont la sincérité beyliste est contestable, et qui sont donc à rattacher à la comédie de l'œuvre : ce n'est pas Beyle qui parle, c'est l'« auteur ». Mais peut-on en dire autant de cette autre note en bas de page, qui répond avec quelque brutalité à Mme de Chasteller, laquelle, soudain tentée de baiser la main de Lucien, se demande d'où de telles horreurs peuvent lui venir : « De la matrice, ma petite ! » Et dans ce cas, pourquoi ne pas admettre au même titre les « Modèle : Dominique himself », les « With Métilde, Dominique a trop parlé », ou les « Lettres envoyées al giardino per la cameriera. Et 16 ans after I write upon ! Si Méti l'avait su [1] » qui, dans l'esprit du vrai stendhalien, appartiennent de plein droit au texte de *Leuwen*. Le texte stendhalien, marges et bretelles comprises, est *un*. Rien ne permet d'y isoler cette sorte de super-texte précieusement élaboré qui serait, *ne varietur*, l'œuvre de Stendhal. Tout ce que trace la plume de Beyle (ou sa canne, ou son canif, ou Dieu sait quoi) est Stendhal, sans distinction ni hiérarchie.

1. P. 257, 671, 680, 675.

Lui-même le savait bien, sans doute, ou quelque prote déjà beyliste, qui laissait passer dans le texte imprimé du *Rouge*, de la *Chartreuse* ou des *Promenades dans Rome* des notes telles que : « Esprit per. pré. gui. II. A. 30. » (Esprit perd préfecture, Guizot, 11 août 1830. — Allusion à la plus forte déception professionnelle de Beyle) ; « Para v. P. y E. 15 X 38 » (Pour vous Paquita et Eugénie : dédicace de Waterloo aux demoi-selles de Montijo) ; « The day of paq, 1829, nopr. bylov » (Le jour de Pâques 1829, pas d'épreuves corrigées, par amour [1]) : *apartés cryptologiques* (l'expression est de Georges Blin) qui sans doute ne s'adressent pas exactement à nous. Mais sait-on jamais exactement à qui s'adresse Stendhal ?

*

Voici un effet qui me sera contesté, et que je ne présente qu'aux hommes, dirai-je, assez malheureux pour avoir aimé avec passion pendant de longues années, et d'un amour contrarié par des obstacles invincibles.

La vue de tout ce qui est extrêmement beau, dans la nature et dans les arts, rappelle le souvenir de ce qu'on aime, avec la rapidité de l'éclair. C'est que, par le mécanisme de la branche garnie de diamants dans la mine de Salzbourg, tout ce qui est beau et sublime au monde fait partie de la beauté de ce qu'on aime, et cette vue imprévue du bonheur à l'instant remplit les yeux de larmes. C'est ainsi que l'amour du beau et l'amour se donnent mutuellement la vie.

L'un des malheurs de la vie, c'est que ce bonheur de voir ce qu'on aime et de lui parler ne laisse pas de souvenirs distincts. L'âme est apparemment trop troublée par ses émotions, pour être attentive à ce qui les cause ou à ce qui les accompagne. Elle est la sensation elle-même. C'est peut-être parce que ces plaisirs ne peuvent pas être usés par des rappels à volonté, qu'ils se renouvellent avec tant de force, dès que quelque objet vient nous tirer de la rêverie consacrée

1. *Rouge* (Garnier), p. 325 ; *Chartreuse*, p. 49 ; *Promenades dans Rome* (Divan), III, p. 237.

à la femme que nous aimons, et nous la rappeler plus vivement par quelque nouveau rapport (1).

Un vieil architecte sec la rencontrait tous les soirs dans le monde. Entraîné par le naturel et sans faire attention à ce que je lui disais (2), *un jour je lui en fis un éloge tendre et pompeux, et elle se moqua de moi. Je n'eus pas la force de lui dire : Il vous voit chaque soir.*

Cette sensation est si puissante qu'elle s'étend jusqu'à la personne de mon ennemie qui l'approche sans cesse. Quand je la vois, elle me rappelle tant Léonore, que je ne puis la haïr dans ce moment, quelque effort que j'y fasse.

L'on dirait que par une étrange bizarrerie du cœur, la femme aimée communique plus de charme qu'elle n'en a elle-même. L'image de la ville lointaine où on la vit un instant (3) *jette une plus profonde et plus douce rêverie que sa présence elle-même. C'est l'effet des rigueurs.*

1. *Les parfums.*
2. *C'est pour* abréger *et pouvoir peindre l'intérieur des âmes, que l'auteur rapporte, en employant la formule du* je, *plusieurs sensations qui lui sont étrangères, il n'avait rien de personnel qui méritât d'être cité.*
3. *Nessum maggior dolore*
   Che ricordarsi del tempo felice
   Nella miseria.

                                                    Dante, Francesca [1]

Où commence l'œuvre ? Où finit-elle ? Même si l'on veut tenir pour pathologiques (mais le plus pathologique n'est-il pas le plus signifiant ?) les cas extrêmes évoqués à l'instant, tout lecteur de Stendhal qui ne s'est pas arrêté aux cinq ou six « chefs-d'œuvre » canoniques sait bien quelle indéchirable continuité s'établit de la *Correspondance* au *Journal*, du *Journal* aux essais, des essais aux récits. L'œuvre « romanesque » ne jouit d'aucune autonomie définissable par rapport à l'ensemble des écrits. L'*Histoire de la peinture*, *De l'Amour*,

1. *De l'Amour*, p. 33.

Rome, Naples et Florence, les *Promenades dans Rome*, les *Mémoires d'un touriste* contiennent des dizaines d'anecdotes plus ou moins développées, qui appartiennent pleinement, et parfois avec un éclat tout particulier, à l'empire du récit stendhalien. La frontière entre les essais italiens et le Journal de 1811, d'une part, les *Chroniques* et la *Chartreuse* de l'autre, est indiscernable. Les premières pages de la *Chartreuse* viennent des *Mémoires sur Napoléon*. La première idée du *Rouge* est consignée dans les *Promenades*. Et quel lecteur de *Leuwen* n'en retrouve l'essentiel dans ces quelques lignes de *Racine et Shakspeare* : « C'est ainsi qu'un jeune homme à qui le ciel a donné quelque délicatesse d'âme, si le hasard le fait sous-lieutenant et le jette à sa garnison, dans la société de certaines femmes, croit de bonne foi, en voyant les succès de ses camarades et le genre de leurs plaisirs, être insensible à l'amour. Un jour enfin le hasard le présente à une femme simple, naturelle, honnête, digne d'être aimée, et il sent qu'il a un cœur[1]. »

*

Aucun des grands romans stendhaliens, même achevés, n'est absolument clos sur lui-même, autonome en sa genèse et sa signification. Ni Julien ni Fabrice ne parviennent tout à fait à rompre le cordon qui les rattache à l'Antoine Berthet de la *Gazette des Tribunaux* et à l'Alexandre Farnèse de la Chronique. Le *Rouge* est encore décentré d'un autre côté par l'existence de ce projet d'article destiné au comte Salvagnoli[2], qui n'en est pas seulement un commentaire, décisif sur bien des points, mais aussi, et de façon plus troublante, un résumé, et donc un redoublement du récit qui tout à la fois le conteste et le confirme, et à coup sûr le déplace, non

---

1. *Racine et Shakspeare* (Divan), p. 112. Rapprochement indiqué par Martineau, *Leuwen*, p. XI.
2. *Rouge*, p. 509-527.

sans un curieux effet de « bougé » dans le rapprochement des deux textes. Un tel redoublement accompagne aussi la *Chartreuse*, c'est le célèbre article de Balzac; mais il s'agit plutôt ici d'une traduction : transposition, troublante elle aussi, de l'univers stendhalien dans le registre balzacien. Pour *Leuwen*, le contre-texte nous manque, mais nous en connaissons du moins l'existence, puisque nous savons que ce roman n'est en son principe, au moins pour la première partie, qu'une sorte de *rewriting*, un corrigé du manuscrit *le Lieutenant* confié à Stendhal par son amie Mme Jules Gaulthier. On sait aussi qu'*Armance* est née d'une sorte de compétition avec Mme de Duras et Henri de Latouche sur le thème du babilanisme; mais surtout, ce roman constitue l'exemple peut-être unique dans toute la littérature d'une œuvre à secret, dont la clef se trouve *ailleurs* : à savoir, dans une lettre à Mérimée et dans une note en marge d'un exemplaire personnel, qui affirment d'une manière formelle l'impuissance d'Octave [1]. Cas extrême du décentrement, puisque ici le centre est à l'extérieur : qu'on imagine un roman policier dont le coupable ne serait désigné que par quelque confidence posthume de l'auteur. Il a d'ailleurs failli se trouver dans une situation moins paradoxale, mais plus subtile, ni tout à fait dedans ni tout à fait dehors. Stendhal avait en effet songé à intituler son roman, comme l'étaient ceux de ses concurrents, *Olivier*, ce qui en 1826 ne pouvait manquer de « faire exposition ». Ce sera le cas d'*Ulysses*, à ceci près que l'infirmité d'Octave est beaucoup plus essentielle à la signification du récit stendhalien que la référence à l'*Odyssée* ne l'est pour le roman de Joyce. Et certes, le lecteur peut fort bien « deviner » lui-même cette infirmité : mais elle reste alors une hypothèse, une interprétation. Que cette interprétation se trouve corroborée dans une marge du texte, il faut bien convenir que cela modifie radicalement son statut par rapport à l'œuvre, et en particu-

1. *Armance*, p. 249-253 et 261.

lier que cela seul autorise l'emploi du verbe *deviner* : car on ne peut deviner que ce qui est, et dire « Octave *est* impuissant » ne signifie rien d'autre que « Stendhal dit qu'Octave est impuissant ». Il le dit, mais il le dit ailleurs, et c'est tout le point.

De même, le lecteur de la *Chartreuse*, surtout s'il est familier du thème beyliste de la bâtardise comme refus du père, pourra bien éprouver de lui-même quelques « soupçons » sur la « véritable » hérédité de Fabrice. Mais c'est autre chose que de trouver ces soupçons attribués à l'opinion publique milanaise, dans ce projet de correction de l'exemplaire Chaper : « Il passait même dans le temps pour fils de ce beau lieutenant Robert... [1] » Pour Armance, le hors-texte (ou plutôt l'*extra-texte*, le texte du dehors) résout le mystère; pour la *Chartreuse*, il contribue plutôt à le créer; mais dans les deux cas la transcendance de l'œuvre — l'ouverture du texte sur l'extra-texte — déboute le propos d'une lecture « immanente ».

*

Quant aux *Chroniques italiennes*, chacun sait, ou croit savoir, qu'elles ne constituent, pour la plupart, qu'un travail de traduction et d'adaptation. Mais, sans référence au texte original, qui peut y mesurer la part de la « création » stendhalienne ? (Et qui s'en soucie ?)

Cet autre cas limite nous rappelle à temps que bien des œuvres de Stendhal, depuis la *Vie de Haydn* jusqu'aux *Promenades dans Rome*, ne lui reviennent pas tout à fait sans contestation ni partage. La part du plagiat, de l'emprunt, du pastiche, de l'apocryphe est chez lui presque impossible à déterminer. Mérimée, on s'en souvient, disait en 1850 que personne ne savait exactement quels livres Beyle avait écrits, et en 1933 Martineau, préfaçant son édition des *Mélanges de*

1. P. 585.

littérature, s'avouait incapable de dire avec certitude quelles pages lui appartiennent authentiquement, et ajoutait : « Il est probable que tout ce qui a été tracé par sa plume n'a point encore été mis au jour [1]. » Nul ne peut encore, et sans doute nul ne pourra jamais tracer les limites du *corpus* stendhalien.

*

La part de l'inachèvement est immense dans l'œuvre de Stendhal. Des œuvres aussi importantes que *Henry Brulard*, *Lucien Leuwen*, *Lamiel* et les *Souvenirs d'égotisme* ont été abandonnées en plein travail et se perdent dans les sables, tout comme le *Napoléon*, l'ébauche de roman *Une Position sociale*, et plusieurs chroniques et nouvelles, dont *le Rose et le Vert* qui, reprenant les données de *Mina de Vanghel*, devait en tirer un véritable roman. Si l'on ajoute le dénouement visiblement brusqué de la *Chartreuse* et la publication interrompue ou écourtée de l'*Histoire de la Peinture* et des *Mémoires d'un touriste*, il n'est pas excessif de dire qu'un destin de mutilation pèse sur l'essentiel de cette œuvre. Les esquisses et les brouillons qu'il a laissés n'empêchent pas son lecteur de rêver sur l'hypothétique suite de *Leuwen* et de *Lamiel*, ou d'imaginer ce qu'aurait été un *Brulard* rejoignant le *Journal*, intégrant, dépassant l'*Egotisme* et s'avançant jusqu'à cette rive du lac d'Albano où le « Baron Dormant » trace dans la poussière la kyrielle mélancolique de ses amours passées. Ou encore, d'observer que la *Chartreuse* commence, à peu près, là où s'interrompt *Brulard*, à l'arrivée des Français à Milan : enchaînant sans rupture la fiction à l'auto-biographie, le destin du lieutenant Robert à celui du sous-lieutenant Beyle — avec toutes les conséquences qui s'ensuivent.

*

1. *Divan*, p. 1.

Aporie du stendhalisme. Elle pourrait se formuler à peu près comme suit : ce que l'on appelle l' « œuvre » de Stendhal est un texte fragmenté, morcelé, lacunaire, répétitif, et par ailleurs infini, ou pour le moins indéfini, mais dont aucune partie ne peut être séparée de l'ensemble. Qui tire un seul fil doit emporter toute la nappe, avec ses trous, et jusqu'à son absence de bords. Lire Stendhal, c'est lire tout Stendhal, mais lire tout Stendhal est impossible, pour cette raison entre autres que tout Stendhal n'est pas encore publié, ni déchiffré, ni découvert, ni même écrit : j'entends bien, tout le *texte* stendhalien, car la lacune, l'interruption du texte, n'est pas une simple absence, un pur non-texte : c'est un manque, actif et sensible comme manque, comme inécriture, comme texte inécrit.

Contre toute attente, cette aporie ne tue pas le stendhalisme, lequel au contraire ne vit que d'elle, comme toute passion se nourrit de ses impossibilités.

*

Statut ambigu de l'Italie stendhalienne : exotique, excentrique, alibi constant de l'excentricité et de la différence, l'*âme italienne* couvre et justifie les plus flagrantes infractions au code implicite de la psychologie commune; lieu des sentiments problématiques et des actes imprévisibles, lieu d'un romanesque délivré des contraintes du vraisemblable vulgaire. En même temps, lieu central, originaire, intimement lié à la filiation maternelle et à la négation du père. Pour le descendant exclusif des Gagnon (Guadagni, Guadaniamo), le départ pour l'Italie est un retour aux origines, un retour au sein maternel. Le « caractère français », dominé par l'intérêt d'argent et la vanité, n'est plus pour l'ancien disciple d'Helvétius et de Tracy qu'une référence extérieure, qu'un repoussoir. Le cœur du vrai débat stendhalien est en Italie : débat entre énergie (Rome, l'Arioste) et tendresse (Milan, le Tasse). L'Italie est le centre paradoxal du décentrement beyliste, patrie *(matrie ?)* de l'expatrié, lieu du sans lieu, du non-lieu : utopie intime.

*

Pesaro, 24 mai 1817. — Ici les gens ne passent pas leur vie à juger leur bonheur. Mi piace, ou non mi piace, est la grande manière de décider de tout. La vraie patrie est celle où l'on rencontre le plus de gens qui vous ressemblent. Je crains bien de trouver toujours en France un fonds de froid dans toutes les sociétés. J'éprouve un charme, dans ce pays-ci, dont je ne puis me rendre compte : c'est comme de l'amour ; et cependant je ne suis amoureux de personne. L'ombre des beaux arbres, la beauté du ciel pendant les nuits, l'aspect de la mer, tout a pour moi un charme, une force d'impression qui me rappelle une sensation tout à fait oubliée, ce que je sentais, à seize ans, à ma première campagne. Je vois que je ne puis rendre ma pensée : toutes les circonstances que j'emploie pour la peindre sont faibles.

Toute la nature est ici plus touchante pour moi ; elle me semble neuve : je ne vois plus rien de plat et d'insipide. Souvent à deux heures du matin, et me retirant chez moi, à Bologne, par ces grands portiques, l'âme obsédée par ces beaux yeux que je venais de voir, passant devant ces palais dont, par ses grandes ombres, la lune dessinait les masses, il m'arrivait de m'arrêter, oppressé de bonheur, pour me dire : Que c'est beau ! En contemplant ces collines chargées d'arbres qui s'avancent jusque sur la ville, éclairées par cette lumière silencieuse au milieu de ce ciel étincelant, je tressaillais ; les larmes me venaient aux yeux. — Il m'arrive de me dire, à propos de rien : Mon Dieu ! que j'ai bien fait de venir en Italie [1] *!*

*

L'unité (morcelée) du texte stendhalien, l'absence d'autonomie de chacune de ses œuvres, la constante perfusion du

---

1. *Rome, Naples et Florence en 1817* (Divan crit.), p. 118-119.

sens qui circule de l'une à l'autre, apparaissent mieux par contraste si l'on compare cette situation à celle, par exemple, de *la Comédie humaine*. Chaque roman de Balzac est un récit clos et achevé, séparé des autres par les cloisons infranchissables de la construction dramatique, et l'on sait qu'il a fallu la trouvaille tardive du retour des personnages pour assurer, un peu après coup, l'unité du monde balzacien.

L'univers stendhalien tient à de tout autres données. Aucune unité de lieu ni de temps, aucune récurrence de personnages, aucune trace de cette volonté de concurrencer l'état civil en créant une société autonome, complète et cohérente; quelques romans erratiques, dépourvus de tout principe fédérateur, et d'ailleurs dispersés dans une production hétéroclite et dont ils sont loin, au moins en quantité, de constituer l'essentiel : comme Rousseau, ou Barrès, ou Gide, Stendhal est de toute évidence un romancier impur. L'unité du romanesque stendhalien est pourtant incontestable, mais elle n'est pas de cohésion, moins encore de continuité, elle tient tout entière à une sorte de constance proprement *thématique* : unité de répétition et de variation, qui apparente entre eux ces romans plus qu'elle ne les relie.

Gilbert Durand [1] a dégagé les plus importants de ces thèmes récurrents. Solitude du héros et accentuation de son destin par le redoublement (ou l'incertitude) de sa naissance et la surdétermination oraculaire; épreuves et tentations qualificatrices; dualité féminine et opposition symbolique entre les deux types de l'Amazone (ou « catin sublime »), (Mathilde, Vanina, Mina de Vanghel, Mme d'Hocquincourt, la Sanseverina) et de la femme tendre, gardienne des secrets du cœur (Mme de Rênal, Mme de Chasteller, Clélia Conti); conversion du héros et passage du registre épique à celui de l'intimité tendre (symbolisé au moins deux fois, dans le *Rouge* et la *Chartreuse*, par le motif paradoxal de la prison heureuse), qui définit précisément le *moment* du romanesque

1. *Le Décor mythique de la Chartreuse*, Corti, 1961.

stendhalien : même, me semble-t-il, — et contrairement à l'appréciation de Durand — dans la première partie de *Leuwen*, où l'on voit un héros originellement convaincu, tout comme Fabrice, d'être insensible à l'amour, et prévenu contre ce sentiment par préjugé politique (« Quoi ! pendant que toute la jeunesse de France prend parti pour de si grands intérêts, toute ma vie se passera à regarder deux beaux yeux ! » — « Depuis 1830, commentent les *Mémoires d'un Touriste*, l'amour serait le pire des déshonneurs pour un jeune homme [1] »), découvrir « qu'il a un cœur » et se convertir à sa passion.

Ce thème fondamental de la *Rücksicht*, de l'abandon à la tendresse féminine comme retour à la mère, encore accentué par l'aspect et la fonction typiquement maternels de l'héroïne triomphatrice (y compris Clélia, plus maternelle, en dépit de l'âge et de la parenté, que la conquérante Sanseverina), se trouve donc à la base de l'essentiel de la création romanesque stendhalienne, qui ne fait guère qu'en varier, d'une œuvre à l'autre, le rythme et la tonalité. Le lecteur est ainsi conduit à d'incessantes comparaisons entre les situations, les personnages, les sentiments, les actions, dégageant instinctivement les correspondances par superposition et mise en perspective. Un réseau d'interférences s'établit alors entre Julien, Fabrice, Lucien, entre Mathilde et Gina, Mme de Rênal, Mme de Chasteller et Clélia, entre François Leuwen, M. de la Môle et le comte Mosca, Chélan et Blanès, Sansfin et Du Poirier, Frilair et Rassi, les paternités suspectes de Julien et de Fabrice, leur culte commun pour Napoléon, entre la tour Farnèse et la prison de Besançon, entre le séminaire, la garnison de Nancy et le champ de bataille de Waterloo, etc. Plus qu'aucune autre, sans doute, l'œuvre de Stendhal invite à une lecture *paradigmatique*, où la considé-

---

1. *Leuwen*, p. 145. (Cf. p. 146 : « D'un moment à l'autre la voix de la patrie peut se faire entendre; je puis être appelé... Et c'est le moment que je choisis pour me faire l'esclave d'une petite ultra de province ! »); *Touriste*, I, p. 59.

ration des enchaînements narratifs s'efface devant l'évidence des relations d'homologie : lecture harmonique, donc, ou verticale, lecture à deux ou plusieurs registres, pour qui le véritable texte commence avec le redoublement du texte.

*

Il y a quelques mois qu'une femme mariée de Melito, connue par sa piété ardente autant que par sa rare beauté, eut la faiblesse de donner rendez-vous à son amant dans une forêt de la montagne, à deux lieues du village. L'amant fut heureux. Après ce moment de délire, l'énormité de sa faute opprima l'âme de la coupable : elle restait plongée dans un morne silence. « Pourquoi tant de froideur ? dit l'amant — Je songeais aux moyens de nous voir demain ; cette cabane abandonnée, dans ce bois sombre, est le lieu le plus convenable. » L'amant s'éloigne ; la malheureuse ne revint point au village, et passa la nuit dans la forêt, occupée, ainsi qu'elle l'a avoué, à prier et à creuser deux fosses. Le jour paraît, et bientôt l'amant, qui reçoit la mort des mains de cette femme dont il se croyait adoré. Cette malheureuse victime du remords ensevelit son amant avec le plus grand soin, vient au village, où elle se confesse au curé, et embrasse ses enfants. Elle retourne dans la forêt, où on la trouve sans vie, étendue dans la fosse creusée à côté de celle de son amant [1].

Cette brève anecdote offre un exemple assez représentatif de ce que l'on appellera, sans exagérer sa spécificité, le *récit stendhalien*. Ne nous attardons pas sur l'illustration (éclatante) de l' « âme italienne », mandataire du vraisemblable beyliste, et observons d'un peu plus près les éléments caractéristiques du traitement narratif par lequel ce « petit fait vrai » devient un texte de Stendhal.

1. *Rome, Naples et Florence*, Pléiade, p. 554.

Le premier de ces traits est sans doute le déplacement presque systématique du récit par rapport à l'action, qui résulte à la fois de l'élision des événements principaux et de l'accentuation des circonstances accessoires. L'acte adultère est désigné trois fois par des sortes de métonymies narratives : le rendez-vous donné à l'amant; le « bonheur » de celui-ci (figure banale, renouvelée ici par la concision de l'énoncé); le « moment de délire », qualifié rétrospectivement à partir de l'état de conscience vertueuse qui lui succède. Donc, non par lui-même, mais par les événements qui le préparent, l'accompagnent ou lui font suite. Le meurtre de l'amant, par une périphrase académique subtilement reléguée dans une proposition subordonnée dont l'accent principal est ailleurs. Enfin et surtout, le suicide de la jeune femme subit une ellipse complète, entre son retour à la forêt et le moment où on la retrouve sans vie; ellipse renforcée encore par l'ambiguïté temporelle du présent narratif, et l'absence de tout adverbe de temps, qui rendent les deux verbes apparemment simultanés, escamotant ainsi toute la durée qui sépare les deux actions.

Cette élision des temps forts est un des traits marquants du récit stendhalien. Dans la *Chartreuse*, la première étreinte de Fabrice et Clélia, dans la tour Farnèse, est si discrète qu'elle passe généralement inaperçue (« Elle était si belle, à demi vêtue et dans cet état d'extrême passion, que Fabrice ne put résister à un mouvement presque involontaire. Aucune résistance ne fut opposée »), et le « sacrifice » de Gina avec Ranucé-Ernest V disparaît entre deux phrases : « Il osa reparaître à dix heures moins trois minutes. A dix heures et demie, la duchesse montait en voiture et partait pour Bologne. » La mort de Fabrice est plutôt impliquée que mentionnée, à la dernière page : « Elle (Gina) ne survécut que fort peu de temps à Fabrice, qu'elle adorait, et qui ne passa qu'une année dans sa Chartreuse [1]. » On peut ici incriminer la muti-

1. P. 423, 455, 480.

lation forcée de cet épilogue, mais dans le *Rouge*, l'exécution de Julien, si longuement attendue et préparée, s'éclipse au dernier moment : « Jamais cette tête n'avait été aussi poétique qu'au moment où elle allait tomber. Les plus doux moments qu'il avait trouvés jadis dans les bois de Vergy revenaient en foule à sa pensée et avec une extrême énergie.

« Tout se passa simplement, convenablement, et de sa part sans aucune affectation. » Suit un retour en arrière (procédé au contraire fort rare chez Stendhal, plus porté, semble-t-il, à accélérer la durée qu'à la retarder), qui contribue encore à cet effacement de la mort en ressuscitant Julien durant l'espace d'une demi-page [1]. Jean Prévost parlait justement, à propos de ces morts silencieuses et comme dérobées, d'une sorte d'*euthanasie littéraire* [2].

A cette discrétion sur les fonctions cardinales du récit s'oppose évidemment l'importance donnée aux détails latéraux, et presque techniques : localisation précise de la forêt, cabane abandonnée, creusement des deux fosses. Cette « attention aux petites choses », que Stendhal louait chez Mérimée, est beaucoup plus caractéristique encore de sa propre manière : nous en avons déjà rencontré quelques effets. Stendhal lui-même se montre ainsi renchérissant sur la précision de Mérimée : « 'Il la fit descendre de cheval, sous un prétexte', dirait Clara. Dominique dit : 'Il la fit descendre de cheval en faisant semblant de voir que le cheval perdait un de ses fers et qu'il voulait l'attacher avec un clou' [3]. » Mais il faut surtout observer que cette attention aux objets et aux circonstances — qui s'accompagne pourtant, on le sait, d'un grand dédain de la description — sert presque toujours à médiatiser l'évocation des actes ou des situations capitales en laissant parler à leur place des sortes de substituts matériels. Dans la dernière scène de *Vanina Vanini*, les

1. P. 506.
2. *La Création chez Stendhal*, p. 260.
3. *Marginalia*, II, p. 96.

haînes froides et pointues qui emmaillotent Missirilli et l'écartent des embrassements de Vanina, les *diamants* et les *petites
limes*, instruments traditionnels de l'évasion, qu'elle lui
remet et qu'il finira par lui jeter « autant que ses chaînes le lui
permettent », tous ces détails brillent d'une telle intensité
de présence, malgré la sécheresse de leur mention, qu'ils
éclipsent le dialogue entre les deux amants : bien plus que
les paroles échangées, ce sont eux qui portent le sens [1].

Autre forme d'ellipse, et peut-être encore plus spécifique :
on pourrait l'appeler l'ellipse des intentions. Elle consiste
à rapporter les actes d'un personnage sans éclairer le lecteur
sur leur finalité, qui n'apparaîtra qu'après coup. Le second
rendez-vous donné pour le lendemain dans la cabane abandonnée trompe ici le lecteur autant que l'amant, et si le fait
de creuser deux tombes ne laisse guère d'incertitude sur la
suite, il reste que le récit tait délibérément le projet qui donne
sa signification à une série d'actes (venir au village, se confes-
ser, embrasser ses enfants), nous laissant le soin de combler
rétroactivement cette lacune. Ainsi, dans *l'Abbesse de Castro*,
Stendhal nous dit que Vanina remarque la fureur de son père
contre Branciforte. « Aussitôt, ajoute-t-il, elle alla jeter un
peu de poussière sur les bois des cinq arquebuses magni-
fiques que son père tenait suspendues auprès de son lit.
Elle couvrit également d'une légère couche de poussière
ses poignards et ses épées. » La relation entre la colère du père
et le fait de jeter de la poussière sur ses armes n'est pas évidente, et la fonction de cet acte nous reste obscure jusqu'au
moment où nous lisons qu' « en allant visiter sur le soir
les armes de son père, elle vit que deux arquebuses avaient
été chargées, et que presque tous les poignards avaient été
maniés [2] » : elle avait répandu la poussière *pour* pouvoir
surveiller les préparatifs de son père, mais le récit nous avait
soigneusement dissimulé cette motivation. L'exemple le

1. *Chroniques italiennes* (Divan), II, p. 125.
2. *Ibid.*, I, p. 39-40.

plus célèbre de cette habitude stendhalienne est évidemment la fin du chapitre xxxv de la deuxième partie du *Rouge*
où nous voyons Julien quitter Mathilde, courir en chaise
de poste jusqu'à Verrières, acheter une paire de pistolets
chez l'armurier et entrer dans l'église, sans être informés
de ses intentions autrement que par leur accomplissement à
la dernière ligne : « Il tira sur elle un coup de pistolet et la
manqua; il tira un second coup, elle tomba [1]. »

Il faut insister ici sur le caractère nécessairement délibéré
du procédé : si le récit stendhalien était, à la manière ultérieure
d'un Hemingway, une pure relation « objective » des actes
accomplis, sans aucune incursion dans la conscience des
personnages, l'ellipse des intentions serait conforme à l'attitude d'ensemble, et donc beaucoup moins marquée. Mais
nous savons bien que Stendhal ne s'est jamais astreint à ce
parti pris « behavioriste », et même que le recours au
monologue intérieur est une de ses innovations et de ses
habitudes les plus constantes. Ici, il ne se prive nullement
d'informer le lecteur que « l'énormité de sa faute opprime
l'âme de la coupable », et s'il ne lui en laisse pas savoir davantage sur ses projets, c'est évidemment par une omission
volontaire. De même, lorsque Vanina entend Missirilli
annoncer qu'à la prochaine défaite, il quittera la cause du
carbonarisme, Stendhal ajoute seulement que ce mot « jeta
une lumière fatale dans son esprit. Elle se dit : 'Les carbonari
ont reçu de moi plusieurs milliers de sequins. On ne peut
douter de mon dévouement à la conspiration' [2] ». Ce monologue intérieur est aussi truqué que le récit du narrateur
criminel dans *le Meurtre de Roger Ackroyd;* car Stendhal, feignant de nous rapporter à ce moment les pensées de Vanina,
prend soin d'en dissimuler l'essentiel, qui est à peu près
comme nous le comprendrons quelques pages plus loin
« Je puis donc dénoncer la vente sans que Pietro me soup

1. P. 450.
2. P. 103.

çonne. » L'accessoire, ici encore, se substitue à l'essentiel, comme dans le récit de Melito les détails sur la cabane abandonnée dissimulent, pour la future victime et pour le lecteur, le projet de meurtre [1].

Ce type d'ellipse implique une grande liberté dans le choix du point de vue narratif. Stendhal, on le sait, inaugure la technique des « restrictions de champ [2] » qui consiste à réduire le champ narratif aux perceptions et aux pensées d'un personnage. Mais il altère ce parti, d'une part, comme nous venons de le voir, en retenant par-devers lui certaines de ces pensées, souvent les plus importantes; mais aussi en changeant fréquemment de personnage focal : même dans un roman aussi centré sur la personne du héros que le *Rouge*, il arrive que la narration adopte le point de vue d'un autre personnage, comme Mme de Rênal, ou Mathilde, ou même M. de Rênal. Ici, le point focal est presque constamment l'héroïne, mais le récit fait au moins une incursion, d'ailleurs rétrospective, dans la conscience de l'amant (« cette femme dont il se croyait adoré »). Enfin et surtout, la focalisation du récit est troublée, comme elle l'est à peu près constamment chez Stendhal, par la pratique de ce que Georges Blin a nommé « l'intrusion d'auteur », et qu'il vaudrait mieux sans doute appeler intervention du *narrateur*, en faisant une réserve, particulièrement nécessaire dans le cas de Stendhal, sur l'identité de ces deux rôles.

1. Voici encore un exemple de cette ellipse des intentions, accompagnée ici d'un autre effet de silence d'une grande beauté :
« Le curé n'était point vieux; la servante était jolie; on jasait, ce qui n'empêchait point un jeune homme d'un village voisin de faire la cour à la servante. Un jour, il cache les pincettes de la cheminée de la cuisine dans le lit de la servante. Quand il revint huit jours après, la servante lui dit : 'Allons, dites-moi où vous avez mis mes pincettes que j'ai cherchées partout depuis votre départ. C'est là une bien mauvaise plaisanterie.'
L'amant l'embrassa, les larmes aux yeux, et s'éloigna. »
Voyage dans le Midi, Divan, p. 115.
2. Georges Blin, *Stendhal et les problèmes du roman*, Corti, 1954.

Rien, en effet, n'est plus difficile que de déterminer à chaque instant quelle est la source virtuelle du discours stendhalien, les deux seules évidences étant que cette source est très variable, et qu'elle se confond rarement avec la personne de Stendhal. On connaît son goût presque hystérique pour le travestissement, et l'on sait par exemple que le voyageur supposé des *Mémoires d'un touriste* est un certain M. L..., commis-voyageur pour le commerce des fers, dont les opinions ne se confondent pas toujours avec celles de Beyle. Dans les romans et nouvelles, la situation du narrateur est généralement mal déterminée. Le *Rouge* et *Lamiel* commencent comme une chronique tenue par un narrateur-témoin qui appartient à l'univers diégétique : celui du *Rouge* est un habitant anonyme de Verrières qui a souvent contemplé la vallée du Doubs du haut de la promenade élargie par M. de Rênal, et qui loue celui-ci « quoiqu'il soit ultra et moi libéral ». Celui de *Lamiel*, plus précisément identifié, est fils et petit-fils de MM. Lagier, notaires à Carville. Le premier s'éclipse au bout de quelques pages sans que sa disparition soit remarquée de quiconque, le second, plus bruyamment, annonce son départ en ces termes : « Toutes ces aventures... tournent autour de la petite Lamiel... et j'ai pris la fantaisie de les écrire afin de devenir homme de lettres. Ainsi, ô lecteur bénévole, adieu, vous n'entendrez plus parler de moi [1]. » Pour la *Chartreuse*, Stendhal veut bien avouer, en l'antidatant, la rédaction de cette « nouvelle », mais non sans rejeter l'essentiel de sa responsabilité sur un prétendu chanoine padouan dont il aurait seulement adapté les mémoires. Lequel des deux assume le « je » qui apparaît trois ou quatre fois au moins [2], et de manière toujours inattendue, au cours d'une chronique en principe tout impersonnelle ?

La situation des *Chroniques italiennes*, et en particulier de

1. *Lamiel* (Divan, 1948), p. 43.
2. P. 6, 8, 149...

l'Abbesse de Castro, est à la fois plus claire et plus subtile, car Stendhal n'y est en principe qu'un traducteur, mais un traducteur indiscret et actif, qui ne se prive ni de commenter l'action (« la franchise et la rudesse, suites naturelles de la liberté que souffrent les républiques, et l'habitude des passions franches, non encore réprimées par les mœurs de la monarchie, se montrent à découvert dans la première démarche du seigneur de Campireali »), ni d'authentifier ses sources (« Maintenant, ma triste tâche va se borner à donner un extrait nécessairement fort sec du procès à la suite duquel Hélène trouva la mort. Ce procès, que j'ai lu dans une bibliothèque dont je dois taire le nom, ne forme pas moins de huit volumes in-folio »), ni d'apprécier le texte qu'il est censé recopier (« Sur le soir, Hélène écrivit à son amant une lettre naïve et, selon nous, bien touchante »), ni même d'exercer à plusieurs reprises une censure assez insolente : « Je crois devoir passer sous silence beaucoup de circonstances qui, à la vérité, peignent les mœurs de cette époque, mais qui ne semblent tristes à raconter. L'auteur du manuscrit romain s'est donné des peines infinies pour arriver à la date exacte de ces détails que je supprime [1]. »

Cette situation *marginale* par rapport à un texte dont il ne serait pas l'auteur et à l'égard duquel il ne se sentirait aucune responsabilité, tout se passe, fréquemment, comme si Stendhal l'avait transportée telle quelle, des *Chroniques* et des anecdotes recueillies dans les premiers essais italiens, dans les grandes œuvres romanesques : Georges Blin a montré le passage tout naturel qui mène des coupures supposées de *l'Abbesse de Castro* aux fameux *etc.* qui dans les romans coupent court à tant de tirades censées trop plates ou ennuyeuses [2]. Mais ce qui est vrai de la censure l'est tout autant des autres formes de commentaire et d'intervention. On dirait que Stendhal, ayant pris le pli d'annoter les textes

1. P. 31, 157, 107, 154.
2. *Op. cit.*, p. 235.

d'autrui, continue de gloser les siens propres comme sans y
voir de différence. On sait en particulier comme il multiplie
à l'adresse de ses jeunes héros les jugements, les remon-
trances et les conseils, mais on a aussi remarqué la sincérité
douteuse de ces paraphrases où Stendhal semble parfois se
désolidariser hypocritement de ses personnages préférés,
présenter comme défaut ou maladresse ce qu'il juge en
réalité comme autant de traits sympathiques ou admirables.
« Pourquoi, dit-il au sixième chapitre de la *Chartreuse*, pourquoi l'historien qui suit fidèlement les moindres détails
du récit qu'on lui a fait serait-il coupable? Est-ce sa faute si
les personnages, séduits par des passions qu'il ne partage
point malheureusement pour lui, tombent dans des actions
profondément immorales? Il est vrai que des choses de cette
sorte ne se font plus dans un pays où l'unique passion sur-
vivant à toutes les autres est l'argent, moyen de vanité [1]. »
Il est presque impossible dans ces occurrences de distinguer
entre l'intervention ironique de l'auteur et l'intervention
supposée d'un narrateur distinct de lui dont Stendhal joue-
rait à contrefaire le style et l'opinion. L'antiphrase, la parodie
satirique, le style indirect libre, le pastiche (« 'Ce ministre
malgré son air léger et ses façons brillantes, n'avait pas une
âme *à la française*; il ne savait pas *oublier* les chagrins. Quand
son chevet avait une épine, il était obligé de la briser et de
l'user à force d'y piquer ses membres palpitants'. Je demande
pardon pour cette phrase traduite de l'italien» [2]) se succèdent
et parfois se superposent en un contrepoint dont les premières
pages de la *Chartreuse* forment un exemple caractéristique
mêlant l'emphase épique des bulletins de victoire révolu-
tionnaires, la récrimination aigre ou furibonde du parti
despotique, l'ironie de l'observateur voltairien, l'enthou-
siasme populaire, les tournures cauteleuses du langage
administratif, etc. L'image du narrateur est donc, chez

1. P. 104.
2. P. 94.

Stendhal, essentiellement problématique, et lorsque le récit
stendhalien laisse, si peu que ce soit, la parole au discours,
il est souvent bien difficile, et parfois impossible de répondre
à cette question, d'apparence toute simple : *qui parle ?*

De ce point de vue, notre texte de référence se distingue
d'abord par la sobriété du discours, l'absence de tout commentaire explicite (c'est ce que Stendhal appelle « raconter
narrativement »). Cette absence n'est pas insignifiante :
bien au contraire, elle a une valeur pleine, et d'ailleurs évidente pour tout lecteur un peu familier de l'Italie stendhalienne. Le silence du récit souligne éloquemment la grandeur
et la beauté de l'action : il contribue donc à la qualifier. C'est
un commentaire au degré zéro, celui-là même que la rhétorique classique recommandait pour les moments *sublimes*,
où l'événement parle de lui-même mieux que ne pourrait
le faire aucune sorte de parole : et l'on sait que le sublime
n'est pas pour Stendhal une catégorie académique, mais bien
l'un des termes les plus actifs de son système de valeurs.

Le discours n'est pas pour autant totalement absent de ce
récit : telle exclusion n'est d'ailleurs qu'une hypothèse
d'école, à peu près impossible dans la pratique narrative.
Ici, l'on notera d'abord l'indicateur temporel initial « il y a
quelques mois », qui situe l'événement par rapport à l'instance de discours constituée par la narration elle-même, dans
un temps relatif qui souligne et valorise la situation du narrateur, unique point de repère chronologique. Et aussi la formule testimoniale « ainsi qu'elle l'a avoué », qui connecte,
selon les catégories de Roman Jakobson, le procès de l'énoncé
(l'action), le procès de l'énonciation (le récit) et « un procès
de l'énonciation énoncé » : le témoignage, ou plus précisément
ici l'aveu, lequel semble-t-il ne peut avoir été recueilli qu'au
cours de la confession mentionnée plus bas, confession ainsi
désignée d'une manière oblique comme la source de l'essentiel du récit, et en particulier de tout ce qui concerne les
motivations de l'action. Ces deux *shifters* posent donc ici
le narrateur en situation d'historien, au sens étymologique,

c'est-à-dire d'enquêteur-rapporteur. Situation toute normale
dans un texte ethnographique comme *Rome, Naples et Florence* (ou les *Promenades*, ou les *Mémoires d'un touriste*), mais
dont on a vu que Stendhal, peut-être par simple habitude,
maintient certains signes jusque dans ses grandes œuvres
de « fiction » : d'où d'étranges précautions comme ce « je
crois » que nous avons rencontré sans surprise en situation
de chronique dans la page citée plus haut du *Rose et le
Vert*, mais que l'on retrouve avec plus d'étonnement dans
une phrase de *Leuwen* comme celle-ci (il s'agit de la robe de
Mlle Berchu) : « C'était une étoffe d'Alger, qui avait des raies
fort larges, marron, je crois, et jaune pâle », ou de la *Chartreuse* : « La comtesse sourit à tout hasard, je crois... [1]. »

Le cas du démonstratif (« Cette malheureuse... »), dont
Stendhal fait un usage très marqué, est un peu plus subtil,
car s'il s'agit essentiellement (abstraction faite de la valeur
stylistique d'emphase, peut-être italianisante) d'un renvoi
anaphorique du récit à lui-même (la malheureuse dont il a
déjà été question), ce renvoi passe nécessairement par l'instance de discours et donc par le relais du narrateur, et par
conséquent du lecteur, qui s'en trouve imperceptiblement
pris à témoin : il en va de même de l'intensif *si*, lui aussi typiquement stendhalien, et qui implique encore un retour du
texte sur lui-même. Les deux tournures sont d'ailleurs
fréquemment conjointes : « cette femme si tendre... ».

Quant aux locutions impliquant une part d'appréciation,
elles restent, malgré leur discrétion, difficiles à assigner :
« La malheureuse », « malheureuse victime du remords »
peuvent traduire l'opinion compatissante de Stendhal, mais
faiblesse, faute, coupable et même *délire* comportent un jugement moral qu'il serait fort imprudent de lui attribuer. Ces
termes moralisants reviennent plutôt à l'héroïne elle-même,
avec une légère inflexion de discours indirect, à moins qu'ils
ne fassent écho à l'opinion commune du village, véhicule

1. *Leuwen*, p. 117; *Chartreuse*, p. 76.

de l'anecdote, dont Stendhal n'hésiterait pas davantage à reproduire les qualificatifs sans pour autant les assumer, comme lorsqu'il rapporte en italique certaines expressions empruntées à la vulgate et qu'il refuse de prendre à son compte : trop soucieux de préserver un quant-à-soi qu'il nous laisse percevoir sans nous permettre de l'évaluer; fidèle à sa politique, qui est d'être toujours présent, et toujours insaisissable.

*

Relation équivoque entre l' « auteur » et son « œuvre »; difficulté de séparer le texte « littéraire » des autres fonctions de l'écriture et du graphisme; emprunts de sujets, plagiats, traductions, pastiches; inachèvement presque généralisé, prolifération des brouillons, des variantes, des corrections, des notes marginales, décentrement du *texte* par rapport à l' « œuvre »; forte relation thématique d'une œuvre à l'autre, qui compromet l'autonomie, et par là même l'existence de chacune d'elles; confusion du discursif et du narratif; déplacement du récit par rapport à l'action; ambiguïté de la focalisation narrative; indétermination du narrateur, ou, plus rigoureusement, de la source du discours narratif : partout, à tous les niveaux, dans toutes les directions, se retrouve la marque essentielle de l'activité stendhalienne, qui est transgression constante, et exemplaire, des limites, des règles et des fonctions apparemment constitutives du jeu littéraire. Il est caractéristique que, par-delà son admiration pour le Tasse, Pascal, Saint-Simon, Montesquieu ou Fielding, ses véritables modèles soient un musicien, Mozart ou Cimarosa, et un peintre, le Corrège, et que son ambition la plus chère ait été de restituer par l'écriture les qualités mal définissables (légèreté, grâce, limpidité, allégresse, volupté, rêverie tendre, magie des lointains) qu'il trouvait dans leur œuvre. Toujours *en marge*, un peu à côté, en deçà ou au-delà des mots, en direc-

tion de cet horizon mythique qu'il désigne par les termes
de *musique* et de *peinture tendre*, son art ne cesse d'excéder,
et peut-être de récuser, l'idée même de littérature.

*

*Ave Maria (twilight), en Italie heure de la tendresse, des plaisirs
de l'âme et de la mélancolie : sensation augmentée par le son de ces
belles cloches.*

*Heures des plaisirs qui ne tiennent aux sens que par les souve-
nirs* [1].

*

Le propre du discours stendhalien n'est pas la clarté;
moins encore l'obscurité (qu'il avait en horreur, comme
cache-sottise et complice de l'*hypocrisie*). Mais quelque chose
comme une transparence énigmatique, qui toujours, ici ou
là, déconcerte quelque ressource ou habitude de l'esprit.
C'est ainsi qu'il fait *quelques heureux*, et qu'il offense, ou,
comme il disait lui-même [2], « stendhalise » tous les autres
(prononcer Standhal).

*

(Sur le bateau à vapeur, dans la baie de Toulon) *J'ai été
amusé par la galanterie d'un matelot transi (?) avec une fort jolie
femme, ma foi, de la classe du peuple aisée, que la chaleur avait
chassée de la chambre en bas, avec une de ses compagnes. Il l'a
couverte d'une voile pour l'abriter un peu, elle et son enfant, mais
le vent violent s'engouffrait dans la voile et la dérangeait ; lui,
chatouillait la belle voyageuse et la découvrait tout en faisant semblant de la couvrir. Il y avait beaucoup de gaieté, de naturel et même*

1. *De l'Amour*, p. 233.
2. « Vous allez encore vous *Stendhaliser* » (à Mareste, 3 janvier 1818), *Correspondance*, V, p. 92.

de grâce dans cette action qui a duré une heure. Ceci se passait à un pied et demi de moi. L'amie non galantisée faisait attention à moi et me disait : « Ce monsieur se mouille. » J'aurais dû parler avec elle ; c'était une belle créature ; mais la vue de la grâce me faisait plus de plaisir. La belle prévenait le matelot quand elle le pouvait. A une de ses premières galanteries qui était un mot à double entente, elle lui a répondu vivement : Merde [1].

1. *Voyage dans le Midi*, p. 284-285.

D'UN RÉCIT BAROQUE

Au deuxième chapitre de l'*Exode*, le récit de l'exposition de Moïse et de son adoption par la fille de Pharaon tient en quelques lignes. Sur ce bref argument, Saint-Amant compose une « idylle héroïque » de quelque six mille vers. Il est donc légitime de considérer ce *Moyse sauvé* comme un exercice d'amplification et de l'étudier comme tel : le sujet est emprunté, et son analyse mettrait davantage en cause le texte biblique que celui de Saint-Amant; c'est donc l'amplification elle-même, la mise en œuvre du donné biblique qui retiendra notre attention [1]. *Amplification* est à prendre ici dans son double sens quantitatif et qualitatif : c'est à la fois le « développement » au sens classique, ce que Saint-Amant lui-même appelle dans sa Préface [2] « étendre » l'idylle ou encore « mêler des épisodes pour remplir la scène », et l'*auxésis* ou *amplificatio* proprement dite de la rhétorique ancienne, qui consiste à grossir l'importance historique, morale, religieuse, etc., du sujet traité. On verra que ces deux effets sont presque constamment liés dans le travail de Saint-Amant.

A considérer les choses formellement et *in abstracto*, il existe, semble-t-il, trois façons d'étendre un récit, que l'on pourrait appeler respectivement amplifications par déve-

1. Communication aux Journées internationales d'Études du baroque à Montauban, septembre 1968.
2. *Œuvres complètes* de Saint-Amant, éd. Ch.-L. Livet, Paris, 1855, tome II, p. 140. Toutes les citations suivantes se réfèrent à cette édition, dont on a seulement modernisé l'orthographe.

loppement (ou expansion), par insertion et par intervention. Ces termes sont d'ailleurs très approximatifs, et nous aurons par la suite à préciser le statut narratif de ces trois catégories, et à proposer des dénominations plus rigoureuses.

L'amplification par développement est une simple expansion du récit. Elle consiste à le gonfler en quelque sorte de l'intérieur en exploitant ses lacunes, en diluant sa matière et en multipliant ses détails et ses circonstances. Dans l'absolu, ce procédé est à lui seul d'un rendement indéfini, et l'on n'a pas attendu l'exemple de Joyce pour savoir qu'une action de vingt-quatre heures (et même, dans le cas qui nous occupe et selon la propre estimation de l'auteur, de « la moitié de ce temps [1] ») peut donner prétexte à une œuvre de grande envergure. Pour qui veut entrer dans la voie de l'infiniment petit, l'expansion interne du récit est en principe sans limites, et les seules bornes, tout empiriques, que puisse rencontrer l'auteur sont celles de sa propre patience et de la patience de son public.

Bien qu'on lui ait souvent reproché de tomber dans le péché mariniste de la description infinie, et qu'il proclame lui-même dans sa Préface [2] que « la description des moindres choses est de (son) apanage particulier » et que « c'est où (il) emploie le plus souvent toute (sa) petite industrie », jugeant après d'autres que « la nature avait acquis plus de gloire et s'était montrée plus ingénieuse et plus admirable en la construction d'une mouche qu'en celle d'un éléphant », et même s'il est incontestable qu'il rencontre dans les excursus descriptifs sa thématique la plus profonde et son plus grand bonheur poétique [3], contrairement à ce que peut laisser

1. P. 143.
2. *Ibid.*
3. Voir *l'Univers réversible*, in *Figures I*, Seuil, 1966.

croire une lecture anthologique, ce n'est pas dans cette direction que Saint-Amant a déployé le plus d'efforts pour élever le récit de l'exposition de Moïse à la dignité d'une idylle qui, malgré ses protestations de modestie, ne laisse pas de se vouloir *héroïque*. L'essentiel, en fait, est ici un travail de dramatisation. Ce qui dans la Bible n'était qu'un séjour sans incident à l'abri des roseaux devient, selon le mot même de l'auteur au cinquième vers de son poème,

> *la première aventure*
> *D'un héros dont la gloire étonna la nature ;*
> *Je décris les hasards qu'il connut au berceau,*

ajoute-t-il, désignant certainement par ce terme de berceau la nacelle de jonc enduite de poix et de bitume : les hasards annoncés ici donc les dangers successifs qui vont assaillir Moïse dans sa cachette aquatique, dangers que le texte biblique ne mentionne nullement [1], et qui sont donc, au sens fort, des « incidents » forgés par le poète. Avant de revenir sur le détail de ces épreuves, il faut indiquer dès maintenant que leur succession, soigneusement étalée à peu près tout au long du poème, a pour fonction de manifester le caractère « hasardeux » de l'exposition, et donc de créer la tension dramatique qui manquait au récit originel. Cette tension peut être exprimée par l'énoncé interrogatif : « Moïse survivra-t-il à ces épreuves ? », ou du moins, puisque la connaissance universelle du dénouement, le titre du poème et son résumé liminaire, et aussi les lois du genre rassurent par avance le lecteur sur l'issue de l'aventure : « *Comment* Moïse survivra-t-il à ces épreuves ? »

Cette dramatisation du récit est à la fois indiquée et accentuée par une ouverture en forme de débat qui ne figurait pas non plus dans le texte biblique, et qui n'est évidemment

---

1. Mais dont il suggère ainsi l'éventualité : « Et sa sœur se tenait loin, pour **savoir ce qui lui arriverait** » (*Exode*, 2, 4). Saint-Amant ne fait que développer **les virtualités** contenues dans cette proposition.

rendue possible que par le caractère problématique donné par Saint-Amant au sort de son héros exposé (exposé, maintenant, au sens fort du terme) : c'est, après le rappel de la persécution entreprise par Pharaon contre les Hébreux, un dialogue entre Amram et Jocabel, les parents de Moïse, sur la meilleure façon de soustraire celui-ci à l'arrêt de mort lancé contre les enfants mâles. C'est Amram qui propose de le cacher dans les roseaux, mais Jocabel craint que le remède ne soit pire que le mal : n'est-ce pas.

> *...Choisir un refuge au sein même des maux ?*

A quoi Amram réplique qu'

> *en la terre où nous sommes*
> *Les monstres les plus fiers sont plus doux que les hommes*

et invoque la protection divine. Dieu lui-même, en effet, leur désigne d'un trait de feu l'endroit où Moïse sera exposé, et Amram réprime les dernières hésitations de Jocabel en lui rappelant l'obéissance dont fit preuve Abraham à l'égard d'un ordre bien plus cruel. Jocabel se résigne donc, mais les derniers vers de la première partie nous la montrent, au moment où elle abandonne son fils, en proie à une terrible angoisse.

Ici, une nouvelle invention dramatique vient rétablir l'équilibre en montrant à quel autre danger cette exposition vient de soustraire Moïse : rentrant chez elle, Jocabel trouve sa cabane envahie par les « perquisiteurs » de Pharaon, qui ne ressortiront qu'après avoir « tout renversé sens dessus dessous [1] » et s'être assurés qu'aucun nourrisson mâle ne s'y trouvait. Mais il faut bien voir que cette alerte ne soulage en rien le sort de Moïse : elle le montre au contraire suspendu entre deux ordres de périls, ceux qu'il court du fait de l'exposition même, et ceux qui naîtraient de sa découverte par la police égyptienne. Toutefois, cette seconde

1. P. 164.

menace ne sera plus exploitée au cours du poème : tout va désormais se passer entre Moïse et les forces naturelles et surnaturelles qui rôdent autour de son berceau flottant.

Il n'est pas, pour autant, livré seul aux assauts de ces forces. Le texte de l'*Exode* mentionnait la présence de sa sœur, chargée de le protéger ou au moins de donner l'alarme en cas de danger. Saint-Amant développe ce personnage tutélaire, d'ailleurs inactif dans le récit biblique, et qui le restera dans le sien comme il convient à une bergère, en lui donnant deux adjuvants de son invention, qui joueront au contraire un rôle décisif dans la protection du héros : ce sont le jeune berger Elisaph et le vieux pêcheur Merary. Ce trio constituera, jusqu'à l'entrée en scène de la princesse, l'essentiel du personnel dramatique du poème, participant tantôt à la dynamique des combats autour du berceau, tantôt, si l'on peut ainsi dire, à la contre-dynamique des intermèdes introduits pour la détente et l'ornement du récit.

Les épreuves subies par Moïse sont au nombre de quatre. C'est d'abord, au chant III [1], l'attaque par un crocodile, repoussée conjointement par Elisaph et Merary qui terrassent le monstre après un long combat; à cette première épreuve se rattache une alerte secondaire : Elisaph, mordu par le crocodile, tombe sans connaissance après la victoire; il sera guéri par un emplâtre miraculeux indiqué à Merary par une apparition céleste. Survient alors l'intermède du repas rustique improvisé par les trois personnages. La deuxième épreuve est au chant VI, c'est une tempête qui s'élève sur le Nil et qui sera calmée par une intervention divine. Ici encore une alarme secondaire, qui touche cette fois la jeune fille : dans sa joie de retrouver le berceau intact et son occupant sain et sauf, elle tombe à l'eau, d'où elle sera tirée par Elisaph, toujours aidé par Merary. Suit encore un intermède de détente, consacré aux propos et manèges

---

1. *Moyse sauvé* est en réalité divisé en douze *Parties*. On se permet ici, pour la commodité, de les nommer parfois, selon la tradition épique, *Chants*.

amoureux de Marie et d'Elisaph, qui représentent la part de la pastorale dans ce genre mixte qu'est l'idylle héroïque (chant VII). La troisième épreuve (chants VII et VIII) est une attaque par un essaim de mouches, qui sera chassé par un tourbillon suscité par les anges. La dernière, au chant X, est livrée par un vautour qu'Élisaph et Merary mettront en fuite avec l'aide d'un ange : on voit que le rôle de la protection divine est capital tout au long de cette exposition.

A propos de ces quatre épreuves [1], Saint-Amant soulève dans sa Préface une question qui restera probablement sans réponse, mais qu'il faut au moins signaler : « Le Tasse dit en ses *Discours du Poème héroïque* qu'il avait fait plus de la moitié de sa *Jérusalem* sans avoir songé aux allégories, mais qu'il y songea dans tout le reste. Je ne feindrai point de dire là-dessus que j'y ai songé en la plupart de mes inventions, et que tous les accidents qui arrivent à Moïse dans le berceau, toutes les attaques de la tempête, du crocodile, des mouches et du vautour, dont il est persécuté, outre que ce sont des suppositions vraisemblables, naturelles, plausibles, et en l'état et au lieu où il était, contiennent encore quelque chose de mystérieux. Il y a un sens caché dessous leur écorce qui donnera de quoi s'exercer à quelques esprits; mais dans la recherche qu'ils en pourront faire, peut-être me feront-ils dire des choses à quoi je ne pensai jamais [2]. » J'ignore si ces encouragements plus qu'ambigus susciteront l'attention des amateurs de symboles; il semble en tout cas que la fonction dramatique de ces quatre épisodes soit assez évidente pour justifier leur présence en dehors de toute interprétation allégorique.

Dans les trois dernières parties, l'intérêt se porte sur la princesse Termuth, fille de Pharaon, qui est l'agent du dénouement, et dont Saint-Amant a particulièrement soigné

1. *Épreuves* est à prendre ici non pas dans le sens fort auquel se réfèrent le plus souvent les théoriciens du récit folklorique ou mythique (test probatoire), mais au sens passif de : danger ou malheur subi.

2. P. 146-147.

la présentation extérieure et ce que la critique anglo-saxonne appellerait la « caractérisation ». Son portrait physique, la description de sa demeure, puis dc sa piscine, et le récit de son bain offrent quelques-uns des passages les plus séduisants du poème; et d'autre part, Saint-Amant, ayant lu dans Philon que la princesse était mariée [1], a tiré de cette indication une circonstance destinée à « humaniser » un personnage quelque peu hiératique, et surtout à *motiver* son rôle, tout à fait arbitraire dans le récit biblique : Termuth serait stérile, et l'adoption de Moïse serait pour elle une consolation. Ajoutons encore à propos du dénouement que les fiançailles de Marie et d'Elisaph lui apportent une touche évidemment plus romanesque qu'héroïque.

Ainsi se présente dans ses grandes lignes le travail de développement, au sens strict, dans le *Moyse sauvé*. Il consiste donc pour l'essentiel en une dynamisation du récit, dépourvu de tout suspens dans sa forme originelle, et qui trouve maintenant sa tension dans le danger constamment maintenu au-dessus de Moïse, et sa pulsation dans l'alternance des épisodes dramatiques et des intermèdes idylliques. On voit que le « remplissage » n'est pas nécessairement, comme on pourrait le croire, une addition inerte et sans fonction structurale. Ici, tout au contraire, c'est lui qui apporte au récit la structuration qui lui manquait, mais que peut-être il appelait.

Le deuxième mode d'amplification procède par insertion d'un ou plusieurs récits seconds à l'intérieur du récit premier. Second est à prendre ici non pas du point de vue d'une hiérarchie d'importance, car un récit second peut fort bien être le plus long et/ou le plus essentiel (comme on le voit souvent chez Balzac, ainsi dans *Autre Étude de femme*

1. P. 143.

où le récit premier n'est qu'un encadrement), mais quant au niveau de médiation narrative : est récit second tout récit pris en charge par un agent de narration (ou plus généralement de représentation) intérieur au récit premier. L'espèce la plus fréquente en est évidemment (surtout au xviie siècle) l'histoire racontée par un personnage, mais nous verrons plus loin qu'il peut en exister d'autres. Du point de vue du *contenu narratif*, ce récit second peut être, par rapport au récit premier, soit *homodiégétique*, c'est-à-dire concernant par exemple les mêmes personnages que le récit principal (exemple, les récits d'Ulysse chez Alkinoos), soit *hétérodiégétique*, c'est-à-dire se rapportant à des personnages entièrement différents et donc en général à une histoire sans rapport de contiguïté avec l'histoire première (ce qui, bien entendu, n'exclut pas une relation d'un autre ordre, d'analogie, de contraste, etc.) : exemple, le récit du *Curieux impertinent* dans *Don Quichotte*. Ces deux types ne s'opposent d'ailleurs que d'une manière relative, et non pas absolue, car il est évident qu'un récit second peut avoir une relation de contenu diégétique plus ou moins étroite, plus ou moins lointaine avec le récit premier : toutes les gradations sont possibles. Ce qui en revanche est absolu, c'est la différence de *statut narratif* entre l'histoire directement racontée par le narrateur (« l'auteur ») et l'histoire racontée dans cette histoire et par un de ses constituants (personnage ou autre) : l'histoire au second degré. Convenons de marquer cette opposition formelle en nommant *diégétique* le niveau premier, et *métadiégétique* le niveau second, quel que soit le rapport de contenu entre ces deux niveaux. Les amplifications par expansion que nous avons rencontrées tout à l'heure peuvent alors être qualifiées d'amplifications diégétiques (ou *intradiégétiques*), en ce qu'elles appartiennent totalement et directement au plan constitué par l'histoire de l'exposition de Moïse et ses divers constituants tels que Moïse, Jocabel, Marie, Pharaon, le Nil, ses crocodiles, ses mouches, ses tempêtes, etc. Les amplifications par insertion que nous allons relever maintenant seront métadiégétiques en ce sens qu'elles seront diégétiques au second degré, et que, par exemple, les personnages du récit premier seront devant elles comme nous sommes devant eux.

Ces insertions sont au nombre de cinq, mais il en est deux que leurs dimensions et leur fonction mettent un peu à part. La première est le récit fait par Amram, dans la discussion déjà mentionnée avec Jocabel, du sacrifice d'Abraham. Ce morceau de trente-six vers [1] est de fonction essentiellement persuasive, il entre dans l'argumentation d'Amram (les voies de Dieu sont impénétrables, ne discutons pas ses ordres), et sa brièveté comme sa fonctionnalité y empêchent la narration d'accéder à ce minimum d'autonomie qui définit le récit : Amram ne cesse, pendant toute sa tirade, de penser davantage à sa propre situation qu'à celle de son ancêtre, et davantage à sa démonstration qu'à l'histoire qu'il raconte, et dont il accentue la valeur éristique au détriment de sa réalité événementielle : récit allégorique, donc, et entravé, et qui ne réussit pas à prendre son vol.

Autre insertion avortée, pour une raison d'ailleurs très différente, l'évocation du Déluge qui se trouve à la fin de la troisième partie [2]. Le mode de représentation est ici remarquable : il s'agit d'une tapisserie que Jocabel est en train d'achever. Ce procédé rappelle celui par lequel Catulle introduit le tableau d'Ariane à Naxos dans le récit des noces de Thétis et de Pélée [3]; mais alors que Catulle oubliait très vite le prétexte représentatif (une étoffe étalée sur la couche des nouveaux époux) pour animer son personnage, le faire parler, et même l'abandonner pour nous raconter le châtiment de l'infidèle, bref passait progressivement du tableau au récit proprement dit, Saint-Amant, qui, nous le verrons, est pourtant fort capable de ce genre d'effets, n'a pas voulu ici dégager la narration de sa chrysalide descriptive : c'est

1. P. 162-163.
2. P. 190-191 (36 vers également).
3. L'archétype de ce genre d'excursus descriptivo-narratifs est évidemment le *Bouclier d'Achille* du chant XVIII de l'*Iliade*.

un tableau plus qu'un récit; et même, il n'a pas voulu oublier tout à fait qu'il décrivait une tapisserie, maintenant constamment sa description à la frontière du spectacle représenté et de l'objet représentatif, c'est-à-dire sur le mouvement même de la représentation [1]. Cette ambiguïté, qui fait d'ailleurs tout l'intérêt de ce passage, le maintient lui-même aux confins de l'insertion métadiégétique (tableau du Déluge) et de la simple expansion diégétique (description d'une tapisserie) : situation paradoxale, mais fascinante, et pour nous fort instructive, car ce jeu sur la limite ne cesse de la manifester, et si j'ose dire de l'exalter en la transgressant.

Restent donc à considérer les trois insertions caractérisées qui sont (dans leur ordre d'apparition dans le texte) : tout d'abord, le récit fait par Merary, aux chants II-III et VIII-IX, de la naissance de Jacob, de son conflit avec Esaü, de son départ en Mésopotamie, de son double mariage, de son retour en Canaan, de sa lutte avec l'ange et enfin de sa réconciliation avec son frère; ensuite, le rêve fait par Jocabel, aux chants IV, V et VI, du destin futur de Moïse depuis son adoption par la princesse jusqu'à la révélation de la Loi sur le Sinaï, en passant par les épisodes de l'expédition en Éthiopie [2], du combat contre l'Égyptien, du mariage avec Zéphora, du buisson ardent, des Plaies d'Égypte, du passage de la mer Rouge, de l'entrée au désert, des combats contre

---

1. D'où des expressions telles que : chêne *contrefait*, air *imité*, branche *feinte*, laine d'azur, *portrait menteur*, l'un *semble* hurler, la mer *semble* s'accroître, les monts *semblent* disparaître, on *croit* ouïr les cris et les sanglots. Il faudrait reproduire tout entier ce morceau, citons au moins les derniers vers :

> *Et, sans le beau rempart d'une riche bordure*
> *De fruits, de papillons, de fleurs et de verdure*
> *Qui semblait s'opposer au déluge dépeint,*
> *Un plus ample ravage on en eût presque craint.*
> *Les plus proches objets, selon la perspective,*
> *Étaient d'une manière et plus forte et plus vive,*
> *Mais de loin en plus loin la forme s'effaçait*
> *Et dans le bleu perdu tout s'évanouissait.*

2. Emprunté à Flavius Josèphe : cf. Préface, p. 143.

les Amalécites et de l'adoration du Veau d'or; enfin, le récit fait par Amram à la princesse, aux chants X et XI, des aventures de Joseph depuis sa trahison par ses frères jusqu'à son élévation au rang de premier ministre de Pharaon. Il faut noter que, selon Saint-Amant lui-même [1], cet épisode de Joseph est emprunté à un poème, largement antérieur au *Moyse sauvé*, dont il n'a retenu ici que le début, publiant à part ultérieurement (en 1658) un autre fragment qui raconte la réconciliation finale de Joseph et de ses frères et l'installation d'Israël en Égypte.

Ces trois épisodes constituent évidemment l'amplification la plus massive du récit, puisqu'ils occupent à peu près la moitié du poème. Leurs rapports avec le récit principal posent deux séries de problèmes assez distincts, selon que l'on s'attache à leur contenu narratif ou à leur mode d'insertion.

Le récit des actions futures de Moïse appartient évidemment, comme les récits d'Ulysse chez Alkinoos, à la catégorie des récits seconds à contenu homodiégétique, puisqu'il conserve au moins deux des personnages du récit premier (Moïse et Aaron), et qu'il prend à peu près l'histoire de Moïse au point où la laisse ce récit, tout comme Ulysse interrompra le sien là où Homère l'a lui-même pris en charge; bref, au mode d'insertion près, il s'agit d'une suite anticipée, comme les récits d'Ulysse constituent un simple retour en arrière. Ce récit a pour rôle essentiel, semble-t-il, une fonction d'amplification au sens ancien : il pallie un inconvénient manifeste, pour un poème héroïque, du récit premier, que Saint-Amant reconnaît lui-même lorsqu'il écrit qu'il n'a pas de « principal héros agissant [2] ». Il est déjà

1. P. 114.
2. P. 140.

apparu, sans doute, que le Moïse du récit principal est un héros passif, plutôt vagissant qu'agissant, ce qui est d'ailleurs excusable à son âge (trois mois). Une fois seulement, dans l'épisode des mouches, Saint-Amant s'efforce de lui donner une sorte de rôle actif, quoique défensif, le faisant combattre autant qu'il le peut les insectes qui l'assaillent, comme Hercule étouffa les serpents dans son berceau[1]. Mais cette action est évidemment limitée, et d'une dignité héroïque assez mince. A cette fonction nécessairement faible s'oppose d'une manière éclatante la fonction forte du futur libérateur et législateur du peuple juif : caractère qui se manifeste dès les premières images du rêve, où l'on voit Moïse, à peine adopté par la princesse, fouler aux pieds la couronne de Pharaon. Inutile d'insister ici sur le déroulement de ce récit où Saint-Amant suit d'assez près le texte biblique; remarquons toutefois que l'anticipation ne conduit pas le héros jusqu'à sa mort en vue de Canaan, de même que les récits concernant Jacob et Joseph resteront inachevés. Dans les trois cas, l'interruption est justifiée de façon fort arbitraire : pour Jacob, par la fatigue du narrateur; pour Joseph, par les occupations de l'auditrice; pour Moïse, par l'arrivée de la tempête et le réveil de Jocabel[2]. Il y a donc là un parti pris d'inachèvement qu'il faut noter. Notons aussi pour le dernier une curieuse interférence entre l'anticipation onirique et la réalité présente, puisque la tempête est apparemment provoquée par la colère des éléments à l'annonce du sort que leur fera subir Moïse lors des Plaies d'Égypte :

> *De Moïse aussitôt la perte se conjure :*
> *La vengeance en leur sein veut précéder l'injure*[3].

Situation vraiment prophétique, où l'avenir prédit détermine le présent.

Ne nous attardons pas davantage sur les aventures de

1. La comparaison est dans le texte (p. 257).
2. P. 286, 297, 229.
3. P. 230.

Jacob et de Joseph, qui sont elles aussi très proches du récit biblique (sauf atténuation pour bienséance de la bigamie de Jacob), sinon pour marquer la relation, d'ailleurs assez évidente, qui s'établit entre ces trois personnages représentatifs du destin d'Israël : Joseph et Moïse sont manifestement symétriques et complémentaires en tant que Joseph est l'homme de l'exil en Égypte, et Moïse celui de l'Exode, c'est-à-dire de la sortie et du retour; à cette opposition fonctionnelle s'ajoute l'opposition qualificative (de « caractère »), elle aussi bien connue, entre la douceur de Joseph et la violence de Moïse. Par rapport à ces deux figures antithétiques, Jacob incarne assez bien une sorte de synthèse anticipée, lui qui fut successivement l'homme de l'exil [1] et l'homme du retour : il faudrait d'ailleurs ajouter en ce qui le concerne (mais ceci est extérieur au récit de Saint-Amant) un second exil lorsqu'il rejoindra Joseph en Égypte avec toute sa famille, et un second retour posthume en Canaan, dans la caverne où sa dépouille rejoint les restes d'Abraham et de Sara : redoublement caractéristique.

La fonction d'*amplification* des épisodes de Jacob et de Joseph est donc manifeste : faute d'avoir reçu un héros agissant, Saint-Amant s'en est finalement donné trois. Mais à vrai dire, aucun des trois ne joue de rôle proprement épique, c'est-à-dire guerrier, car même Moïse ne livre pas de bataille, laissant aux éléments le soin d'anéantir l'armée de Pharaon. Le seul homme de guerre, comme on le sait, c'est Josué, qui apparaît effectivement pour combattre les Amalécites à la fin de l'épisode de Moïse : ce qui fait peut-être un quatrième héros (sans compter Aaron, fidèle ici à son rôle d'adjoint sacerdotal et de porte-parole de son frère cadet). Mais on sait que Saint-Amant ne vise pas exactement à l'épique [2] : l'héroïsme auquel il s'attache est moins phy-

---

1. En Mésopotamie, cette fois. On remarque la constante opposition symétrique entre Égypte et Mésopotamie, Nil et Euphrate, Memphis et Babylone, dans le destin géographique du peuple juif.
2. Cf. Préface, p. 140.

sique que spirituel, ce qu'il indique clairement en disant que ses personnages « sont non seulement héroïques mais saints et sacrés », et qu'il a osé y faire figurer « Dieu même en sa gloire et en sa magnificence » [1] : ce qui nous donne évidemment un cinquième héros, le seul en définitive auquel s'applique pleinement la qualification d'agissant. Quant à Jacob, Joseph, Moïse lui-même et quelques autres, il vaudrait mieux ne les considérer que comme autant de figures représentatives du peuple juif en quête de son destin, symbolisé par la Terre Promise. Et c'est ce destin qui détermine en profondeur les deux fonctions essentielles du récit : le Destinateur Yahvé, et le Destinataire Israël. Mais ceci, bien sûr, dépasse quelque peu la contribution personnelle de Saint-Amant au message biblique.

Le statut métadiégétique de ces trois épisodes est diversifié d'une manière que l'on ne peut croire accidentelle. L'épisode de Jacob est, comme on l'a déjà dit, un récit oral confié au vieillard Merary, sous le prétexte assez fragile d'une célébration de l'anniversaire du glorieux ancêtre [2]. Il y aurait peu à dire sur la forme de ce récit, n'était un fait de composition sur lequel nous reviendrons plus tard.

Le récit des aventures de Joseph est d'une présentation beaucoup plus subtile : il s'agit d'un commentaire fait par Amram d'une série de peintures représentant divers moments de la vie de Joseph. Nous sommes donc de nouveau dans la situation déjà rencontrée avec la tapisserie du Déluge, mais cette fois-ci, comme chez Catulle, le récit saura se dégager du tableau, l'animer et même l'oublier pour suivre son propre cours jusqu'au point où l'attend le tableau suivant. D'où un mode de narration très particulier, scandé à intervalles

1. *Ibid.*
2. P. 167.

plus ou moins réguliers par le retour au prétexte représentatif statique. Autant que l'on puisse reconstituer cette série, les deux ou trois premiers tableaux représentent la scène où ses frères enferment Joseph dans un puits :

> *Ne te semble-t-il pas, tant la chose est bien peinte,*
> *Qu'en ce tableau muet il forme quelque plainte ?*
> *Qu'il parle, qu'il raisonne, et qu'en cet autre-ci*
> *Il en rend à la fin le courage adouci* [1] *?*

Nous le retrouvons ensuite après son évasion, puis le récit le conduit jusqu'à Mᵐᵉ Putiphar :

> *Cette pompeuse femme ici représentée*
> *Mainte lascive œillade avait sur lui jetée...* [2]

Suivent la relation de la résistance de Joseph, puis de son emprisonnement. Le tableau suivant le représente interprétant le songe du malheureux panetier de Pharaon [3]. Le récit de ses exploits se développe alors largement en oubliant le prétexte pictural, jusqu'au triomphe final qui semble commenter le tableau d'Hilaire Pader à la cathédrale de Toulouse :

> *C'est ce que tu vois peint sur cette toile antique :*
> *J'y remarque partout les charmes de l'optique,*
> *Et l'on dirait encor que les hennissements*
> *Y provoquent Memphis aux applaudissements* [4].

Le dernier tableau évoqué représente les années d'abondance justement prédites par Joseph à Pharaon.

Cette utilisation de la représentation picturale comme occasion et instrument du récit est d'autant plus remarquable que les deux médiations se trouvent ici en situation de redondance : Amram pourrait évidemment raconter les aventures de Joseph sans s'aider d'une série de tableaux qui

1. P. 298.
2. P. 300.
3. P. 305.
4. P. 310.

illustre son récit bien plus qu'elle ne le guide, et inversement Saint-Amant pourrait fort bien, comme Catulle, paraphraser lui-même ces peintures sans faire intervenir un narrateur second. Il y a donc là un pléonasme du mode de représentation qui manifeste encore une fois l'intérêt du poète pour l'acte représentatif lui-même. Qu'il suffise ici de renvoyer aux pages de Michel Foucault, dans *les Mots et les Choses*, sur la « représentation de la représentation » dans *les Ménines* de Velasquez, et de rappeler la date de ce tableau : 1658.

Le récit des aventures de Moïse posait évidemment un problème particulier, du fait qu'il s'agit d'une anticipation. Saint-Amant aurait pu faire appel à un discours prophétique du genre de celui, très bref, qu'il attribue au chant VI à Aaron lorsque celui-ci, au moment de la tempête, rassure sa mère en lui prédisant le salut de Moïse. Il a préféré recourir à l'expédient plus commun du songe, dont on sait quelle est la fortune dans la littérature de l'époque. Il y a là, comme dans les tableaux de Joseph, un mode de représentation métadiégétique extérieur à la parole, et donc au récit proprement dit. Saint-Amant n'a pas voulu cette fois redoubler le procédé d'insertion en faisant raconter son rêve par Jocabel elle-même, ce qui aurait été en fait la solution la plus simple, et c'est en son propre nom qu'il commente les visions de Jocabel. Mais il n'a pu cependant se résoudre à éliminer tout à fait le truchement narratif, comme s'il lui était impossible d'assumer une connaissance directe de ce songe, et c'est à son ange gardien (curieusement présenté, dans un syncrétisme religieux très caractéristique, comme l'auxiliaire de sa muse) qu'il demande, dans une invocation liminaire [1], de le lui rapporter afin qu'il puisse lui-même en instruire le lecteur.

Cet épisode est donc le récit par l'auteur lui-même, mais l'auteur informé par un récit intermédiaire qu'il ne fait que reprendre à son compte — le récit donc à la fois direct et indirect d'une vision onirique qui se déroule dans l'esprit

1. P. 192.

d'un personnage, vision elle aussi à la fois directe et indirecte, puisque inspirée, et supposant nécessairement à son tour le truchement implicite de la prescience divine : situation plutôt complexe, mais que nous verrons plus loin se simplifier par une sorte de coup de force rhétorique tout à fait inattendu. Notons seulement pour l'instant que ce récit de rêve reste assez proche, au moins en son début, de la technique pseudo-picturale qui présidait au récit d'Amram : Saint -Amant procède d'abord par visions séparées, qu'il décrit telles qu'elles se succèdent dans l'esprit de Jocabel; d'où des clauses telles que : « Elle aperçoit d'abord... », « Elle voit... », « Là, le songe représente... », « Ici le joint Aaron, là se voit... [1]. » Et surtout ceci : alors que tout le reste du poème, récits de Merary et d'Amram compris, est décrit, selon la norme du récit épique, dans un mélange de passé simple et de présent narratif nécessairement dominé par la catégorie du passé, comme le prouve la présence constante de l'imparfait comme temps de la concomitance, le récit de rêve au contraire est entièrement et rigoureusement au présent : c'est-à-dire, malgré l'extension considérable prise par cet épisode, qu'il est maintenu d'un bout à l'autre dans la modalité de la vision présente, ce qui suffit à instaurer une distinction radicale entre le récit onirique et toutes les autres formes de récit. Un tel parti, qui ne peut évidemment pas relever du hasard, montre une science assez fine, ou un instinct assez sûr des valeurs connotatives inscrites dans les structures grammaticales de la langue.

Le troisième mode d'amplification se distingue des deux autres en ceci, qu'il n'appartient plus, ni directement ni indirectement, à la « diégèse », c'est-à-dire à l'univers spatio-temporel auquel se réfère la narration première. Lorsque Saint-Amant « ajoute » au récit de l'exposition de Moïse

1. P. 193, 194, 198, 203.

l'épisode des amours de Marie et d'Elisaph, cet épisode, « véridique » ou non, appartient à la même sphère événementielle que l'exposition de Moïse elle-même : il lui est contigu dans le temps et dans l'espace. Lorsque Saint-Amant « ajoute » au même récit un épisode concernant Joseph, ou Jacob, ou l'avenir de Moïse, cet épisode peut être plus ou moins éloigné de la sphère initiale, mais son insertion est en principe légitimée par la connaissance, naturelle ou surnaturelle, que les personnages appartenant à cette sphère peuvent avoir d'événements plus lointains, et donc leur capacité d'y en introduire la représentation, verbale, picturale, onirique ou autre. Mais si le même Saint-Amant veut faire intervenir dans le même *Moyse sauvé*, par exemple sa propre personne, ou Nicolas Poussin, ou la reine Christine de Suède [1], il est évident qu'à moins de solliciter au-delà de l'acceptable les moyens déjà suspects et difficiles à manier que lui offre le surnaturel, il faudra sortir ouvertement de l'univers diégétique et métadiégétique pour assumer personnellement l'intrusion dans le récit d'éléments à ce point étrangers à l'univers diégétique premier que seul le narrateur lui-même peut les introduire dans le récit. En face de ces éléments irréductiblement hétérogènes, la solidarité des deux premiers plans se révèle, que nous avions déjà pu soupçonner à propos de la tapisserie du Déluge : il suffit que le lecteur « accommode » le regard de sa lecture sur le système de représentation plutôt que sur l'événement représenté pour que tout le métadiégétique se résorbe en simple diégèse : le Déluge en tapisserie, les actions de Jacob et de Joseph en paroles de Merary ou d'Amram, celles de Moïse en rêve de Jocabel. Avec ce que nous appellerons maintenant l'*extradiégétique*, aucune réduction de ce genre n'est possible, ou plutôt je ne puis résorber la présence de Saint-Amant, de Poussin ou de Christine dans le *Moyse sauvé* qu'en paroles de Saint-Amant lui-même, duquel je ne puis faire, quelque effort que j'y mette, un contemporain de Moïse.

1. P. 252, 241, 242.

Avec ce dernier type d'amplification, nous avons donc quitté l'univers du récit pour celui du discours.

Aristote louait Homère d'être intervenu personnellement dans son œuvre juste autant qu'il le devait, c'est-à-dire le moins possible : « auton gar dei ton poiétèn élakhista legein [1]. » Ce précepte est la règle d'or de la diction épique, et *Moyse sauvé* la respecte à peu près autant qu'un autre, bien que Saint-Amant déclare avec quelque exagération que « le lyrique en fait la meilleure partie [2] ». Les interventions directes du narrateur ne peuvent donc pas constituer une part quantitativement importante du poème, mais elles n'en sont pas moins dignes d'attention pour les problèmes théoriques que soulèvent certaines d'entre elles.

Au niveau le plus traditionnel se situent les nombreuses invocations à la Muse, sollicitée comme il se doit de favoriser l'inspiration du poète ou de cautionner ses initiatives [3]. Nous avons déjà rencontré l'apostrophe à l'ange gardien, qui précède la relation du rêve de Jocabel. La première page du poème en contient deux autres dont l'une n'est qu'une banale dédicace à Marie-Louise de Gonzague, reine de Pologne, protectrice de Saint-Amant, mais l'autre, plus curieusement, s'adresse au héros lui-même, pour qu'il transmette à son chantre le feu de l'inspiration divine reçue sur le mont Horeb : d'où cette pointe qui concentre toute la destinée de Moïse en une antithèse substantielle :

> *Sois mon guide toi-même, et fais qu'en ce tableau*
> *Ce feu me serve enfin à te sauver de l'eau [4].*

Les interventions du narrateur en tant que tel dans la conduite et l'organisation de son récit ne s'accompagnent pas nécessairement, d'une invocation à la Muse. Il arrive à Saint-Amant d'assumer seul ces « indications de régie » dont

1. *Poétique*, 1460 a.
2. P. 140. La meilleure, peut-être, mais non la plus grande.
3. P. 250, 291, 311...
4. P. 152.

Georges Blin relève déjà la présence dans le *Roland furieux* [1].

Le plus souvent, ces intrusions servent soit à signaler et justifier des déplacements (« Mais laissons pour un temps... et voyons... [2] »), soit, plus fréquemment encore, des abstentions du récit : ellipses ou accélérations, tantôt volontaires (« Je ne vous dirai point... Vous saurez seulement [3] », « Non, j'en laisse l'image à d'autres à dépeindre [4] »), tantôt présentées, selon un *topos* de modestie bien connu, comme incapacités du discours à égaler son sujet :

A sa description je ne saurais atteindre [5],

ou encore, interrogativement : « Quel pinceau dépeindrait... », « qui saurait exprimer... [6] », « Quel esprit merveilleux aurait assez d'adresse... Je doute si Poussin, ce roi de la peinture... [7] ». Ces formules, toujours appliquées à des lacunes, délibérées ou non, semblent révéler une sorte de gêne à rompre la continuité du récit, et sa tendance, apparemment naturelle, à l'expansion infinie. Contrairement au discours didactique, toujours prêt à accuser ses longueurs, le discours narratif semble plutôt devoir se justifier lorsqu'il ne dit pas tout ce qu'il pourrait ou devrait dire. Il faut donc considérer ces pseudo-prétéritions moins comme des procédés d'amplification que comme des excuses destinées à couvrir les inévitables défaillances de l'amplification.

Selon la règle aristotélicienne, Saint-Amant s'abstient le plus souvent de commenter ouvertement les actions ou les caractères, mais il faut signaler au moins une exception remarquable, qui est la page qu'il consacre [8] à démontrer que

---

1. *Stendhal et les problèmes du roman*, p. 222.
2. P. 189.
3. P. 177.
4. P. 209.
5. P. 316.
6. P. 326.
7. P. 241.
8. P. 295.

la princesse Termuth, avec toutes ses qualités, ne pouvait pas être tout à fait païenne...

Ces diverses formes de paraphrase directe, on l'a remarqué, ne peuvent introduire dans le récit que des éléments non narratifs. Il est en effet très difficile à un narrateur, fût-il le plus émancipé, d'introduire en son propre nom dans le récit des éléments narratifs extradiégétiques[1]. Le seul procédé qui en donne l'occasion, semble-t-il, c'est une figure vieille (au moins) comme l'épopée, c'est la comparaison, qui substitue à la relation de contiguïté nécessaire à toute expansion narrative une relation d'analogie (ou de contraste). Ainsi voyons-nous, au premier chant, l'« infernal Hérode », celui du Massacre des Innocents, introduit par l'évidente analogie entre sa conduite et celle de Pharaon[2], ou encore, d'une manière plus inattendue, Christine de Suède pour un plongeon comparable à celui de Marie au chant VII[3], ou le poète lui-même, à cause d'un souvenir que lui rappelle la scène de pêche du même chant VII[4] : utilisation, semble-t-il, un peu plus hardie que ne le comporte la tradition épique, puisqu'on y voit la comparaison au service de l'anachronisme et de l'anecdote personnelle.

Il faut enfin dire un mot d'une figure d'intervention très fréquente dans le *Moyse sauvé*, et qui appartient à la catégorie que les rhétoriciens nomment la *métalepse*, c'est-à-dire métonymie étendue à plusieurs mots. Fontanier, par exemple[5], dit que cette figure représente les poètes « comme

1. La limite de la désinvolture étant peut-être atteinte par Cervantes, qui fait tout bonnement trouver dans la malle de l'aubergiste le manuscrit du *Curieux impertinent* : mais le procédé reste métadiégétique, et d'ailleurs redoublé comme tel, puisque le curé donne aux autres personnages présents une lecture orale du manuscrit; l'histoire en est donc reçue par ces personnages comme le serait celle d'un récit second de forme classique.

2. P. 156.
3. P. 243.
4. P. 252.
5. *Commentaire des Tropes de Dumarsais*, p. 116 (Belin-Le Prieur, 1818 et Slatkine Reprints, Genève, 1967).

opérant eux-mêmes les effets qu'ils peignent ou chantent »
et qu'ainsi elle les transforme « en héros des faits qu'ils
célèbrent », comme lorsqu'on dit que Virgile « fait mourir »
Didon au chant IV de l'*Enéide*. Il faudrait en réalité distinguer
deux degrés de ce qu'on appellera la métalepse du narrateur.
Dans le premier degré, le narrateur feint d'être, dans une sorte
de délire inspiré, le *témoin* des événements qu'il rapporte ou
qu'il invente. Ainsi Saint-Amant dit-il : « Mon œil se le
figure » « Ah! j'aperçois Dieu même », « Je la vois, je la vois [1] »,
etc. C'est ainsi, en particulier, que le rêve de Jocabel devient,
en traversant toutes les médiations évoquées plus haut, une
vision du poète lui-même. Le second degré est celui par lequel
le narrateur se fait, comme le dit Fontanier, l'un des *acteurs*
de son récit. Cette intervention peut prendre des formes très
modestes, où la figure ne se donne que pour ce qu'elle est,
comme lorsque Saint-Amant, parlant de la princesse, écrit :

> *Faisons-la promener : le temps nous y convie,*

ou, avec un peu plus d'audace, et se substituant à Yahvé :

> *De reptiles infects qui des marais procèdent*
> *Couvrirai-je l'Égypte ?...*
> *Ferai-je fourmiller une sale vermine ?*
> *Offusquerai-je l'air ? [2]*

Mais la participation [3] du narrateur à son récit devient plus
saisissante lorsque, par exemple, après le passage de la mer
Rouge, il s'arrête au seuil du désert et s'interroge avec effroi :

> *Ne ferions-nous pas bien, ô muse habile et sage,*
> *D'arrêter notre course au bout de ce passage ?*
> *N'est-ce pas assez fait ? N'est-ce pas assez dit ?*

1. P. 195, 199, 209.
2. P. 311, 208.
3. Il se trouve que c'est l'un des sens du grec *métalepsis* (l'autre étant
« échange » ou « changement », d'où « emploi d'un mot pour un autre »,
ce qu'on peut dire, évidemment, de n'importe quel trope). La métalepse de
l'auteur ou du narrateur est proprement une figure de participation.

> *Du chaud climat de Sur l'ardeur me refroidit...*
> *Mais de la pâle faim le squelette effroyable*
> *Me souffle dans l'esprit une peur incroyable...*

avant de décider en ces termes :

> *Toutefois, quelque assaut que la crainte me livre,*
> *J'irai, puisque le ciel m'y promet de quoi vivre* [1].

Ou encore lorsqu'il intervient dans les affrontements, comme les enfants à Guignol, pour dire à l'un : « Courage! » et aux autres : « Traîtres, que faites-vous... Attendez, Attendez... [2] » Je sais bien que ce ne sont là que « figures », mais on doit aussi se rappeler, pour en juger sainement (et les traités du XVIIe et du XVIIIe siècle en portent encore témoignage), combien cette littérature *vivait* sa rhétorique.

Saint-Amant déclare au début de sa Préface qu'après être resté « des sept ou huit ans » sans toucher à son *Moyse*, « quand je suis venu à le regarder de pied ferme pour y donner la dernière main, et que j'en ai bien considéré toutes les parties, j'ai fait comme celui qui, après de longs voyages, tels qu'ont été les miens, se retrouvant en sa propre maison champêtre et venant à revoir son jardin, en change aussitôt toute la disposition. Il fait dresser des allées où il n'y en avait point; il fait arracher un arbre d'un côté pour le transplanter de l'autre; change la figure de son parterre; tâche à faire venir au milieu quelque fontaine qui l'embellisse; l'orne de quelques statues; raccommode les espaliers et les renouvelle; si bien qu'encore que ce soit toujours le même fonds et le même enclos, à peine est-il reconnu de ceux qui l'avaient vu auparavant [3]. »

1. P. 218-219.
2. P. 197, 254.
3. P. 139.

Vraie ou fausse, cette histoire, et la comparaison qui l'accompagne, suffiraient sans doute à indiquer l'importance que Saint-Amant attache aux effets de « composition », c'est-à-dire d'ordre et de disposition syntagmatique. Faute de pouvoir suivre page à page le détail de ces effets dans *Moyse sauvé*, disons un mot des caractéristiques les plus massives, qui nous paraissent aussi les plus essentielles.

Dans le récit fondamental de l'exposition de Moïse, le poète est évidemment guidé par le déroulement chronologique, et nous avons déjà relevé l'effet de contraste et de pulsation qui résulte de l'alternance des « épreuves » et des moments de rémission. Sa liberté était plus grande lorsqu'il s'agissait de distribuer à l'intérieur de ce récit fondamental les épisodes seconds. La distribution à laquelle il s'est finalement arrêté est assez remarquable.

Le premier épisode est celui de Jacob, qu'interrompt au début du chant III l'arrivée du crocodile, et que Merary ne reprendra qu'au chant VIII : cette longue suspension se situe, dans l'histoire de Jacob, aussitôt après le songe de l'échelle, et donc juste avant l'arrivée chez Laban et la rencontre avec Rachel, ce que Merary souligne en ces termes lorsqu'il reprend le fil de son récit :

> *Voici donques Jacob, remarquez bien le lieu :*
> *Il va voir ses amis après avoir vu Dieu* [1].

Entre ces deux parties, d'ailleurs inégales (à peu près 420 vers d'un côté et 950 de l'autre) s'intercale donc, outre les attaques du crocodile, de la tempête et des mouches, le rêve de Jocabel (à peu près 1200 vers). Enfin, l'épisode de Joseph (un peu moins de 500 vers) intervient aux chants X et XI pour suspendre l'arrivée de Termuth au bord du Nil, et par là retarder le dénouement. Dans cette succession Jacob-Moïse-Jacob-Joseph, la chronologie est donc bousculée au nom d'un parti esthétique, dont la nature nous apparaîtra peut-être plus

1. P. 259.

clairement si nous considérons la relation qu'entretiennent les grandes articulations internes du récit avec la division extérieure en douze parties.

A propos de cette division, traditionnelle s'il en fut, la Préface s'achève sur une déclaration qui montre le caractère conscient et délibéré du découpage adopté : « J'oubliais à dire que j'ai divisé cette pièce en douze parties; et qu'encore qu'elles soient tellement liées les unes aux autres qu'on puisse les lire tout d'une teneur ou s'arrêter où l'on voudra, j'ai cru que les pauses n'en seraient point trouvées mauvaises à l'endroit où elles sont [1]. » Or, ce qui frappe d'évidence dès que l'on examine la répartition de ces pauses dans le mouvement propre du récit, ou plutôt la répartition des mouvements du récit par rapport à ces pauses sensiblement régulières (puisque la plupart des parties, sauf la sixième qui est un peu plus longue, se tiennent assez près du chiffre moyen de 500 vers), c'est la non-coïncidence des uns et des autres, leur décalage presque systématique. Rien ne serait plus difficile que de donner à chacune de ces parties, comme l'ont fait les scholiastes alexandrins pour l'*Iliade* et l'*Odyssée* et la tradition scolaire pour l'*Enéide*, un titre indiquant l'épisode auquel elle est consacrée. Ainsi la première partie du récit de Jacob est à cheval sur les chants II et III, celui de Joseph sur XI et XII, le rêve de Jocabel s'achève en plein chant VI, Jacob-II commence deux pages après le début du chant VIII. La pause entre I et II tombe au milieu du retour de Jocabel, celle entre VI et VII au milieu de la description du calme qui fait suite à la tempête, celle entre VII et VIII au milieu de l'épisode des mouches (ce qu'indique en toute sérénité l'Argument de la huitième Partie, qui commence ainsi : « Continuation de l'entreprise des mouches »), celle entre XI et XII au milieu de l'épisode du bain de la princesse. Les seules pauses qui coïncident avec des articulations réelles du récit sont III-IV : début du rêve de Jocabel, et IX-X : fin

1. P. 148.

du récit de Jacob; deux exceptions-témoins, en quelque
sorte, qui montrent que Saint-Amant n'a même pas voulu
donner le sentiment d'une irrégularité systématique et donc
régulière[1]. Cette recherche assez raffinée de la syncope et
de l'enjambement dans le rythme des grandes divisions est
à rapprocher de ce qu'écrit Saint-Amant à propos du rythme
des vers : « Je ne suis pas de l'avis de ceux qui veulent qu'il
y ait toujours un sens absolument achevé au deuxième et
au quatrième. Il faut quelquefois rompre la mesure afin de la
diversifier; autrement cela cause un certain ennui à l'oreille,
qui ne peut provenir que de la continuelle uniformité;
je dirais qu'en user de la sorte, c'est ce qu'en termes de

---

1. On peut noter toutefois que ces deux césures symétriques divisent le
poème à la manière d'un triptyque : un panneau central de six chants et deux
volets latéraux de chacun trois chants. Figure encore accentuée par la disposition des épisodes métadiégétiques : les deux plus longs (*Moïse* et *Jacob-2*) aux
deux ailes du panneau central (4 et 5, 8 et 9), les deux plus courts (*Jacob-1* et
Joseph) se répondant sur les deux volets (2-3, 10-11). Les quatre épreuves se
distribuent avec la même symétrie : *Crocodile* sur volet gauche après *Jacob 1*,
Tempête et *Mouches* au milieu du panneau central, *Vautour* sur volet droit avant
Joseph. Aux deux extrêmes, comme il se doit, exposition et dénouement. Cela
peut se rendre par le schéma suivant :

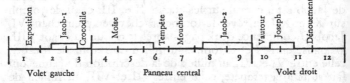

On pourrait ainsi lire sous l'apparent désordre du récit un dessin, concerté ou
non : celui du *texte*, qui ne se révèle qu'à distance : ce qui justifierait la référence
de Saint-Amant à l'art de Le Nôtre.

Rien n'est plus contraire à la loi, essentiellement *transitive*, du récit, que ces
effets d'équilibre. Le baroque est connu pour avoir introduit le mouvement
dans la plastique et l'architecture : méditait-il, d'une manière plus secrète, de
cacher la symétrie sous le mouvement? C'est du moins ce que suggère, à
l'analyse, ce récit dont la forme est, presque rigoureusement, en *miroir*. Mais
il convient de rappeler ici que la symétrie est à la fois principe d'ordre et de
vertige.

musique on appelle rompre la cadence, ou sortir du mode pour y rentrer plus agréablement [1]. » Rompre la cadence, sortir du mode, ménager au sein de l'ordre le jeu brutal ou subtil du désordre, sans quoi l'ordre même ne serait plus qu'un cadre vide, tel est le programme, « antimalherbien » s'il en fut, qu'illustrait à sa manière et selon ses moyens le *Moyse sauvé* de 1653. Mais, comme on le sait, il était déjà trop tard, et pour Boileau [2] ce poème est l'œuvre d'un *fou*.

Dans la Notice qui précède son édition des *Œuvres complètes* de Saint-Amant, Livet écrivait en 1855 : « Son poème de *Moïse*, son œuvre capitale, a des beautés de premier ordre, malheureusement cachées dans le dédale d'un plan assez mal entendu... [3]. » Dans un manuel paru en 1966, on peut lire : « Cette sorte d'épopée, de composition typiquement baroque... [4] » La confrontation de ces deux jugements illustre assez bien l'effet introduit par le concept de baroque, si problématique soit-il, dans notre système de lecture : ce qui était folie pour Boileau, confusion pour un érudit du second Empire, est devenu pour nous « typiquement baroque ». C'est là un peu plus qu'une simple substitution de termes : c'est faire sa place, à tout le moins faire une place à ce qui naguère était forclos dans les ténèbres de l'illisible [5]; c'est avouer que l'ordre longtemps considéré comme *naturel* n'était qu'un ordre parmi d'autres; c'est reconnaître que certaine « folie » peut n'être pas sans raison, que certaine

1. P. 147.
2. *Art poétique*, III, 261.
3. P. XXXVIII.
4. A. Chassang et Ch. Senninger, *Recueil de textes littéraires français*, XVIIe siècle, p. 71.
5. A. Adam, *Histoire de la littérature française au XVIIe siècle*, tome 2 (1951), p. 67 : « On ne lit plus, on ne peut plus lire *Moyse sauvé*. »

« confusion » peut n'être pas, comme dit Pascal, « sans dessein ».

Cependant, et même si de nombreux traits relevés dans cette étude (parti pris d'amplification, prolifération des épisodes[1] et des ornements descriptifs, multiplication des niveaux narratifs et jeu sur cette multiplicité, ambiguïté et interférences ménagées entre le représenté et sa représentation, entre le narrateur et sa narration, effets de syncope, affectation d'inachèvement, recherche simultanée de la « forme ouverte » et de la symétrie, etc.), même si chacun de ces traits, ou à tout le moins leur réunion et leur convergence peuvent être à bon droit qualifiés de « typiquement baroques » sans qu'il soit nécessaire à ce propos de reprendre le vieil et oiseux débat sur la définition du terme, — il reste sans doute que cette spécificité n'est pas ce qui devrait nous retenir le plus. Le baroque, s'il existe, n'est pas une île (et encore moins une chasse gardée), mais un carrefour, une « étoile » et, comme on le voit bien à Rome, une place publique. Son génie est syncrétisme, son ordre est ouverture, son propre est de n'avoir rien en propre et de pousser à leur extrême des caractères qui sont, erratiquement, de tous les lieux et de tous les temps. Ce qui nous importe en lui n'est pas ce qu'il a d'exclusif, mais ce qu'il a, justement, de « typique » — c'est-à-dire d'exemplaire.

---

1. L'importance des « épisodes » dans le poème épique est déjà proclamée par Aristote sur l'exemple homérique : « la longueur de l'épopée tient aux épisodes » (*Poét.* 1455 b). Mais il s'agit pour l'essentiel d'épisodes intradiégétiques ou de récits seconds homodiégétiques qui ne compromettent pas l'unité d'action, jugée aussi nécessaire à l'épopée qu'à la tragédie (*Poét.* 1459 a). Les épisodes Jacob et Joseph du *Moyse sauvé* sont à cet égard tout à fait étrangers à l'esprit de l'*epos* classique, et très voisins, en revanche, des procédés de diversion du roman baroque : rappelons par exemple que l'action centrale de *l'Astrée* n'occupe qu'un dixième du texte.

PROUST ET LE LANGAGE INDIRECT

*Le devoir et la tâche d'un écrivain
sont ceux d'un traducteur.* (III, p. 890).

L'intérêt de Proust pour les « faits de langage » est bien connu[1], et d'ailleurs évident pour tout lecteur, même négligent, de la *Recherche du temps perdu*. On sait les succès, et aussi parfois les ennuis que lui valait dans le monde un exceptionnel don d'observation et d'imitation verbale, et comment ce mimétisme, dont il accuse lui-même, à propos du style de Flaubert[2], la puissance d'obsession et même d' « intoxication », s'est à la fois exercé et exorcisé dans la série des pastiches de l'*Affaire Lemoine*. On peut voir aussi quelle part d'existence certains personnages, de premier plan comme Charlus ou épisodiques comme le directeur du Grand Hôtel de Balbec, doivent à cette sensibilité linguistique. Dans l'univers essentiellement verbal de la *Recherche*, certains êtres ne se manifestent à peu près que comme exemplaires stylistiques (Norpois, Legrandin, Bloch) ou comme collections d'accidents de langage (le directeur déjà nommé, le liftier, Françoise). La carrière professionnelle d'un Cottard s'efface derrière l'histoire de ses démêlés avec la langue — et d'ailleurs la médecine, qui a fait « quelques petits progrès dans ses connaissances depuis Molière,

---

1. Voir R. Le Bidois, « Le langage parlé des personnages de Proust », *Le Français Moderne*, juin-juillet 1939; J. Vendryès, « Proust et les noms propres », *Mélanges Huguet*, Boivin, Paris 1940; R. Barthes, « Proust et les noms », *To honor Roman Jakobson*, Mouton, La Haye, 1967; et sur la sémiotique proustienne en général, G. Deleuze, *Marcel Proust et les signes*, P.U.F., Paris 1964.
2. *Chroniques*, p. 204.

mais aucun dans son vocabulaire[1] », est-elle chez Proust
autre chose qu'une activité de langage ? « Le docteur, aussitôt
appelé, déclara *préférer* la *sévérité*, la *virulence* de la poussée
fébrile qui accompagnait ma congestion pulmonaire et ne
serait *qu'un feu de paille* à des formes plus *insidieuses* et *larvées* » ;
« Cottard, docile, avait dit à la Patronne : « Bouleversez-vous
comme ça et vous *me* ferez demain 39 de fièvre », comme
il aurait dit à la cuisinière : « Vous me ferez demain du ris de
veau ». La médecine, faute de guérir, s'occupe à changer le
sens des verbes et des pronoms[2]. » — Proust ne se prive même
pas de relever et de transcrire, comme fait Balzac pour un
Schmucke ou un Nucingen, les défauts de prononciation du
marquis de Bréauté, par exemple (« Ma ière duiesse, »), ou de
la princesse Sherbatoff (« Oui, j'aime ce petit celcle intelligent,
agléable... où l'on a de l'esplit jusqu'au bout des ongles[3] »).
Des personnages comme Octave (dans sa période de Balbec)
ou Mme Poussin s'identifient tellement à leur principal tic
de langage qu'il leur reste comme surnom : « Dans les
choux », « Tu m'en diras des nouvelles » ; la brève existence
de Mme Poussin dans la *Recherche* (une page de *Sodome et
Gomorrhe*) est d'ailleurs purement linguistique, puisqu'elle
se réduit à l'habitude qui lui vaut ce sobriquet et à sa manie
d'adoucir la prononciation de certains mots. On peut en
dire à peu près autant du valet de pied Périgot Joseph, dont
l'existence n'a d'autre justification que l'inoubliable lettre
qu'il laisse un jour par mégarde sur le bureau de Marcel
(« Comme tu le sais, la mère de Madame a trépassé dans des
souffrances inexprimables qui l'ont assez fatiguée car elle a
vu jusqu'à trois médecins. Le jour de ses obsèques fut un
beau jour car toutes les relations de Monsieur étaient venues

1. *A la Recherche du Temps perdu*, Pléiade, II, p. 641.
2. *Ibid.*, I, p. 496; II, p. 900.
3. III, p. 41; II, p. 893; ou encore, les chuintements enthousiastes de
Mme de Cambremer et l'accent du prince von Faffenheim. « Il y a des moments,
dit Proust, où, pour peindre complètement quelqu'un, il faudrait que l'imitation phonétique se joignît à la description » (II 942).

en foule ainsi que plusieurs ministres. On a mis plus de
deux heures pour aller au cimetière ce qui vous fera tous
ouvrir de grands yeux dans votre village car on nan feras
certainement pas autant pour la mère Michu. Aussi ma vie
ne sera plus qu'un long sanglot. Je m'amuse énormément à
la bicyclette dont j'ai appris dernièrement, etc. [1] »). Marcel
ne se serait sans doute jamais attaché à la « petite bande »
de Balbec sans la vertu fascinante de cette phrase prononcée
par Gisèle : « C'pauvre vieux, i m'fait d'la peine, il a l'air à
moitié crevé [2] », et si Albertine devient plus tard sa maîtresse,
c'est pour avoir annexé à son vocabulaire des locutions telles
que *distingué, sélection, laps de temps, j'estime que*, où se lit en
clair une émancipation prometteuse des plus vifs plaisirs, et
plus encore pour l'apparition, proprement aphrodisiaque, du
mot *mousmé* : « ce qui me décida, commente Marcel, fut une
dernière découverte philologique [3] ». Pouvoir des mots,
puissance de la *connotation*.

Il est significatif que plusieurs personnages de la *Recherche*
éprouvent quelques difficultés dans l'usage de la langue —
et non moins significative est la minutie avec laquelle Proust
observe les moindres accidents de leur comportement linguistique. Ces accidents ne se produisent pas seulement dans
l'apprentissage d'une langue étrangère, comme lorsque
Bloch, par hyper-anglicisme, croit devoir prononcer *laïft*
et *Venaïce* et lorsque le prince von Faffenheim dit *arschéologue*,
ou *périphérie* pour proximité [4]; ou chez des illettrés comme
Françoise ou le liftier de Balbec; mais aussi bien, et de
manière peut-être plus remarquable, chez des hommes aussi
instruits que le docteur Cottard, ou d'une origine sociale
aussi élevée que le duc de Guermantes. Ces « cuirs » peuvent
être des fautes de « prononciation », comme *laïft* ou *arschéolo-*

1. II, p. 771; II, p. 566.
2. I, p. 792.
3. II, p. 367.
4. I, p. 739; II, p. 527; II, p. 510.

gue ; des déformations comme *sectembre* ou *estoppeuse* [1], des substitutions (*parenthèse* pour parenté, *Camembert* pour Cambremer* [2]) ou impropriétés : *rester* pour demeurer, *en thèse générale* [3], et presque tous les cuirs du directeur de Balbec, qui « émaillait ses propos commerciaux d'expressions choisies, mais à contresens [4] ».

Diverses dans leur origine et leur nature, ces « fautes » le sont aussi dans leur signification psychologique ou sociale et leur valeur esthétique. Celles du directeur cosmopolite, plus encore que son « *originalité* roumaine », connotent une certaine prétention mal inspirée ; celles de Basin, qui « n'était jamais arrivé à connaître le sens précis de certains mots [5] », participent, avec ses vulgarismes affectés et saugrenus [6], ses couacs involontaires [7] et ses rougeurs subites, de la personnalité quelque peu inadaptée, comme égarée, peut-être parfois au bord d'une sorte d'ivresse, du frère de Charlus ; peut-être signalent-elles également ce qu'il y a d'aussi cosmopolite, quoique d'une autre manière, que chez l'hôtelier monégasque, dans cette dynastie à moitié bavaroise, et dont les fiefs et les prétentions (sans parler des alliances) s'étendent sur toute l'Europe [8]. Oriane au contraire, avec son accent paysan (« bête comme eun'oie ») et son vocabulaire provincial soigneusement conservés comme des meubles anciens ou des bijoux de famille, en incarne le versant « vieille

1. II, p. 392, 736.
2. I, p. 154 ; II, p. 805, 825, 857.
3. III, p. 515 ; II, p. 720.
4. I, p. 663.
5. II, p. 239 ; cf. p. 725 : « son incapacité d'assimiler exactement les tours de la langue française ».
6. « La dèche » (II, 826), « A la revoyure » (724), « votre pelure » (547) « je m'en fous », « ma bourgeoise » (580).
7. « Il m'entraîna vers maman en me disant : « Voulez-vous me faire le grand honneur de me présenter à madame votre *mère* ? » en déraillant un peu sur le mot mère » (338).
8. Il faut cependant mentionner une autre explication, selon laquelle Basin devrait son mauvais français, comme « toute une génération de nobles », à l'éducation instituée par Mgr Dupanloup (720).

France »; en cela, ses archaïsmes s'apparentent aux fautes de Françoise, et le rapprochement est noté par Proust lui-même[1]. Car le langage de la vieille paysanne, jusque dans ses cuirs, représente pour lui, comme jadis pour Malherbe celui des crocheteurs du Port au Foin, « le génie linguistique à l'état vivant, l'avenir et le passé du français[2] » : l'authenticité foncière d'une langue que les affectations vulgaires de l'argot parisien, chez la propre fille de Françoise (« Princesse à la noix de coco, vous pouvez l'attendre à perpète[3] »), adultèrent au contraire non moins que les anglicismes demi-mondains de Mme de Crécy, le jargon de cénacle de Saint-Loup, ou le style « étudiant » de Bloch. Mais comme la mauvaise monnaie chasse la bonne, Françoise subira peu à peu l'influence de sa fille et croira s'être avancée dans les élégances parisiennes parce qu'elle aura appris à dire : « Je vais me cavaler, et presto. » Cette « décadence du parler de Françoise, que j'avais connu à ses belles époques[4] » est un des indices les plus manifestes de la dégradation générale qui emporte toutes choses dans les dernières parties de la *Recherche du temps perdu.*

Malgré cette diversité de valeur, quelques lois générales président à la genèse et à la rémanence de ces erreurs linguistiques. La première et la plus importante relève d'un désir, apparemment universel et que nous retrouverons à l'œuvre ailleurs, de motivation du signe; les linguistes l'ont souvent relevée à propos de ce que l'on nommait autrefois l' « étymologie populaire » : elle consiste en une tendance à ramener toute forme nouvelle à une forme voisine plus connue. Ainsi Françoise dit-elle *Julien* pour Jupien et *Alger* pour Angers, ou le lift, déjà cité, *Camembert* pour Cambremer. A propos du premier cas, Proust indique lui-même que Françoise assimilait « volontiers les mots nou-

1. III, p. 34.
2. II, p. 736.
3. II, p. 728.
4. III, p. 154.

veaux à ceux qu'elle connaissait déjà », et pour le second, qu' « il était bien naturel qu'il eût entendu un nom qu'il connaissait déjà »; « les syllabes familières et pleines de sens (du nom ancien), précise-t-il plus loin, venaient au secours du jeune employé quand il était embarrassé pour ce nom difficile, et étaient immédiatement préférées et réadoptées par lui, non pas paresseusement et comme un vieil usage indéracinable, mais à cause du besoin de logique et de clarté qu'elles satisfaisaient [1] »; *logique* et *clarté* désignent évidemment ici le besoin de simplification et de motivation (syllabes *pleines de sens*) qui s'oppose à la prolifération arbitraire des formes : si Françoise dit *jambon de Nev'York*, c'est parce qu'elle croit « la langue moins riche qu'elle n'est » et qu'elle trouve « d'une prodigalité invraisemblable dans le vocabulaire qu'il pût exister à la fois York et New York [2] ».

La deuxième loi, qui découle de la première, explique non plus la naissance des fautes mais leur résistance à toute correction : c'est la persévérance dans l'erreur et le refus obstiné de l'oreille à percevoir la forme « correcte » refusée par l'esprit. « Il est curieux, dit Marcel, que quelqu'un qui entendait cinquante fois par jour un client appeler *ascenseur* ne dît jamais lui-même qu'*accenseur* »; mais le liftier n'entend que ce qu'il peut entendre, et la surprise de Marcel n'est pas plus justifiée ici que celle qu'il éprouve à entendre le nom de la sole « prononcé comme l'arbre « le saule » par un homme qui avait dû en commander tant dans sa vie [3] ». Il comprendra plus tard qu'en matière de langage comme en toute autre « le témoignage des sens est lui aussi une opération de l'esprit où la conviction crée l'évidence [4] ». Cette sorte de surdité linguistique se marque avec force dans la façon

1. II, p. 19, 825, 857.
2. I, p. 445.
3. II, p. 791, 765.
4. III, p. 190. Et quelques lignes plus bas : « L'erreur est plus entêtée que la foi et n'examine pas ses croyances. » A Combray déjà, « l'une des plus fermes croyances d'Eulalie, et que le nombre imposant des démentis apportés par

dont Françoise, contrefaisant autant qu'elle le peut la voix de Mᵐᵉ de Villeparisis et croyant répéter textuellement ses paroles, « tout en ne les déformant pas moins que Platon celles de Socrate ou saint Jean celles de Jésus », transmet de sa part au Narrateur et à sa grand'mère ce message inconsciemment traduit dans le seul langage qu'elle pratique, et donc qu'elle perçoive : « Vous leur donnerez bien le bonjour[1]. » Il est vrai qu'à cette obstination naturelle peut s'ajouter en certains cas une sorte de persévération volontaire et pour ainsi dire démonstrative, comme lorsque le maître d'hôtel du Narrateur, dûment avisé par son maître qu'il doit prononcer *envergure*, répète *enverjure* avec une insistance destinée à la fois à manifester qu'il n'a pas d'ordres à recevoir en dehors de son service et que la Révolution n'a pas été faite en vain, et à faire croire « que cette prononciation était l'effet non de l'ignorance, mais d'une volonté mûrement réfléchie[2] ». Si l'arrogance de Bloch ne recouvrait pas un profond sentiment d'infériorité, il aurait pu, dans le même esprit d'indépendance et d'autojustification, décider d'imposer sa prononciation de *laïft*, et l'on peut supposer que l'ignorance de la langue est entretenue chez Basin par le sentiment orgueilleux qu'un Guermantes « n'a pas à » se plier à une norme aussi roturière que l'usage. Ainsi se rejoignent, avec peut-être la même dose de mauvaise conscience et de mauvaise foi, la revendication populaire et la morgue aristocratique. Mais il faut aussi tenir compte ici d'une troisième loi, qui s'applique au moins à trois personnages aussi différents que le maître d'hôtel, le directeur de Balbec et le prince de Faffenheim. Nous voyons en effet que, même en l'absence de toute opposition, et donc de toute obligation d'amour-propre, le premier dit *pistière* (pour pissotière) « incorrectement mais perpétuellement »; comme

l'expérience n'avait pas suffi à entamer, était que Mᵐᵉ Sazerat s'appelait Mᵐᵉ Sazerin » (I, p. 70). Même erreur chez Françoise, III. p. 573.

1. I, p. 697.
2. III, p. 842.

les *quoique* sont des *parce que* méconnus, ce « mais » est un *donc* qui s'ignore : à propos du directeur, Proust écrit déjà d'une façon plus neutre qu' « il aimait employer les mots qu'il prononçait mal », et le prince enfin lui inspire cette remarque où la causalité proustienne se retrouve sur ses pieds : « ne sachant pas prononcer le mot archéologue, (il) ne perdait pas une occasion de s'en servir [1] ». La *loi de Proust*, sur ce point, pourrait donc s'énoncer ainsi : l'erreur, consciente ou non, tend non seulement à persévérer dans son être, mais à multiplier ses occurrences. Peut-être ne faut-il pas (encore que Proust semble parfois y incliner) chercher l'explication du fait dans une volonté délibérément « mauvaise » ou dans une sorte de volupté immanente de l'erreur; mais plutôt dans le caractère nécessairement compulsionnel de tout (erreur, faute morale, vice caché, infériorité, etc.) ce que l'esprit censure et voudrait refouler : nous en verrons ailleurs d'autres exemples.

Cependant, l'imperfectibilité absolue que semblent impliquer ces lois n'est pas tout à fait sans exception dans le monde de la *Recherche*. Après tout, la façon dont Françoise finit par adopter les tournures argotiques de sa fille est à sa manière un apprentissage, comme la maturation progressive du vocabulaire d'Albertine. Mais le cas le plus intéressant est celui de Cottard. A ses débuts, tels que nous y assistons dans *Un amour de Swann*, le futur Professeur est à l'égard du langage social dans une situation d'*incompétence* caractérisée, qui se manifeste d'abord par ce que Proust appelle sa « naïveté », c'est-à-dire son incapacité à démêler dans la parole de l'autre la part du « sérieux » et celle de l'ironie ou de la politesse, sa tendance à « tout prendre au pied de la lettre » : lui fait-on une grande faveur en ajoutant que c'est peu de chose, il croit devoir confirmer qu'en effet ce n'est rien, et même que cela le dérange; l'autre composante du *complexe de Cottard*, c'est son ignorance de la signification,

1. III, p. 750; II, p. 778; II, p. 526.

et donc de l'opportunité d'emploi des clichés, tels que *sang bleu, vie de bâton de chaise, donner carte blanche*, etc. Le trait commun de ces deux infirmités est évidemment une sorte d'insuffisance rhétorique (au sens où lui-même parlerait d'insuffisance hépatique), qui l'empêche constamment de traverser le sens littéral pour atteindre le figuré, et sans doute de concevoir le fait même de la figuration. Mais au lieu de s'enfermer comme les autres dans la satisfaction de son ignorance, Cottard manifeste dès le début un désir de s'amender qui finira par être récompensé : il apprend par cœur des calembours, ne perd pas une occasion de s'instruire en matière d'idiotismes, et ce « zèle de linguiste [1] » constitue pendant longtemps le thème unique de son rôle dans la *Recherche du temps perdu* — de son rôle mondain, s'entend, car le personnage du praticien infaillible est chez lui totalement distinct de celui du convive stupide, ou plutôt ces deux « actants » ne sont unis que par une relation de paradoxe : « Et nous comprîmes que cet imbécile était un grand clinicien [2]. » Comme presque toujours chez Proust, le terme de l'évolution apparaît brusquement, toutes étapes sautées, lorsque, s'engouffrant dans le petit train de la Raspelière, le Professeur s'exclame : « C'est ce qui s'appelle tomber à pic! » en clignant de l'œil, « non pas pour demander si l'expression était juste, car il débordait maintenant d'assurance, mais par satisfaction ». Sa maîtrise est d'ailleurs confirmée par Mme de Cambremer : « En voilà un qui a toujours le mot ». Il domine maintenant si bien les stéréotypes, il en connaît si bien « le fort et le faible », qu'il peut se donner le plaisir de critiquer ceux des autres : « Pourquoi bête comme chou? demande-t-il à M. de Cambremer. Croyez-vous que les choux soient plus bêtes qu'autre chose?... [3] » Naturellement, cette agressivité triomphante a quelque chose d'encore inquiétant : le Professeur n'est

1. I, p. 217.
2. I, p. 499.
3. II, p. 869; p. 1094; p. 923.

nullement guéri de sa névrose linguistique, elle a simplement changé de signe, inversé son symptôme. Cottard est
passé pour lui-même de la Terreur à la Rhétorique, et pour
autrui (comme il se doit) de la Rhétorique à la Terreur :
c'est dire qu'il n'a pas secoué la fascination du langage.

A cette fascination, il semble que Proust lui-même n'ait
pas tout à fait échappé. Du moins la prête-t-il, sous une
certaine forme et en un certain point de son évolution, au
Narrateur de la *Recherche*. L'objet d'élection en est, comme on
le sait, ce que Proust appelle le Nom, c'est-à-dire le nom
propre. La différence entre le Nom et le Mot (nom commun)
est indiquée dans une page célèbre de la troisième partie de
Swann où Proust évoque les rêveries de son héros sur les
noms de quelques pays où il espère passer les prochaines
vacances de Pâques : « Les mots nous présentent des choses
une petite image claire et usuelle comme celles que l'on
suspend aux murs des écoles pour donner aux enfants
l'exemple de ce qu'est un établi, un oiseau, une fourmilière,
choses conçues comme pareilles à toutes celles de même
sorte. Mais les noms présentent des personnes — et des
villes qu'ils nous habituent à croire individuelles, uniques
comme des personnes — une image confuse qui tire d'eux,
de leur sonorité éclatante ou sombre, la couleur dont elle est
peinte uniformément [1]. » On voit ici que l'opposition traditionnelle (et contestable) entre l'individualité du nom propre
et la généralité du nom commun s'accompagne d'une autre
différence, apparemment secondaire mais qui résume en
fait toute la théorie sémantique du nom selon Proust :
l' « image » que le nom commun présente de la chose est
« claire et usuelle », elle est neutre, transparente, inactive, et
n'affecte en rien la représentation mentale, le concept

1. I, p. 387-388.

d'oiseau, d'établi ou de fourmilière; au contraire, l'image présentée par le nom propre est *confuse* en ce qu'elle emprunte sa couleur unique à la réalité substantielle (la « sonorité ») de ce nom : confuse, donc, au sens d'*indistincte*, par unité, ou plutôt par unicité de ton; mais elle est aussi confuse au sens de *complexe*, par la confusion qui s'établit en elle entre les éléments qui proviennent du signifiant, et ceux qui proviennent du signifié : la représentation extra-linguistique de la personne ou de la ville qui, nous le verrons, coexiste en fait toujours avec, et souvent préexiste aux suggestions présentées par le nom. Retenons donc que Proust réserve aux noms propres ce rapport actif entre signifiant et signifié qui définit l'*état poétique du langage*, et que d'autres — un Mallarmé, un Claudel, par exemple — appliquent tout aussi bien aux noms communs, ou à toute autre espèce de mots [1]. Une telle restriction peut surprendre de la part d'un écrivain aussi notoirement familier du rapport métaphorique; la raison en est la prédominance, si marquée chez lui, de la sensibilité spatiale et pour mieux dire géographique : car les noms propres qui cristallisent la rêverie du Narrateur sont en fait presque toujours (et pas seulement dans le chapitre qui porte ce titre) des noms de pays — ou des noms de familles nobles qui tiennent l'essentiel de leur valeur imaginative du fait qu'ils sont « toujours des noms de lieux [2] ». L'unicité, l'individualité des lieux est un des articles de foi du jeune

1. Sauf omission, la seule remarque de Proust concernant la forme d'un nom commun (encore l'est-il assez peu !) porte sur *mousmé* : « à l'entendre, on se sent le même mal aux dents que si l'on a mis un trop gros morceau de glace dans sa bouche » (II, p. 357); mais on voit qu'il n'y a là qu'une notation sensible, sans l'esquisse d'une motivation sémantique.

2. *Contre Sainte-Beuve*, p. 274. Cf. la page de *Sodome et Gomorrhe* où Marcel reçoit une lettre de deuil signée d'une foule de noms de noblesse normande en *ville*, en *court* et en *tot* : « habillés des tuiles de leur château ou du crépi de leur église, la tête branlante dépassant à peine la voûte ou le corps du logis, et seulement pour se coiffer du lanternon normand ou des colombages du toit en poivrière, ils avaient l'air d'avoir sonné le rassemblement de tous les jolis villages échelonnés ou dispersés à cinquante lieues à la ronde » (II, p. 786).

Marcel, comme du narrateur de *Jean Santeuil*, et malgré les démentis ultérieurs de l'expérience il en conservera au moins la trace onirique, puisqu'il peut encore écrire à propos du paysage de Guermantes que « parfois, dans (ses) rêves, (son) individualité (l')étreint avec une puissance presque fantastique [1] ». La singularité supposée du nom propre répond à la singularité mythique du lieu, et la renforce : « (Les noms) exaltèrent l'idée que je me faisais de certains lieux de la terre, en les faisant plus particuliers, par conséquent plus réels... Combien ils prirent quelque chose de plus individuel encore, d'être désignés par des noms, des noms qui n'étaient que pour eux, des noms comme en ont les personnes [2]. » Encore ne faut-il pas se laisser prendre à cette paresse de langage qui semble ici faire de la « personne » le modèle même de l'individualité (« les villes... individuelles, uniques comme des personnes ») : si mythique soit-elle, l'individualité des lieux est en fait beaucoup plus marquée, chez Proust, que celle des êtres. Dès leurs premières apparitions un Saint-Loup, un Charlus, une Odette, une Albertine manifestent leur insaisissable multiplicité, et le réseau de parentés et de ressemblances confuses qui les rattache à bien d'autres personnes aussi peu « uniques » qu'ils le sont eux-mêmes; aussi leurs noms, comme on le verra mieux plus loin, ne sont-ils pas vraiment fixés, et ne leur appartiennent-ils pas d'une manière bien substantielle : Odette change plusieurs fois le sien, Saint-Loup et Charlus en ont plusieurs, le prénom même d'Albertine et celui de Gilberte sont calculés pour pouvoir un jour se confondre, etc. En apparence du moins, les lieux sont bien davantage « des personnes [3] » que les personnes elles-mêmes : aussi *tiennent*-ils bien davantage à leur nom.

Reste à préciser la nature de ce « rapport actif » entre signifiant et signifié dans lequel nous avons vu l'essence de l'imagination nominale chez Proust. Si l'on s'en rapportait à

1. *Jean Santeuil*, Pléiade, p. 570; *Recherche*, I, p. 185.
2. I, p. 387.
3. *Santeuil*, Pléiade, p. 534-535.

l'énoncé théorique déjà cité, on pourrait croire à une relation unilatérale, dans laquelle l'« image » du lieu tirerait tout son contenu de la « sonorité » du nom. Le rapport réel, tel qu'on peut l'analyser sur les quelques exemples qui apparaissent dans la *Recherche*, est plus complexe et plus dialectique. Mais il faut d'abord introduire une distinction entre les noms inventés par Proust pour des lieux fictifs, comme *Balbec*, et les noms (réels) de lieux réels comme *Florence* ou *Quimperlé* — étant entendu que cette distinction n'est pertinente qu'à l'égard du travail (réel) de l'auteur, et non pas des rêveries fictives de son héros, pour qui Florence et Balbec se situent au même niveau de « réalité [1] ». Selon une remarque de Roland Barthes, le rôle du narrateur est ici un décodage (« déchiffrer dans les noms qui lui sont donnés une sorte d'affinité naturelle entre le signifiant et le signifié »), celui du romancier, au contraire, un encodage : « devant inventer quelque lieu à la fois normand, gothique et venteux, chercher dans la tablature générale des phonèmes quelques sons accordés à la combinaison de ces signifiés [2] ». Mais cette remarque ne peut valoir que pour les noms inventés, comme celui de Balbec auquel Barthes pense évidemment ici, c'est-à-dire pour une très faible proportion des noms de pays donnant lieu dans la *Recherche* à une rêverie « linguistique »; pour les noms réels, la situation du héros et celle du romancier ne sont plus symétriques et inverses, elles sont parallèles, Proust attribuant à Marcel une interprétation de la forme nominale nécessairement inventée, et donc (les deux activités étant en l'occurrence équivalentes) éprouvée par lui-même. On ne peut dire pour autant que ces deux situations se confondent absolument, car sur un point au moins l'expérience du héros ne coïncide pas avec celle de l'écrivain : lorsqu'il pense à Venise

---

1. Un cas intermédiaire est celui des noms empruntés à la réalité et affectés à un lieu fictif, comme *Guermantes* : la liberté du romancier n'est pas alors dans la combinaison des phonèmes, mais dans le choix global d'un vocable approprié.

2. Art. cit., p. 154.

ou à Bénodet, le jeune Marcel n'est encore jamais allé en aucun de ces lieux, mais lorsqu'il écrit cette page, Proust, lui, les connaît déjà et peut-être ne fait-il pas totalement abstraction de ses propres souvenirs — de son expérience réelle — lorsqu'il prête à son héros des rêveries dont les deux seuls aliments sont en principe les noms de ces pays et quelques connaissances livresques ou par ouï-dire.

Il apparaît en effet, à une lecture un peu attentive, qu'aucune de ces images n'est déterminée par la seule forme du nom, et qu'au contraire chacune d'elle résulte d'une action réciproque entre cette forme et quelque notion, vraie ou fausse, mais en tout cas indépendante du nom et venue d'ailleurs. Lorsque Marcel dit que le nom de Parme lui apparaissait « compact, lisse, mauve et doux », il est bien évident qu'au moins la notation de couleur a plus à faire avec les violettes de la ville qu'avec la sonorité du nom, et cette évidence est confirmée quelques lignes plus bas : « je l'imaginais seulement (la demeure parmesane où il rêve d'habiter quelques jours) à l'aide de cette syllabe lourde du nom de Parme, où ne circule aucun air, et de tout ce que je lui avais fait *absorber* [1] de douceur stendhalienne et du reflet des violettes ». L'analyse sémantique nous est donc fournie ici par Proust lui-même, qui affecte clairement les qualités de compact et sans doute de lisse à l'influence du nom, la couleur mauve à la connaissance par ouï-dire des violettes, et la douceur au souvenir de la *Chartreuse* : le signifiant agit bien sur le signifié pour faire imaginer à Marcel une ville où tout est lisse et compact, mais le signifié agit tout autant sur le signifiant pour lui faire percevoir le « nom » de cette ville comme mauve et doux [2]. De même Florence doit son image

1. Nous soulignons. Ce mot, qui indique de façon très nette l'action du signifié sur le signifiant, se trouvait déjà tout au début de ce passage avec la même valeur : « Si ces noms absorbèrent à tout jamais l'image que j'avais de ces villes, ce ne fut qu'en la transformant, qu'en soumettant sa réapparition en moi à leurs lois propres » (387). La réciprocité est ici tout à fait caractérisée.

2. I, p. 388; cf. II, p. 426 : « son nom compact et trop doux ».

« miraculeusement embaumée et semblable à une corolle »
autant au lys rouge de son emblème et à sa cathédrale Sainte-
Marie-des-Fleurs qu'à l'allusion florale de sa première syllabe,
contenu et expression n'étant plus ici dans une relation de
complémentarité et d'échange, mais de redondance, puisque
le nom se trouve être en l'occurrence effectivement motivé.
Balbec tient son image archaïque (« vieille poterie normande »,
« usage aboli », « droit féodal », « état ancien des lieux »,
« manière désuète de prononcer ») des « syllabes hétéroclites »
de son nom, mais on sait bien que le thème fondamental des
« vagues soulevées autour d'une église de style persan »
contamine, sans aucune référence au nom, deux indications
de Swann et de Legrandin ; ici, la suggestion verbale et la
notion extra-linguistique n'ont pas tout à fait réussi leur
jonction, car si l'essence normande du pays et même le style
pseudo-persan de son église se « reflètent » bien dans les
sonorités de Balbec [1], il est plus difficile d'y trouver un écho
des tempêtes annoncées par Legrandin [2]. Les évocations
suivantes réalisent plus efficacement, comme dans le cas de
Parme, la contagion réciproque du nom par l'idée et de l'idée
par le nom qui constitue la motivation imaginaire du signe
linguistique : ainsi, la cathédrale de Bayeux, « si haute dans sa
dentelle rougeâtre », reçoit à son faîte la lumière « vieil or de sa
dernière syllabe » ; le vitrage ancien de ses maisons justifie le
nom de Vitré, dont à son tour l'accent aigu (on remarquera
ici l'action non plus de la sonorité mais de la forme graphique), dans son mouvement diagonal, « losange de bois
noir » les façades anciennes ; la « diphtongue (sic) finale »
de Coutances amollit la « tour de beurre » de sa cathédrale ;

---

1. L'essence normande, par analogie avec Bolbec, Caudebec, etc. Le style
persan du nom (I, p. 658 : « le nom, presque de style persan, de Balbec ») tient
sans doute à l'homophonie avec des noms comme l'Usbek des Lettres persanes,
sans compter le Baalbek libanais.
2. Sauf à passer, comme le suggère Barthes, par le « relais conceptuel du
rugueux », qui lui permettrait d'évoquer « un complexe de vagues aux crêtes
hautes, de falaises escarpées et d'architecture hérissée » (p. 155).

les ruisseaux limpides qui fascinaient déjà le Flaubert de *Par les champs et par les grèves* répondent au perlé transparent qui termine le nom de *Quimperlé*, etc.

La même interaction anime d'autres rêveries nominales dispersées dans les premiers volumes de la *Recherche*, comme celle qu'entretient le nom, magique entre tous, de Guermantes, évocateur d'un « donjon sans épaisseur qui n'était qu'une bande de lumière orangée [1] » : le donjon appartient évidemment au château fort qu'est le berceau supposé de cette famille féodale, la lumière orangée « émane » pour sa part de la syllabe finale du nom [2]. Émanation d'ailleurs moins directe qu'on ne le supposerait à première vue, car le même nom de Guermantes reçoit ailleurs [3] la couleur amarante, peu compatible avec l'orange, dont la résonance tient à la blondeur dorée des cheveux Guermantes : ces deux indications, contradictoires du point de vue de l'« audition colorée » chère aux théoriciens de l'expressivité phonique, proviennent donc non pas d'une synesthésie spontanée [4], mais plus probablement d'une *association lexicale*, c'est-à-dire de la présence commune du son *an* dans le nom *Guermantes* et dans les noms de couleur *orange* et *amarante*, tout comme l'acidité du prénom de Gilberte, « aigre et frais comme les gouttes de l'artosoir vert » [5], tient sans doute moins à l'action directe de ses sonorités qu'à l'assonance *Gilberte-verte* : les voies de la motivation sont souvent plus détournées qu'on ne l'imagine. Dernier exemple : si le nom de *Faffenheim* évoque, dans la franchise de l'attaque et « la bégayante répétition » qui scande ses premières syllabes, « l'élan, la naïveté maniérée, les lourdes " délicatesses " germaniques », et dans l'« émail bleu

1. II, p. 13.

2. I, p. 171 : « la lumière orangée qui émane de cette syllabe : *antes* ».

3. II, p. 209 : « cette couleur amarante de la dernière syllabe de son nom ».

4. Comme l'est en revanche, semble-t-il, l'association *i* = pourpre, attestée au moins deux fois (I, p. 42 et *Contre Sainte-Beuve*, p. 168. Relevé par Barthes, p. 155).

5. I, p. 142.

sombre » de la dernière, « la mysticité d'un vitrail rhénan derrière les dorures pâles et finement sculptées du XVIIIᵉ siècle allemand », ce n'est pas seulement à cause de ses sonorités, mais aussi parce qu'il est un nom de Prince Électeur [1] : la franchise et la répétition sont bien inscrites dans le *Faffen*, mais leur nuance spécifiquement germanique vient du signifié et plus encore le souvenir, que rappelait la première version du même passage dans le *Contre Sainte-Beuve* [2], des « bonbons colorés mangés dans une petite épicerie d'une vieille place allemande »; l'audition colorée du *Heim* final peut évoquer la transparence d'un vitrail bleu sombre, mais la rhénanité de ce vitrail, et les dorures rococo qui le sertissent, ne sortent pas toutes armées de ce que la version primitive appelait la « sonorité versicolore de la dernière syllabe ». Il en va de ces interprétations prévenues et dirigées comme de ces musiques à programme ou de ces leitmotive « expressifs » dont Proust observe bien qu'ils « peignent splendidement le scintillement de la flamme, le bruissement du fleuve et la paix de la campagne, pour les auditeurs qui, en parcourant préalablement le livret, ont aiguillé leur imagination dans la bonne voie [3] ». L'expressivité d'un vocable lui vient souvent du contenu qu'il est censé provoquer; que cette connivence du signifié lui fasse défaut, et le voici qui n'« exprime » plus rien, ou tout autre chose. Dans le petit chemin de fer qui le conduit de Balbec-en-Terre à Balbec-Plage, Marcel trouve de l'étrangeté à des noms de villages comme Incarville, Marcouville, Arambouville, Maineville, « tristes noms faits de sable, d'espace trop aéré et vide et de sel, au-dessus desquels le mot ville s'échappait comme vole dans Pigeon-vole », bref, noms dont les connotations lui apparaissent typiquement marines, sans qu'il s'avise de leur ressemblance avec d'autres noms, pourtant familiers, tels que Roussainville ou Martinville,

---

1. II, p. 256. Cf. J. Pommier, *La Mystique de Marcel Proust*, p. 50.
2. Où le nom, curieusement, était analysé sans être cité, ce qui peut laisser supposer (mais c'est peu probable) qu'il fut inventé après coup (p. 277).
3. I, p. 684; cf. p. 320.

dont le « charme sombre » tient au contraire à un goût de confitures ou à une odeur de feu de bois liés au monde de l'enfance à Combray ; les formes sont bien semblables, mais l'infranchissable distance des contenus investis l'empêche de seulement percevoir leur analogie : ainsi, « à l'oreille d'un musicien deux motifs, matériellement composés de plusieurs des mêmes notes, peuvent ne présenter aucune ressemblance, s'ils diffèrent par la couleur de l'harmonie et de l'orchestration [1] ».

On retrouve donc à l'œuvre dans les rêveries poétiques de Marcel cette même tendance à la motivation du langage qui déjà inspirait les cuirs de Françoise ou du liftier de Balbec : mais au lieu d'agir sur la matière d'un signifiant inconnu pour la ramener à une forme « familière et pleine de sens », et par là même justifiée, elle s'exerce, plus subtilement, à la fois sur la forme de ce signifiant (la manière dont sa « substance », phonique ou autre, est perçue, actualisée et interprétée) et sur celle de son signifié (l'« image » du pays) pour les rendre compatibles, harmoniques, réciproquement évocateurs l'un de l'autre. On a vu tout ce qu'il y a d'illusoire dans cet accord du « son » et du « sens » — et particulièrement dans le rôle prêté au premier par l'imagination — et l'on verra plus loin comment se traduit dans la *Recherche* la prise de conscience et la critique de cette illusion. Mais un autre mirage porte sur le sens lui-même : Roland Barthes insiste à juste titre sur le caractère imaginaire des complexes sémiques évoqués par la rêverie des noms, et sur l'erreur qu'il y aurait, ici comme ailleurs, à confondre le signifié avec le *référent*, c'est-à-dire l'objet réel ; mais cette erreur est très précisément celle de Marcel, et sa correction est l'un des aspects essentiels de l'apprentissage douloureux en quoi consiste l'action du roman. La rêverie sur les noms eut pour conséquence, dit Proust, de rendre l'image de ces lieux plus belle, « mais aussi plus différente de ce que les villes de Normandie ou de

1. I, p. 661.

Toscane pouvaient être en réalité, et, en accroissant les joies arbitraires de mon imagination, d'aggraver la déception future de mes voyages [1] ». On sait par exemple quelle amère désillusion Marcel éprouvera en découvrant que l'image synthétique qu'il s'était faite de Balbec (église de style persan battue par les flots) n'avait qu'une lointaine ressemblance avec le Balbec réel, dont l'église et la plage sont distants de plusieurs lieues [2]. Même déception un peu plus tard, au spectacle du duc et de la duchesse de Guermantes « retirés de ce nom dans lequel jadis je les imaginais menant une inconcevable vie », ou devant la princesse de Parme, petite femme noire (et non mauve) plus occupée d'œuvres pieuses que de douceur stendhalienne, devant le prince d'Agrigente, « aussi indépendant de son nom (« transparente verrerie sous laquelle je voyais, frappés au bord de la mer violette par les rayons obliques d'un soleil d'or, les cubes roses d'une cité antique ») que d'une œuvre d'art qu'il eût possédée sans porter sur soi aucun reflet d'elle, sans peut-être l'avoir jamais regardée », — et même devant le prince de Faffenheim-Munsterbourg-Weinigen, rhingrave et électeur palatin, qui utilise les revenus et galvaude le prestige de son fief wagnérien à entretenir « cinq automobiles Charron, un hôtel à Paris et un à Londres, une loge le lundi à l'Opéra et une aux *mardis* des *Français,* » et dont la seule ambition est d'être élu membre correspondant de l'Académie des Sciences morales et politiques [3].

Ainsi, quand Proust affirme que les noms, « dessinateurs fantaisistes [4] », sont responsables de l'illusion dans laquelle s'enferme son héros, il ne faut pas entendre par *nom* le seul vocable, mais bien le signe total, l'unité constituée, selon la formule hjelmslévienne, par la relation d'interdépendance posée entre la forme du contenu et la forme de l'expression [5] :

1. I, p. 387.
2. I, p. 658.
3. II, p. 524, 427, 433, 257.
4. I, p. 548.
5. *Prolégomènes,* trad. française, Ed. de Minuit, p. 83.

ce n'est pas la suite de sons ou de lettres *Parme* qui crée le mythe poétique d'une ville compacte, mauve et douce, c'est la « solidarité » (autre terme hjelmslévien) établie peu à peu entre un signifiant compact et un signifié mauve et doux. Le « nom » n'est donc pas la cause de l'illusion, mais il en est très précisément le *lieu*, c'est en lui qu'elle se concentre et se cristallise. L'indissolubilité apparente du son et du sens, la *densité* du signe favorisent la croyance enfantine en l'unité et en l'individualité du pays qu'il désigne. On a vu comment l'arrivée à Balbec dissipe la première ; les promenades en voiture avec Albertine, dans *Sodome et Gomorrhe*, feront à leur tour justice de la seconde. En effet, contrairement au voyage en chemin de fer, qui est, chez Proust, passage brusque (d'une brusquerie favorisée par le sommeil du voyageur entre deux stations) d'une essence à une autre, essences matérialisées par l'« écriteau signalétique » qui porte en chaque gare le nom individuel et distinct d'un nouveau pays [1], en voiture, la progression ininterrompue fait apparaître la continuité du paysage, la solidarité des lieux, et cette découverte anéantit le mythe de leur séparation et de leurs singularités respectives [2], comme Gilberte, au début du *Temps retrouvé*, abolira l'opposition cardinale des « deux côtés » en disant simplement à Marcel : « Si vous voulez, nous pourrons aller à Guermantes en passant par Méséglise, c'est la plus jolie façon [3]. »

Ainsi ruiné au contact de la réalité géographique, le prestige des noms subit une autre atteinte lorsque le narrateur, écoutant les complaisantes explications généalogiques du duc de Guermantes, découvre le réseau continu d'alliances et d'héritages qui unissent entre eux tant de noms nobles — noms de pays — qu'il avait crus jusque-là tout aussi inconciliables, aussi radicalement dissociés par « une de ces distances dans l'esprit qui ne font pas qu'éloigner, qui séparent et mettent dans un autre plan », que ceux de Guermantes et

1. I, p. 644.
2. II, p. 1005.
3. III, p. 693.

Méséglise, de Balbec et de Combray. On sait avec quelle surprise, malgré les explications antérieures de Saint-Loup, il avait appris chez Mme de Villeparisis que M. de Charlus était le frère du duc de Guermantes; lorsque celui-ci lui révélera, par exemple, qu'un Norpois, sous Louis XIV, a épousé une Mortemart, que « la mère de M. de Bréauté était Choiseul et sa grand-mère Lucinge », ou que « l'arrière grand-mère de M. d'Ornessan était la sœur de Marie de Castille Montjeu, femme de Timoléon de Castille, et par conséquent tante d'Oriane », tous ces noms « venant se placer à côté d'autres dont je les aurais cru si loin... chaque nom déplacé par l'attirance d'un autre avec lequel je ne lui avais soupçonné aucune affinité [1] », ce sont encore des distances qui s'annulent, des cloisons qui s'abattent, des essences crues incompatibles qui se confondent et par là même s'évanouissent. La vie des noms se révèle être une suite de transmissions et d'usurpations qui ôte tout fondement à la rêverie onomastique : celui de Guermantes finira par tomber en la possession de la très roturière Patronne, ex-Verdurin (via Duras); Odette est successivement Crécy, Swann, Forcheville; Gilberte, Swann, Forcheville, et Saint-Loup; la mort d'un parent fait du prince des Laumes un duc de Guermantes, et le baron de Charlus est « aussi duc de Brabant, damoiseau de Montargis, prince d'Oléron, de Carency, de Viareggio et des Dunes [2] »; d'une manière plus laborieuse, mais non moins significative, Legrandin deviendra comte de Méséglise. C'est bien peu de chose qu'un nom.

Encore Marcel pouvait-il éprouver devant le ballet onomastique du *Côté de Guermantes* une sorte de vertige non dépourvu de poésie [3]; il n'en ira pas de même d'une

---

1. II, p. 540, 542.
2. II, p. 942. Saint-Loup, à Balbec, avait déjà averti Marcel de cette instabilité : « dans cette famille-là ils changent de nom comme de chemise » (I, p. 755).
3. « Le nom même de Guermantes recevait de tous les beaux noms éteints et d'autant plus ardemment rallumés auxquels j'apprenais seulement qu'il était attaché, une détermination nouvelle, purement poétique » (II, p. 542-543).

dernière expérience, purement linguistique celle-là, et qui lui révélera, sans compensation esthétique, la vanité de ses rêveries sur les noms de pays : il s'agit des étymologies de Brichot dans la dernière partie de *Sodome et Gomorrhe* [1]. On s'est souvent interrogé sur leur fonction dans le roman, et Vendryès, qui voyait dans ces tirades une satire du pédantisme sorbonnard, ajoutait qu'elles témoignent aussi une sorte de fascination. Cette ambivalence n'est pas douteuse, mais la « passion étymologique » n'a probablement pas le sens que lui attribue Vendryès lorsqu'il affirme que « Proust croyait à l'étymologie comme à un moyen rationnel de pénétrer le sens caché des noms et par suite de se renseigner sur l'essence des choses. C'est une conception, ajoute-t-il, qui remonte à Platon, mais qu'aucun savant ne soutiendrait aujourd'hui [2] ». C'est rattacher sans hésitation les étymologies de Brichot à celles de Socrate dans la première partie du *Cratyle*, et les mettre au service de la « conscience cratyléenne [3] » de Marcel, pour qui en effet, nous l'avons vu, *l'essence des choses* est bien dans le *sens caché* de leurs noms. Or, si l'on considère d'un peu plus près ces étymologies, et leur effet sur l'esprit du héros, on se convainc aisément que leur fonction est exactement inverse. Quelle que soit leur valeur scientifique réelle, il est manifeste qu'elles se présentent et qu'elles sont reçues comme autant de corrections des erreurs du sens commun (ou du

---

1. La relation fonctionnelle entre ces étymologies et les généalogies de Basin est clairement indiquée par Proust : les nobles sont « les étymologistes de la langue, non des mots, mais des noms » (II, p. 532). Mais Brichot lui aussi s'en tient à l'étymologie des noms (de pays). Rappelons que ses étymologies se dispersent entre les p. 888 et 938 du tome II de la Pléiade. Il y avait eu auparavant quelques étymologies du curé de Combray (I, p. 104-106), mais encore dépourvues de valeur critique : elles seront d'ailleurs souvent réfutées par Brichot. A propos du lien entre généalogies et étymologies, on peut noter une « révélation » en quelque sorte hybride, lorsque Marcel apprend que le nom de Surgis-le-Duc tient non à une filiation ducale, mais à une mésalliance avec un riche fabricant nommé Leduc (II, p. 706).

2. Art. cit., p. 126.

3. R. Barthes, p. 158.

linguiste amateur qu'incarne le curé de Combray), des
« étymologies populaires » ou naïves, des interprétations
spontanées de l'imaginaire. Contre tout cela, et donc contre
le « cratylisme » instinctif du Narrateur, convaincu de l'existence d'un rapport immédiat entre la forme *actuelle* du nom et
l'essence intemporelle de la chose, Brichot rétablit la vérité
décevante de la filiation historique, de l'érosion phonétique,
bref de la dimension diachronique de la langue. Toute étymologie n'est pas nécessairement d'inspiration *réaliste* : celles
de Socrate (qui ne prétendent d'ailleurs à aucune vérité
scientifique) le sont parce qu'elles visent à établir par des
analyses arbitraires une convenance entre le son et le sens qui
n'apparaît pas assez manifeste dans la forme globale du nom :
Dionysos se décompose en *Didous oïnon* (qui donne le vin),
Apollon en *Aei ballon* (qu'on ne peut éviter), etc. Celles de
Brichot, au contraire, sont presque systématiquement anti-
réalistes. Si, par exception, *Chantepie* est bien la forêt où
chante la pie, la reine qui chante à *Chantereine* est une vulgaire
grenouille *(rana)*, n'en déplaise à M. de Cambremer ; Loctudy
n'est pas le « nom barbare » qu'y voyait le curé de Combray,
c'est le très latin *Locus Tudeni* ; Fervaches, quoi qu'en pense
la princesse Sherbatoff, c'est Eaux-chaudes *(fervidae aquae)* ;
Pont-à-Couleuvre n'abrite aucun serpent, c'est Pont-à-
Péage *(Pont à qui l'ouvre)* ; Charlus a bien son arbre à Saint-
Martin du Chêne, mais non à Saint-Pierre des Ifs (de *aqua*) ;
dans Torpehomme, « *homme* ne signifie nullement ce que vous
êtes naturellement porté à croire, baron », c'est *holm*, qui
signifie « îlot » ; enfin, Balbec lui-même n'a rien de gothique,
ni de tempétueux, ni surtout de persan : déformation de
Dalbec, de *dal*, « vallée » et *bec*, ruisseau ; et même Balbec-
en-Terre ne signifie pas Balbec dans les terres, par allusion
aux quelques lieues qui le séparent du rivage et de ses tempêtes, mais Balbec du continent, par opposition à la baronnie
de Douvres dont il dépendait jadis : Balbec d'outre-Manche.
« Enfin, maintenant, quand vous retournerez à Balbec, vous
saurez ce que Balbec signifie », dit ironiquement M. Verdurin ;

mais son ironie n'atteint pas seulement celui qu'elle vise
(le pédant Brichot), car il est bien vrai que Marcel a longtemps
cru savoir ce que signifie Balbec, et si les révélations de
Brichot le captivent, c'est parce qu'elles achèvent de détruire
ses anciennes croyances et introduisent en lui le désenchantement salubre de la vérité. Ainsi verra-t-il s'enfuir le charme de
la fleur qu'il ne faut plus voir dans Honfleur (*fiord*, « port »),
et la drôlerie du bœuf qu'il ne faut plus chercher dans
Bricquebœuf (*budh*, « cabane »); ainsi découvrira-t-il que les
noms ne sont pas plus individuels que les lieux qu'ils
désignent, et qu'à la continuité (ou contiguïté) des uns sur
le « terrain » répond la parenté des autres et leur organisation
en paradigme dans le système de la langue : « Ce qui m'avait
paru particulier se généralisait : Bricquebœuf allait rejoindre El-
beuf, et même, dans un nom au premier abord aussi individuel
que le lieu, comme dans le nom de Pennedepie, où les étran-
getés les plus impossibles à élucider par la raison me sem-
blaient amalgamées depuis un temps immémorial en un
vocable vilain, savoureux et durci comme certain fromage
normand, je fus désolé de retrouver le *pen* gaulois qui signifie
« montagne » et se retrouve aussi bien dans Penmarch que
dans les Apennins. » Comme l'expérience du « monde visible »,
l'apprentissage linguistique dépoétise et démystifie : les noms
de pays sont « vidés à demi d'un mystère que l'étymologie (remplace) par le raisonnement [1] ». Le fait est qu'après cette leçon,
les rêveries nominales disparaissent définitivement du texte de
la *Recherche* : Brichot les a rendues proprement *impossibles*.

Il ne faut donc pas attribuer sans nuances à Proust lui-
même l'*optimisme du signifiant* [2] dont fait preuve son jeune
héros : la croyance en la vérité des noms est un privilège
ambigu de l'enfance, une de ces « illusions à détruire » que le
héros devra l'une après l'autre dépouiller pour accéder

1. II, p. 1109.
2. C'est l'expression par laquelle J.-P. Richard désigne la croyance, chez
Chateaubriand, en une « expressivité immédiate des signes » (*Paysage de Chateaubriand*, p. 162).

à l'état de désenchantement absolu qui précède et prépare la révélation finale. On sait par une lettre à Louis de Robert que Proust avait envisagé d'intituler les trois parties de la *Recherche* prévues en 1913 : *l'Age des noms, l'Age des mots, l'Age des choses* [1]. Quelque interprétation que l'on donne aux deux autres, la première formule désigne sans ambiguïté la passion des noms comme une étape transitoire, ou plutôt comme un point de départ. L'âge des noms, c'est ce que le *Côté de chez Swann* appelle plus cruellement « l'âge où l'on croit qu'on crée ce qu'on nomme [2] » ; c'est à propos de la demande que Bloch fait à Marcel de l'appeler « cher maître », et « créer » est à prendre ici dans son sens le plus naïvement réaliste : l'illusion du réalisme est de croire que ce que l'on nomme est *tel qu'on le nomme*.

De cette trompeuse « magie » des noms propres, on trouvera peut-être une sorte de dérision anticipée dans *Un amour de Swann*, dans les plaisanteries douteuses qu'échangent Charles et Oriane à la soirée Sainte-Euverte à propos du nom de Cambremer — décidément l'un des points vulnérables de l'onomastique proustienne — calembours et parodies d'étymologie cratylienne sur lesquels on aimerait consulter l'illustre Brichot : « Ces Cambremer ont un nom bien étonnant. Il finit juste à temps, mais il finit mal ! dit-elle en riant. — Il ne commence pas mieux, répondit Swann. — En effet, cette double abréviation !... — C'est quelqu'un de très en colère et de très convenable qui n'a pas osé aller jusqu'au bout du premier mot. — Mais puisqu'il ne devait pas pouvoir s'empêcher de commencer le second, il aurait mieux fait d'achever le premier pour en finir une bonne fois [3]. » De l'inconvénient qu'il peut y avoir à ouvrir (ou briser) sans précautions ce que le *Contre Sainte-Beuve* [4] appelle l' « urne d'inconnaissable ».

1. A. Maurois, *A la recherche de Marcel Proust*, p. 270.
2. I, p. 91. — 3. I, p. 341. — 4. P. 278.

Il y a donc dans la *Recherche du temps perdu* tout à la fois un témoignage très riche et très précis sur ce qu'on propose d'appeler la *poétique du langage*, et une critique, tantôt explicite, tantôt implicite, mais toujours sévère, de cette forme d'imagination, doublement dénoncée comme illusion réaliste : dans la croyance en une identité du signifié (l' « image ») et du référent (le pays) : c'est ce que l'on baptiserait aujourd'hui l'*illusion référentielle*; dans la croyance en une relation naturelle entre le signifié et le signifiant : c'est ce que l'on pourrait nommer proprement l'*illusion sémantique*. Cette critique, s'il lui arrive de rejoindre ou d'anticiper certains thèmes de la réflexion linguistique, n'en est pas moins étroitement liée chez Proust au mouvement et à la perspective d'une expérience personnelle, qui est l'apprentissage de la vérité (proustienne) par le héros-narrateur. Cet apprentissage porte entre autres sur la valeur et la fonction du langage, et la succession des deux formules déjà citées — l'âge des noms, l'âge des mots — indique assez précisément le sens de sa progression. Encore faut-il éviter, en ce qui concerne la seconde, un contresens qui pourrait trouver une apparente justification dans l'opposition, déjà rencontrée, entre le Nom (propre) et le Mot compris comme nom commun *(établi, oiseau, fourmilière)*. Si le titre envisagé en 1913 pour la seconde partie de la *Recherche* renvoyait à cette opposition, sa pertinence apparaîtrait fort douteuse — et l'on peut naturellement imaginer que c'est pour cette raison qu'il fut abandonné, mais la question serait alors de savoir comment Proust aurait pu y songer assez longtemps pour le soumettre à l'approbation de Louis de Robert. Il semble donc plus probable que le « mot » n'est pas pris ici dans le sens de nom commun, dont nous savons déjà qu'il n'est l'objet dans la *Recherche* d'aucune expérience ni d'aucune réflexion de quelque importance. La seule signification pertinente que l'on puisse lui accorder se réfère non plus à l'usage en quelque sorte solitaire du langage qui est celui des rêveries enfantines, mais au contraire à l'expérience sociale et inter-individuelle de la parole : non plus au tête-à-tête fascinant de l'imagination avec les formes verbales prises comme des objets poétiques, mais au rapport à autrui tel qu'il se noue dans la pratique réelle de la communication linguistique. Le « mot » serait ici, à peu près au sens où l'on parle, à propos de Molière ou de Balzac par exemple, de « mots de caractère », la parole *révélatrice*, le trait ou l'accident de langage où se manifeste, parfois volontairement, le plus souvent involontairement et même à l'insu de celui qui la profère, un aspect de sa personnalité ou de sa situation. La découverte de cette nouvelle dimension du langage serait alors une nouvelle étape dans l'apprentissage du héros, étape à la fois négative en ce qu'elle lui révèle le caractère essentiellement décevant de la relation à autrui, et positive en ce que toute vérité, fût-ce la plus « désolante », est bonne à recevoir : l'expérience des « mots » se confond ainsi avec la sortie (douloureuse) du solipsisme verbal de l'enfance, avec la découverte de la parole de l'Autre, et de sa propre parole comme élément de la relation d'altérité.

L'*âge des mots* serait donc en fait celui de l'apprentissage de la vérité humaine — et du mensonge humain. L'importance prêtée ici à cette formule et l'emploi d'une expression telle que « parole révélatrice » ne doivent pas en effet laisser supposer, fût-ce un instant, que Proust accorde à la parole une puissance de vérité comparable, par exemple, à celle que suppose l'exercice de la dialectique platonicienne, ou le transparent dialogue des âmes dans *la Nouvelle Héloïse*. La véridicité du logos n'est pas davantage établie à l'âge des mots qu'à l'âge des noms : cette nouvelle expérience est au contraire une nouvelle étape dans la critique du langage — c'est-à-dire dans la critique des illusions que le héros (que l'homme, en général) peut entretenir à l'égard du langage. Il n'y a de mot révélateur que sur le fond d'une parole essentiellement mensongère, et la vérité de la parole est l'objet d'une conquête qui passe nécessairement par l'expérience du mensonge : la vérité de la parole est *dans* le mensonge.

Il faut en effet distinguer le mot révélateur du mot — s'il en est parfois — simplement véridique. Quand Orgon dit à Cléante que le commerce de Tartuffe détache son âme de toutes les affections, et qu'il verrait « mourir frère, enfants, mère et femme » sans le moindre souci, il ne viendrait guère à l'esprit de juger cette déclaration « révélatrice » : Orgon dit tout uniment ce qu'il en est de sa toquade, et sa parole n'apparaît ici que comme l'expression transparente de sa pensée. Révélateur, au contraire, le « Et Tartuffe ? » de la scène précédente, où la vérité s'exprime sans qu'Orgon le veuille, peut-être sans qu'il le sache, et sous une forme qui doit être interprétée. Le mot dit alors plus qu'il ne veut dire, et c'est en cela précisément qu'il révèle, ou, si l'on préfère, qu'il trahit. On voit immédiatement que de tels énoncés posent un problème sémiologique que les énoncés « véridiques » (c'est-à-dire reçus comme tels) ne posent nullement : alors que le message véridique est univoque, le message révélateur est ambigu, et il n'est reçu comme révélateur que parce qu'il est perçu comme ambigu : ce qu'il dit est distinct de ce qu'il veut dire, et n'est pas dit de la même façon. Orgon veut dire que Tartuffe est à plaindre, et la manière dont il le dit, intempestive et compulsionnelle, dit à son tour qu'Orgon est « entartuffié » : son mot dénote l'ascétisme (imaginaire) de Tartuffe et connote la passion (réelle) d'Orgon. Dans l'énoncé révélateur, l'organe de la révélation — de la vérité — c'est cette connotation, ce langage indirect qui passe, comme le remarque Proust, non par ce que dit le locuteur, mais par sa *façon* de le dire [1]. A la fin de *Sodome et Gomorrhe*, on s'en souvient, c'est une phrase d'Albertine qui « révèle » à Marcel le lesbianisme de son amie en lui apprenant qu'elle a été intime avec Mlle Vinteuil. Pourtant, nous ne considérerons pas cette phrase comme un énoncé révélateur : c'est qu'elle ne connote rien, elle ne se prête à aucune interprétation, et si elle prend pour Marcel une telle importance,

1. I, p. 587.

c'est parce qu'une expérience antérieure et extérieure à cet énoncé lui fait donner une valeur inquiétante à *ce qu'il énonce*. La phrase d'Albertine n'est pas ambiguë, elle ne porte qu'un signifié (intimité avec Mlle Vinteuil), et c'est ce signifié lui-même qui à son tour signifie pour Marcel le lesbianisme d'Albertine : l'interprétation ne porte donc pas sur la parole, mais sur le fait, nous ne sommes pas dans l'herméneutique du mot révélateur, mais simplement dans une spéculation, extérieure à toute question de langage, sur le rapport nécessaire entre deux faits. En revanche, dans la même déclaration d'Albertine, une parenthèse comme celle-ci : « Oh! pas du tout le genre de femme que vous pourriez croire! » provoque immédiatement le travail de l'interprétation : l'empressement que met Albertine à combattre une hypothèse qui n'a pas encore été formulée est évidemment suspect, et porte une signification contraire à celle que porte la négation elle-même : la connotation réfute la dénotation, la « façon de dire » dit plus que le dit.

Quand Swann arrive le soir chez Mme Verdurin, celle-ci, en montrant les roses qu'il lui a fait porter dans la matinée, articule rapidement : « Je vous gronde », et, sans s'attarder davantage en politesses, elle lui indique une place à côté d'Odette [1]. Cette antiphrase mondaine (« Je vous gronde » = « Je vous remercie »), qui ne vaut ici que par l'économie de ce qu'on nommerait chez les Guermantes sa « rédaction », c'est assez précisément ce que la rhétorique classique nommait *astéisme* : « badinage délicat et ingénieux par lequel on loue ou l'on flatte avec l'apparence même du blâme ou du reproche [2] ». Il va de soi que les figures de la rhétorique mondaine, comme toutes les figures, sont des formes décla-

1. I, p. 218.
2. Fontanier, *Les Figures du discours*, rééd. Flammarion, 1968, p. 150.

rées du mensonge, qui se donnent pour telles et attendent d'être déchiffrées selon un code reconnu par les deux parties. Si Swann s'avisait de répondre à Mme Verdurin quelque chose comme : « Vous me grondez quand je vous offre des fleurs, vous n'êtes pas très aimable, je ne vous en offrirai plus », il prouverait à la fois son manque d'usages et ce que Proust appellerait sa naïveté. Cette faiblesse, nous l'avons déjà vu, est par excellence celle de Cottard (première manière), qui prend tout à la lettre et, comme le déplore justement Mme Verdurin, « s'en rapporte à ce qu'on lui dit ». L'autre « naïf » caractérisé de la société proustienne, c'est le gaffeur Bloch, qui, lorsque Mme de Guermantes affirme « les choses mondaines ne sont pas mon fort », répond en toute simplicité, se figurant qu'elle a parlé sincèrement : « Ah! je croyais le contraire » [1], ou lorsque, pendant la guerre, Saint-Loup, tout en « faisant des pieds et des mains » pour se faire engager, prétend ne pas vouloir reprendre du service « tout simplement par peur », le traite de « beau fils » et d'embusqué, incapable qu'il est de concevoir un héroïsme « tacite », et même dissimulé sous le discours de la lâcheté, qui est précisément celui que le vrai lâche ne prononcerait jamais : on sait qu'un point commun au « milieu Guermantes » et à l'« esprit de Combray » est précisément le principe que l'on ne doit pas « exprimer les sentiments trop profonds et qu'on trouve trop naturels [2] »; mais pour le littéralisme d'un Bloch ou d'un Cottard, ce qui n'est pas dit — a fortiori ce qui est nié — ne peut pas être, et inversement ce qui est dit ne peut qu'être. L'un et l'autre pourraient souscrire à cette phrase

---

1. II, p. 244. Autre littéralisme de Bloch, *ibid.*, p. 222.
2. III, p. 742. C'est Charlus, à Balbec, qui donne à Marcel, lequel vient d'affirmer qu'il « adore » sa grand-mère, cette double leçon qui vaudrait aussi bien pour Bloch : « Vous êtes encore jeune, vous devriez en profiter pour apprendre deux choses : la première, c'est de vous abstenir d'exprimer des sentiments trop naturels pour n'être pas sous-entendus; la seconde, c'est de ne pas partir en guerre pour répondre aux choses qu'on vous dit avant d'avoir pénétré leur signification » (I, p. 767).

de Jean Santeuil, énoncé emblématique de toute naïveté :
« J'ai la preuve du contraire, elle m'a dit que non [1]. » De là
même façon, lorsqu'un convive affirme à Odette qu'il ne
s'intéresse pas à l'argent, elle dit de lui : « Mais c'est une
âme adorable, un sensible, je ne m'en étais jamais doutée! »,
tandis que la générosité de Swann, qui dédaigne de se proclamer, lui reste imperceptible : «Ce qui parlait à son imagination, commente Proust, ce n'était pas la pratique du désin-
téressement, c'en était le vocabulaire [2]. »

On voit que les « naïfs » sont plus nombreux qu'on ne
pourrait le croire. Il arrive même que Proust, dans un
mouvement d'humeur, englobe toute la société dans cette
qualification, disant par exemple de M. de Bréauté que
« sa haine des snobs découlait de son snobisme, mais faisait
croire aux naïfs, c'est-à-dire à tout le monde, qu'il en était
exempt [3] ». Mais cette généralisation dépasse manifestement
sa pensée, et dans le cas précis de Bréauté par exemple, le
lecteur ne doit pas, naïf à son tour, prendre à la lettre les
protestations d'Oriane (« Snob, Babal! Mais vous êtes fou,
mon pauvre ami; c'est tout le contraire, il déteste les gens
brillants... ») : qu'il attende la dernière réception chez la
princesse pour y trouver, toujours dans la bouche d'Oriane,
cette brève oraison funèbre : « C'était un snob [4]. » En fait,
la vie sociale est chez Proust une véritable école d'interprétation, et nul n'y pourrait faire carrière (n'étaient des événements comme l'Affaire ou la Guerre, qui bouleversent toutes
les normes) sans en avoir appris au moins le rudiment. Celle
du héros tient précisément à la rapidité avec laquelle il assimile
les leçons de l'herméneutique mondaine. Lorsque, venu
chez le duc de Guermantes pour tenter de savoir par lui
si l'invitation qu'il a reçue de la princesse est authentique, il

1. *Jean Santeuil*, Pléiade, p. 736.
2. I, p. 245.
3. II, p. 504.
4. II, p. 451 ; III, p. 1007.

se heurte à la répugnance bien connue des Guermantes à ce genre de service, et que Basin lui débite une série d'arguments plus ou moins contradictoires pour justifier son refus, il sait comprendre à la fois qu'il s'agit d'une comédie et qu'il doit agir comme s'il en était dupe [1]. Il se rendra donc chez « Marie-Gilbert » sans en savoir davantage, et lorsque, tout danger écarté, Oriane lui dira : « Croyez-vous que je n'aurais pas pu vous faire inviter chez ma cousine ? », il n'aura garde de la croire et de se reprocher sa timidité : « Je commençais à connaître l'exacte valeur du langage parlé ou muet de l'amabilité aristocratique... Qu'on démêlât le caractère fictif de cette amabilité, c'est ce qu'ils (les Guermantes) appelaient être bien élevés; croire l'amabilité réelle, c'était la mauvaise éducation. » On voit pourquoi Bloch incarne à la fois, dans ce monde, la naïveté et la grossièreté : c'est la même chose. Et dans l'initiation progressive de Marcel au rituel mondain, on peut considérer comme une épreuve qualifiante, et même glorifiante, la petite scène qui se situe peu de temps après, au cours d'une matinée chez la duchesse de Montmorency : invité à grands gestes par le duc de Guermantes, qui tient le bras de la reine d'Angleterre, à s'approcher pour lui être présenté, Marcel, qui commence à se « perfectionner dans le langage des cours », s'incline sans sourire et s'éloigne. « J'aurais pu écrire un chef-d'œuvre, les Guermantes m'en eussent moins fait d'honneur que de ce salut. » La duchesse en fera compliment à la mère du Narrateur, disant « qu'il était impossible d'y faire tenir plus de choses » : c'est qu'il y tenait la seule chose qu'il importât d'y mettre, et dont l'importance se mesure au soin avec lequel on évite d'y faire allusion : « On ne cessa de trouver à ce salut toutes les qualités, sans mentionner toutefois celle qui avait paru la plus précieuse, à savoir qu'il avait été discret, et on ne cessa pas non plus de me faire des compliments dont je compris qu'ils étaient moins encore une récom-

1. II, p. 577.

pense pour le passé qu'une indication pour l'avenir [1]. »
La leçon de l'épisode, c'est évidemment, comme dirait
Cottard s'il pouvait à la fois la comprendre et la formuler
dans ce langage des clichés qu'il ne maîtrise pas encore : « A
bon entendeur, salut ! »

Contre-épreuve : M. de Cambremer ayant esquissé le
mouvement de céder sa place à Charlus, celui-ci feint de
prendre ce geste comme un hommage rendu à son rang et,
croyant à juste titre ne pouvoir « mieux établir son droit à
cette préséance qu'en la déclinant », se confond en protestations véhémentes, appuyant de toutes ses forces sur les
épaules du hobereau, qui ne s'était nullement levé, comme
pour le forcer à se rasseoir. « Vous me faisiez penser, ajoute-
t-il, en voulant que je prisse votre place, à un monsieur qui
m'a envoyé ce matin une lettre en l'adressant : « A son Altesse,
le baron de Charlus », et qui la commençait par : « Monsei-
gneur. » — En effet, votre correspondant exagérait un peu »,
répondit M. de Cambremer en se livrant à une discrète
hilarité. M. de Charlus l'avait provoquée ; il ne la partagea
pas. « Mais dans le fond, mon cher, dit-il, remarquez que,
héraldiquement parlant, c'est lui qui est dans le vrai [2]... »
On n'est jamais trop clair en province.

La vie mondaine exige donc, comme la diplomatie, un art
du chiffre et une habitude de la traduction immédiate. De
même que l'emploi, dans un discours adressé à la France par
le tsar, du mot *allié* à la place du mot *ami* annonce, pour tout
initié, qu'à la prochaine guerre la Russie enverra cinq millions
d'hommes au secours de la France, un mot dit pour un autre
par le duc de Réveillon signifie qu'il invitera ou n'invitera
pas son interlocuteur à son prochain bal. Aussi le duc
surveille-t-il son langage avec autant de soin qu'un chef
d'État, et dose-t-il avec précision les amabilités qu'il adresse
à ses relations de vacances, disposant de quatre « textes »

1. II, 562-563.
2. II, 946.

dont les valeurs relatives sont d'une parfaite clarté pour qui
« sait vivre », autrement dit *sait lire* : « J'espère avoir le
plaisir de vous revoir à Paris chez moi / à Paris (tout court) /
de vous revoir (sans plus) / de vous revoir ici (aux eaux) »
Le premier fait invitation, le dernier est une condamnation
sans appel, les deux autres sont laissés à l'interprétation,
perspicace ou naïve, de l'intéressé ; mais cette dernière éventualité est encore couverte : « Quant aux naïfs, ceux qui
l'étaient le plus ne s'avisaient pas de répondre : « Bien certainement j'irai vous voir », car la figure du duc de Réveillon
était éloquente et on pouvait en quelque sorte y lire ce qu'il
eût répondu dans différents cas. Dans celui-ci on entendait
d'avance le glacial « C'est trop aimable », suivi de la brusque
suppression de la poignée de main qui eût à jamais détourné
l'infortuné de donner suite à un projet aussi insensé [1]. »
L'expression muette du visage sert donc ici de glose ou de
guide-âne à un éventuel Cottard ou Cambremer de ville
d'eaux.

Cet aspect cryptographique de la conversation mondaine
lorsqu'elle engage certains intérêts explique que des diplo-
mates professionnels rompus à de tels exercices de transcodage
y fassent merveille, fussent-ils aussi parfaitement stupides que
M. de Norpois. La plus belle scène de négociation mondaine,
entièrement jouée sur un double registre entre deux acteurs
dont chacun traduit instantanément le discours chiffré de
l'autre, est celle qui met aux prises le dit Norpois et le prince
de Faffenheim dans *le Côté de Guermantes* [2]. Il s'agit — situation révélatrice s'il en est — d'une candidature : celle du
prince à l'Académie des Sciences morales et politiques. Mais
il faut, pour en bien juger, tenir compte de l'attitude de
Norpois à l'égard d'une première candidature, celle du père
de Marcel. L'influence de Norpois, qui dispose des deux
tiers des voix, son obligeance « proverbiale », son amitié

1. *Jean Santeuil*, Pléiade, p. 708-711.
2. II, p. 257-263.

marquée pour le postulant ne laissent en apparence aucun doute sur sa position, et Marcel, chargé de lui « glisser un mot » de l'affaire, reçoit de plein fouet un discours tout à fait inattendu, des plus chaleureusement décourageants, savante variation sur le thème obligé : votre père a mieux à faire, tous mes collègues sont des fossiles, il ne *faut pas* qu'il se présente, ce serait un pas de clerc, et s'il le faisait je pousserais l'affection pour lui jusqu'à lui refuser ma voix, qu'il attende donc qu'on vienne le supplier... conclusion : « j'aime mieux pour votre père une élection triomphale dans dix ou quinze ans [1] ». Étant simple demandeur et n'ayant rien à proposer, Marcel ne peut évidemment qu'avaler ce refus : c'est ici la candidature simple. Plus productive (textuellement) est la candidature négociable, où le postulant peut offrir une contrepartie en échange de ce qu'il sollicite. Encore faut-il que cette contrepartie réponde au désir, par hypothèse non formulable, du sollicité. L'histoire de la candidature Faffenheim devient donc celle d'une série de tâtonnements pour mettre la main sur la « bonne clef ». Les premières offres, citations élogieuses ou décorations russes, n'amènent que des amabilités sans conséquence et des réponses telles que : « Ah! je serais très heureux! (de vous voir à l'Académie) », qui ne pourraient tromper qu' « un naïf, un docteur Cottard » (toujours étalon de la naïveté), qui se serait dit : « Voyons... il me dit qu'il serait heureux que je sois de l'Académie, les mots ont tout de même un sens, que diable! » Or, contrairement à ce que pense Cottard, les mots n'ont pas un sens : ils en ont plusieurs. C'est ce que le prince, lui, sait aussi bien que son partenaire, « formé à la même école ». L'un comme l'autre savent ce que peut contenir « une parole officielle apparemment insignifiante », et que le destin du monde ne sera pas annoncé par l'apparition des mots *guerre* ou *paix*, mais signifié « par un autre, banal en apparence, terrible ou béni, que le diplomate, à l'aide de

1. II, p. 226.

son chiffre, saurait immédiatement lire... Or, dans une affaire privée comme cette présentation à l'Institut, le prince avait usé du même système d'inductions qu'il avait fait dans la carrière, de la même méthode de lecture à travers des symboles superposés ». Il fait obtenir à Norpois le cordon de Saint-André, qui ne lui vaut qu'un discours semblable à celui que nous avons déjà résumé plus haut. Un long article flatteur dans la *Revue des Deux Mondes* : l'ambassadeur répond qu'il ne sait « comment exprimer sa gratitude ». Lisant dans ces mots, comme à livre ouvert, son nouvel échec, et puisant dans le sentiment de l'urgence une inspiration salvatrice, Faffenheim répond apparemment comme l'aurait fait Cottard : « Je vais avoir l'indélicatesse de vous prendre au mot. » Mais ce « prendre au mot » n'est pas ici, comme il le serait chez Cottard, à prendre lui-même à la lettre. C'est encore un astéisme, puisque la « demande » que va faire le prince est en réalité une offre — et cette fois, comme le laisse prévoir sa présentation antiphrastique, signe de certitude et anticipation du succès, cette offre est la bonne : il s'agit d'obtenir de Mme de Villeparisis (très ancienne, on le sait, et quasi conjugale liaison de Norpois) qu'elle veuille bien consentir à venir dîner avec la reine d'Angleterre. La réussite est maintenant tellement sûre que le prince peut feindre de retirer sa candidature, c'est l'ambassadeur qui le retiendra : « Il ne faut surtout pas renoncer à l'Académie; je déjeune précisément de demain en quinze chez Leroy-Beaulieu, etc. »

Plus brutalement — mais cette brutalité même a le mérite de mettre en évidence le caractère *double* du discours mondain — une scène de *Jean Santeuil* [1] nous présente côte à côte les phrases prononcées dans un salon et leur « traduction ». Jean ayant été invité en quatorzième chez Mme Marmet, la maîtresse de maison croit devoir, pour les autres convives, justifier cette présence mondainement peu glorieuse; d'où

1. Pléiade, p. 668-673.

des énoncés tels que : « Votre père n'a pas été fâché qu'on vous enlève ainsi au moment de se mettre à table ? » (Traduction : « Vous entendez bien, vous tous, c'était pour que vous ne soyez pas treize, c'est tout à fait à la dernière heure, etc. »); « Allons, Julien, as-tu présenté ton ami à ces messieurs ? » (Traduction : « Ne croyez pas que ce soit de mes relations, c'est un camarade de classe de mon fils »); « Votre père est si bon de recommander Julien chaque fois qu'il se présente à un examen aux Affaires étrangères » (Traduction : « Ce n'est pas si bête de l'inviter puisqu'il est utile à Julien »). Même procédé à la fin de la soirée : Mme Sheffler : « Comme la princesse est belle ! Elle m'est très sympathique parce qu'on dit qu'elle est très intelligente, mais je ne la connais pas quoique nous ayons les mêmes amies » (Traduction : « Allons, présentez-moi »). — Mme Marmet : « Oh ! elle est délicieuse. Mais vous ne prenez pas de thé, vous ne voulez rien, ma chère ? » Faut-il traduire ?

Formé à l'art de la traduction par les énoncés de ce genre, dont la duplicité est à peu près ouverte, et qu'il est pour ainsi dire obligatoire, pour l'exercice de la vie mondaine, de savoir interpréter, le héros proustien est donc prêt [1] à affronter des formes d'énoncés plus proches de ce que nous avons appelé parole révélatrice, et dont la signification réelle ne peut être atteinte que malgré — et généralement à l'insu de — celui qui les profère.

Le langage est, dans le monde de la *Recherche*, l'un des grands révélateurs du snobisme, c'est-à-dire à la fois de la hiérarchisation de la société en castes sociales et intellectuelles et du mouvement incessant d'emprunts et d'échanges qui

---

1. Ce mot ne doit toutefois pas faire croire à une véritable succession chronologique : les deux formes d'apprentissage, dans la *Recherche*, sont en fait simultanées.

ne cesse d'altérer et de modifier la structure de cette hiérarchie. La circulation des modes d'expression, des traits et des tics de langage, caractérise cette vie sociale au moins autant que celle des noms et des titres nobiliaires, et à coup sûr bien davantage que celle des biens et des fortunes. La stabilité stylistique y est aussi exceptionnelle que la stabilité sociale ou psychologique, et, de la même manière, elle semble être le privilège un peu miraculeux de la famille du Narrateur, et particulièrement de la mère et de la grand-mère, enfermées dans le refuge inviolable du bon goût classique et du parler Sévigné. Un autre miracle, mais celui-là plutôt d'équilibre que de pureté, protège le style d'Oriane, synthèse subtile d'un héritage provincial, presque paysan, et d'un dandysme ultra-parisien qu'elle partage avec son ami Swann (et qu'imite avec maladresse l'ensemble de la coterie Guermantes), fait de litotes, d'une affectation de légèreté et de dédain pour les sujets « sérieux », d'une manière détachée de prononcer toujours comme en italiques ou entre guillemets les locutions jugées prétentieuses ou prudhommesques. Norpois et Brichot resteront jusqu'au bout fidèles à leurs styles, enfilade solennelle de clichés pour le diplomate, mélange de cuistrerie et de familiarité démagogique pour le sorbonnard (« plaisanteries de professeur de seconde qui fraye avec les premiers de sa classe pour la Saint-Charlemagne [1] »), mais ces deux langages finiront par se rejoindre, dans leurs articles de guerre, en un même paroxysme de rhétorique officieuse, au point que les éditeurs en viennent [2] à soupçonner une confusion de personnes. Le vieillissement de Charlus est noté, au début de *la Prisonnière*, par une brusque féminisation du ton et des tournures, jusque-là corsetés dans une rhétorique puissante, et par « l'extension extraordinaire qu'avaient prise dans sa conversations certaines expressions qui avaient proliféré et revenaient maintenant à tout moment,

1. III, p. 711.
2. III, p. 1248.

par exemple : « l'enchaînement des circonstances », et auxquelles la parole du baron s'appuyait de phrase en phrase comme à un tuteur nécessaire [1] » : invasion du style par le stéréotype qui entraîne Charlus du côté de Norpois (rappelons qu'à l'époque de *Contre Sainte-Beuve* les deux personnages étaient encore confondus), ou de son propre frère Basin, dont la maladresse verbale se conforte à intervalles réguliers de locutions explétives comme : « Que voulez-vous que je vous dise ? [2] ». Même l'élégance de Swann ne résiste pas à la fréquentation de petits-bourgeois prétentieux que lui impose son mariage avec Odette. Il lui arrivera de dire d'un directeur de cabinet ministériel : « Il paraît que c'est une capacité, un homme de premier ordre, un individu tout à fait distingué. Il est officier de la Légion d'honneur », phrases bouffonnes dans la bouche d'un familier des Guermantes, pilier du Jockey Club, mais devenues inévitables dans celle du mari d'Odette [3].

Nul donc, ou presque, n'est à l'écart de ce mouvement du langage social, et l'adoption d'un tour peut être le signe infaillible d'une dégradation, ou d'une promotion, ou encore d'une prétention qui le plus souvent ne fait qu'anticiper sur la prochaine étape d'une carrière mondaine. Promotion dans la hiérarchie des classes d'âge, on a vu quelle conclusion Marcel pouvait tirer de l'apparition de certains mots dans le vocabulaire d'Albertine, mais il avait déjà observé à Balbec que les jeunes filles de la petite bourgeoisie acquièrent à des moments bien déterminés le droit d'employer telles locutions que leurs parents gardent pour elles en réserve et comme en usufruit : Andrée est encore trop jeune pour pouvoir dire de

1. III, p. 212.
2. II, p. 530. Proust ajoute : « C'était pour lui, entre autres choses, comme une question de métrique », ce qui fait curieusement penser au « Le dirai-je ? » de Michelet, où il voit « non une précaution de savant, mais une cadence de musicien » (III, p. 161).
3. I, p. 513; « ce n'est pas ainsi que Swann parlait autrefois », commente Marcel.

certain peintre : « Il paraît que *l'homme* est charmant »; cela
viendra « avec la permission d'aller au Palais-Royal »; pour
sa première communion, Albertine avait reçu en présent
l'autorisation de dire : « Je trouverais cela assez terrible[1]. »
Promotion sociale, surtout. Marcel découvre dans le salon
de Swann le chic et la volupté de prononcer « Commen
allez-vous ? » sans liaison, et *odieux* avec un *o* ouvert, et
s'empresse de rapporter chez lui ces précieux gages d'élégance. On sait de quelle collection d'anglicismes s'agré-
mente, dès ses premiers pas, la patiente carrière d'Odette;
devenue Mᵐᵉ Swann, elle empruntera au milieu Guermantes,
par le truchement de son mari, des mots et des tournures
qu'elle répétera elle aussi jusqu'à l'ivresse, « les expressions
que nous avons récemment empruntées aux autres étant
celles, au moins pendant un temps, dont nous aimons le plus
à nous servir[2] ». Le privilège de pouvoir nommer « Grigri »,
« Babal », « Mémé », « La Pomme » d'aussi augustes personnes
que le prince d'Agrigente, M. de Bréauté (Hannibal),
M. de Charlus (Palamède) ou Mᵐᵉ de la Pommeraye est
un signe extérieur d'aristocratie qu'aucune débutante ne se
dispenserait d'exhiber, et l'on se rappelle que Mˡˡᵉ Legrandin
a épousé un Cambremer pour pouvoir dire un jour, sinon,
comme d'autres jeunes mariées de plus haut parage, « ma
tante d'Uzai » (Uzès) ou « mon onk de Rouan » (Rohan),
au moins, selon l'usage de Féterne, « mon cousin de Ch'nou-
ville » — le prestige, somme toute modeste, de l'alliance étant
rehaussé par l'exclusivité de la prononciation[3]. Et comme
l'aristocratie est « chose relative » et le snobisme une attitude
universelle (la conversation de la « marquise » au petit pavillon
des Champs-Élysées est « on ne peut plus Guermantes et
petit noyau Verdurin[4] »), on voit le liftier du Grand Hôtel

1. I, p. 909-910.
2. I, p. 504, 511, 510.
3. II, p. 819.
4. II, p. 312.

s'appliquer, en prolétaire moderne, à « effacer de son langage la trace du régime de la domesticité », remplaçant soigneusement livrée par « tunique » et gages par « traitement », désignant le concierge ou le voiturier comme ses « chefs » pour dissimuler sous cette hiérarchie entre « collègues » la vieille et humiliante opposition des maîtres et des serviteurs que sa fonction réelle perpétue malgré lui : aussi Françoise devient-elle dans son discours « cette *dame* qui vient de sortir » et le chauffeur « ce *monsieur* avec qui vous êtes sorti », désignation inattendue qui révèle à Marcel « qu'un ouvrier est tout aussi bien un monsieur que ne l'est un homme du monde. Leçon de mots seulement, précise-t-il, car, pour la chose, je n'avais jamais fait de distinction entre les classes ». Distinguo en vérité fort contestable, dénégation plus que suspecte pour qui se souvient d'avoir trouvé dans le discours du même Marcel une assertion comme celle-ci : « le nom d'employé est, comme le port de la moustache pour les garçons de café, une satisfaction d'amour-propre donnée aux domestiques [1]. » Quand les « mots » sont chargés de connotations aussi lourdes, la leçon de mots est bien une leçon de choses.

Mais l'ambition mondaine, le prestige des classes supérieures ne sont pas la seule voie par laquelle le snobisme agit sur le langage. Proust lui-même mentionne comme une « loi du langage » le fait que l'on s'exprime « comme les gens de sa caste mentale et non de sa caste d'origine [2] » : nouvelle explication des vulgarismes du duc de Guermantes, et formule même du « jargon de cénacle » emprunté par Saint-Loup à Rachel, par lequel le jeune aristocrate blasé s'intègre spirituellement à une nouvelle caste, socialement inférieure à la sienne, et dont la supériorité intellectuelle sur un Swann ou un Charlus est loin d'être certaine, mais qui revêt à ses yeux tous les charmes de l'exotisme, et dont l'imitation lui fait éprouver comme un frisson d'initiation. Aussi, lorsqu'il

1. I, p. 799; II, p. 855, 790; I, p. 800; II, p. 1026; I, p. 800.
2. II, p. 236.

entend son oncle affirmer qu'il y a plus de vérité dans une tragédie de Racine que dans tous les drames de Victor Hugo, s'empresse-t-il de glisser à l'oreille de Marcel : « Préférer Racine à Victor, c'est quand même quelque chose d'énorme ! Il était, ajoute le narrateur, sincèrement attristé des paroles de son oncle, mais le plaisir de dire « quand même » et surtout « énorme » le consolait [1]. » Une « loi du langage » que Proust, à défaut de l'énoncer, illustre de plusieurs manières, semble être que tout langage fortement caractérisé, que ce soit dans son lexique, dans sa syntaxe, dans sa phraséologie, dans sa prononciation ou dans tout autre trait, qu'il s'agisse d'un style d'auteur (voir la force de contagion du style de Bergotte), d'un jargon intellectuel, d'un parler de groupe, d'un patois, exerce sur ceux qui le rencontrent, oralement ou par écrit, une fascination et une attraction proportionnelles, non pas tant au prestige social ou intellectuel de ceux qui le parlent ou l'écrivent, qu'à l'amplitude de son « écart » et à la cohérence de son système. A la caserne de Doncières, le jeune licencié ès lettres s'applique avec pédantisme à imiter les tournures argotiques et la syntaxe populaire de ses compagnons analphabètes (« Voyons, vieux, tu veux nous la faire à l'oseille », « Tu parles qu'en voilà un qui ne doit pas être malheureux »), « étalant les nouvelles formes grammaticales qu'il n'avait apprises que de fraîche date et dont il était fier de parer sa conversation [2] ». De même, pendant la guerre, et sans que le patriotisme y soit pour grand chose, toute une société, de la duchesse au maître d'hôtel, s'exerce à parler le langage du jour, *G.Q.G.*, *poilus*, *caviarder*, *limoger*, *embusqué*, avec un plaisir égal, et identique, à celui que procuraient quelques années plus tôt l'usage du *Babal* et du *Mémé*; et c'est peut-être plus encore par contagion verbale que par désir de se donner de l'importance que Mme Verdurin dit « *Nous* exigeons du roi de Grèce, *nous* lui envoyons, etc. », et Odette « Non, je ne crois

1. I, p. 763.
2. II, p. 94.

pas qu'ils prendront Varsovie » ou « Ce que je ne voudrais pas, c'est une paix boiteuse » : son admiration pour « nos loyaux alliés » n'est-elle pas d'ailleurs l'exaltation de son ancienne anglomanie linguistique, et ne projette-t-elle pas celle-ci sur Saint-Loup quand elle annonce avec une malencontreuse fierté que son gendre « connaît maintenant l'argot de tous les braves *tommies* [1] » ? Pour tous en effet — sauf sans doute pour ceux qui la « font », non comme la « fait » Clémenceau, mais en la subissant — la guerre, comme tant d'autres situations historiques, est d'abord un « argot ».

En apparence, ces formes élémentaires de la comédie sociale ne comportent aucune ambiguïté, et ne présentent aucune difficulté sémiologique, puisqu'un trait de langage s'y trouve ouvertement proposé comme connotateur d'une qualité à laquelle il est lié par une sémiosis tout à fait transparente : anglicisme = « distinction », emploi du diminutif = « familiarité avec le milieu aristocratique », etc. Il faut cependant observer que l'apparente simplicité du rapport de signification recouvre au moins deux types de relation très distincts selon l'attitude adoptée par le destinataire du message. La première, que l'on peut qualifier, dans le vocabulaire proustien, de « naïve », et qui est évidemment celle que souhaite le destinateur et que postule son discours, consiste à interpréter le connotateur comme un *indice*, au sens courant du terme, c'est-à-dire comme un effet signifiant sa cause : « Cette jeune femme dit « Grigri » *parce qu*'elle est intime avec le prince d'Agrigente. » L'autre attitude consiste au contraire à recevoir le connotateur comme un *index* intentionnel, et donc à lire un rapport de finalité dans ce qui était présenté comme un rapport de causalité : « Cette jeune femme dit « Grigri » *pour* montrer qu'elle est intime avec le prince d'Agrigente. » Mais on voit immédiatement que cette modification du rapport sémiotique entraîne une modification du signifié lui-même : car si le connotateur reçu comme

I. III, p. 729, 733, 788, 789.

indice signifie bien ce qu'il est chargé de signifier, ce même connotateur *réduit* à l'état d'index ne peut plus signifier que l'*intention* signifiante, et donc l'*exhibition* de l'attribut connoté. Or, dans le système des valeurs proustiennes, un attribut exhibé est inévitablement déprécié (par exemple, la « distinction » affichée devient affectation) et, qui plus est, presque inévitablement contesté en vertu de cette loi, qu'on n'éprouve jamais le besoin d'exhiber ce que l'on possède, et dont la possession vous est, par définition, indifférente : ainsi Swann, si désireux, quand il aimait Odette, de lui signifier son indifférence le jour où il serait détaché d'elle, se garde-t-il bien de le faire quand il en est devenu capable; au contraire, il lui dissimule avec soin ses infidélités; avec son amour, dit Proust, il a perdu le désir de montrer qu'il n'a plus d'amour; du point de vue qui nous occupe ici, on dira plutôt qu'en acquérant cet avantage qu'est l'indifférence il a perdu le désir de le manifester [1]. Lorsque Charlus, à sa première apparition à Balbec, veut se donner une « contenance » pour détourner les soupçons de Marcel qui a surpris son regard insistant, il tire sa montre, regarde au loin, fait « le geste du mécontentement par lequel on croit faire voir qu'on a assez d'attendre, *mais qu'on ne fait jamais quand on attend réellement* [2] ». Cette incompatibilité de l'être et du paraître annonce donc comme fatal l'échec du signifiant, qu'il soit verbal ou gestuel. Marcel, certain d'être enfin présenté par Elstir à la « petite bande » des jeunes filles, se dispose à afficher « la sorte de regard interrogateur *qui décèle non la surprise, mais le désir d'avoir l'air surpris* — tant chacun, ajoute-t-il, est un mauvais acteur, ou le prochain, un bon physiognomoniste [3]. »

1. I, p. 525; même observation à propos de Marcel détaché de Gilberte, II, p. 713.
2. I, p. 752, souligné par nous. Quelques lignes plus bas : « Il exhala le souffle bruyant des personnes qui ont non pas trop chaud mais le désir de montrer qu'elles ont trop chaud. »
3. I, p. 855 (souligné par nous). A noter que *Jean Santeuil* (III, p. 30) disait exactement le contraire : « Nos interlocuteurs prêtent à ce que nous disons une

Aussi le message exhibiteur est-il immédiatement déchiffré comme message simulateur, et la proposition « Elle dit « Grigri » pour *montrer* que... » transformée en « Elle dit « Grigri » pour *faire croire* que... », et c'est ainsi que l'indice réduit en vient à indiquer presque infailliblement le contraire de ce qu'il devait indiquer, le rapport de causalité s'inversant *in extremis* au détriment de l'intention signifiante : elle dit « Grigri » parce qu'elle ne connaît pas le prince d'Agrigente, Charlus n'attend personne puisqu'il regarde sa montre, Marcel a l'air surpris, donc il ne l'est pas. La faillite de la signification « mensongère » est ainsi sanctionnée non par la simple absence du signifié visé, mais par la production du signifié contraire, qui se trouve être justement la « vérité » : c'est en cette ruse de la signification que consiste le langage révélateur, qui est par essence un langage indirect, langage qui « décèle » ce qu'il ne dit pas, et précisément parce qu'il ne le dit pas. « La vérité, dit Proust, n'a pas besoin d'être dite pour être manifestée [1] »; mais ce n'est guère forcer son propos que de traduire : la vérité ne peut être manifestée que lorsqu'elle n'est pas dite. A la maxime bien connue, selon laquelle le langage a été donné à l'homme pour dissimuler sa pensée, il faudra donc ajouter : mais c'est en la dissimulant qu'il la révèle. *Falsum index sui, et veri.*

Proust semble accorder une attention toute particulière — et nous en verrons plus loin la raison — aux occurrences où la

attention si distraite ou si indifférente, que l'on nous croit distraits quand nous sommes les plus attentifs, et que les jeux de physionomie, les gaffes, les méprises que nous croyons devoir le plus crever les yeux passent presque toujours inaperçus. » Il serait bien vain de tenter de *réduire* cette contradiction par quelque différence de contexte ou « évolution » de la pensée de Proust : les deux « vérités » coexistent sans se connaître, en se *tournant le dos*.

1. II, p. 66.

parole (dis)simulatrice est démentie par l'expression mimique ou gestuelle. En voici trois exemples très clairs dont le couple Guermantes fera encore les frais. Oriane : « A cette nouvelle, les traits de la duchesse respirèrent le contentement et ses paroles l'ennui : Ah! mon Dieu, encore des princes ». Basin : « Je suis brouillé avec les noms, ce qui est bien désagréable, dit-il avec un air de satisfaction. » Basin encore, sous une forme un peu plus développée : « Moi qui n'ai pas l'honneur de faire partie du ministère de l'Instruction publique, répondit le duc avec une feinte humilité, mais avec une vanité si profonde que sa bouche ne pouvait s'empêcher de sourire et ses yeux de jeter à l'assistance des regards pétillants de joie [1]. » La *feinte* est évidemment à chaque fois dans le discours verbal, et ce sont l'*air*, les *traits*, la *bouche*, les *yeux*, qui *ne peuvent s'empêcher* d'exprimer le sentiment *profond*. Il est possible, certes, que l'inconscience ou la volonté de dissimulation ne soient pas très marquées ici chez Basin, qui ne (se) fait pas vraiment mystère du mépris dans lequel il tient autrui en général et les fonctionnaires de l'Instruction publique en particulier; et donc que *ne pouvoir s'empêcher* signifie ici *ne pouvoir se priver* du plaisir de le manifester. Selon cette hypothèse, nous serions encore, avec ces deux derniers exemples, dans l'univers de la rhétorique ouverte — à ceci près qu'il s'agirait non plus d'une rhétorique de la politesse, mais de l'insolence, dont il ne faut pas sous-estimer l'importance en milieu Guermantes. Mais cette interprétation ne s'applique évidemment pas au cas de la duchesse, qui ne peut en aucune manière souhaiter, ni même supporter qu'on apprenne (à supposer qu'elle se l'avoue à elle-même) à quel point la compagnie des princes lui est agréable. Encore moins imaginerait-on que le snobisme artistique de Mme de Cambremer veuille avouer sa propre ignorance de *Pelléas*, qu'elle vient de proclamer chef d'œuvre, quand, à une allusion plus précise de Marcel, elle répond « Je crois bien que je sais »; mais

1. II, p. 586, 231, 237.

« je ne sais pas du tout » était proclamé par sa voix et son visage, qui ne se moulaient à aucun souvenir, et par son sourire sans appui, en l'air [1]. » On retrouve ici les éléments de mimique (visage, sourire) déjà rencontrés chez Basin et Oriane, mais il faut noter l'apparition d'un autre révélateur, qui est la *voix*, séparée de l'expression verbale dont elle est pourtant l'instrument — mais un instrument rebelle, et infidèle. En fait, tout se passe chez Proust comme si le *corps*, et toutes les manifestations directement liées à l'existence corporelle : gestes, mimique, regard, émission vocale, échappaient plus facilement au contrôle de la conscience et de la volonté, et *trahissaient les premiers*, alors même que le discours verbal reste encore soumis à l'esprit du locuteur. Marcel parle des signes « écrits, comme avec de l'encre invisible », dans les traits et les gestes d'Albertine, et, se dénonçant ailleurs lui-même, reconnaît qu'il lui est souvent arrivé de dire « des choses où il n'y avait nulle vérité, tandis que je la manifestais par tant de confidences involontaires de mon corps et de mes actes, lesquelles étaient fort bien interprétées par Françoise [2] » : il y a donc plus de sagesse que de naïveté dans la façon dont Françoise (tout comme elle « vérifie » en regardant le journal, qu'elle ne sait pas lire, les informations que lui donne le maître d'hôtel) regarde la figure de Marcel pour s'assurer qu'il ne ment pas « comme si elle eût pu voir si c'était vraiment écrit [3] »; c'est vraiment écrit, et elle voit parfaitement cette « encre invisible ».

De cette autonomie du corps vient que l'expression gestuelle soit plus difficile à maîtriser que le langage verbal :

1. II, p. 822.
2. III, p. 424; II, p. 66.
3. II, p. 467. Elle est d'ailleurs fort capable, et cette fois volontairement, de s'exprimer elle-même dans le langage silencieux; condamnée qu'elle est par la tyrannie de ses maîtres à parler « comme Tirésias », par figures et par énigmes, « elle savait faire tenir tout ce qu'elle ne pouvait exprimer directement, dans une phrase que nous ne pouvions incriminer sans nous accuser, dans moins même qu'une phrase, dans un silence, dans la manière dont elle plaçait un objet » (II, p. 359).

il arrive à Odette de fort bien mentir en paroles, mais elle ne sait pas réprimer, peut-être parce qu'elle ne s'en aperçoit même pas, l'air accablé, désespéré qui se peint à chaque fois sur son visage. Et comme le mensonge est devenu chez elle une seconde nature, peut-être non seulement ne perçoit-elle pas la mimique qui la trahit, mais le mensonge lui-même : seul son corps, en elle, sait encore démêler le vrai du faux, ou plutôt, adhérant physiquement et comme substantiellement à la vérité, il ne peut dire que la vérité. Rien donc de plus imprudent que de vouloir mentir par gestes : nous l'avons vu avec Charlus et Marcel à Balbec, nul n'est assez bon comédien pour cela. Lorsque Swann l'interroge sur ses relations avec Mme Verdurin, Odette croit pouvoir nier ces relations d'un seul geste : hélas, ce signe (secouer la tête en fronçant la bouche) qu'elle a cru commander, son corps l'a choisi, avec la clairvoyance infaillible de l'automate, dans le répertoire non des négations, mais des refus, comme s'il avait à répondre non à une question, mais à une proposition. Voulant manifester qu'elle n'a jamais « rien fait » avec Mme Verdurin, elle ne peut obtenir de son corps que la mimique par laquelle il lui est sans doute arrivé parfois, et plutôt par « convenance personnelle » que par « impossibilité morale », de repousser ses avances. Ce démenti vaut donc pour un demi-aveu : « En voyant Odette lui faire *ainsi* le signe que c'était faux, Swann comprit que c'était *peut-être* vrai [1]. » Les deux mots que nous soulignons ont ici tout leur sens : c'est la *manière* dont Odette nie le fait qui en avoue la *possibilité*, et il va de soi que cette possibilité (c'est-à-dire la certitude du lesbianisme d'Odette) suffit à désespérer Swann. En une circonstance moins grave, nous voyons la princesse de Parme, peut-être meilleure comédienne que Mme de Cambremer, imposer à ses traits la mimique appropriée lorsqu'on lui parle d'un tableau de Gustave Moreau, peintre dont elle ignore jusqu'au nom, secouant la tête et souriant de toute

1. I, p. 362.

l'ardeur de son admiration supposée; mais l'atonie du regard, dernier refuge de la vérité traquée, suffit à démentir toute cette gesticulation faciale : « l'intensité de sa mimique ne parvint pas à remplacer cette lumière qui reste absente de nos yeux tant que nous ne savons pas de quoi on veut nous parler[1]. »

Ces situations apparemment marginales, où le discours se voit réfuté de l'extérieur par l'attitude de celui qui le profère, ont en réalité chez Proust une valeur tout à fait exemplaire, car c'est en quelque sorte sur leur modèle que s'élabore, au moins idéalement, la technique de lecture qui permettra au Narrateur de repérer et d'interpréter les traits, non plus extérieurs, cette fois, mais intérieurs au langage, par lesquels le discours se trahit et se réfute lui-même. De tels événements linguistiques (une tournure inhabituelle, un mot pour un autre, un accent inattendu, une répétition apparemment superflue, etc.) n'ont « de signification qu'au second degré », et ne la livrent qu'à la condition, dit Proust, « d'être interprétés à la façon d'un afflux de sang à la figure d'une personne qui se trouble, à la façon encore d'un silence subit[2] », c'est-à-dire, on le voit, à la façon d'un accident physique extérieur à la parole. Cette interprétation du langage verbal pris comme non verbal a quelque rapport — et c'est pourquoi nous l'avons qualifiée de *lecture* — avec le déchiffrement d'une écriture idéographique ou, plus exactement, au milieu d'un texte en écriture phonétique et pour un lecteur habitué au type de lecture qu'il appelle, d'un caractère soudain aberrant, incapable de fonctionner de la même manière que ceux qui l'entourent, et qui ne révélerait son sens qu'à la condition d'être lu non plus comme phonogramme mais comme idéogramme ou pictogramme, non plus comme signe d'un son mais comme signe d'une idée ou image d'une chose[3].

1. II, p. 520.
2. I, p. 929; III, p. 88.
3. Par exemple, et très communément, dans des énoncés tels que : « Il se tient droit comme un *i* », qui, même dans une communication orale, impliquent un détour par l'écriture.

En présence de tels énoncés, l'auditeur se trouve évidemment dans une situation symétrique de celle du lecteur de rébus, qui doit prendre l'image d'un objet comme valant pour une syllabe, ou encore de l'hypothétique premier homme qui aurait dû utiliser un idéogramme à des fins purement phonétiques. Aussi Marcel compare-t-il son apprentissage herméneutique à une marche « inverse de celle des peuples qui ne se servent de l'écriture phonétique qu'après n'avoir considéré les caractères que comme une suite de symboles. » Ainsi la parole devient-elle écriture, et le discours verbal, abandonnant sa linéarité univoque, un texte non seulement polysémique mais, si l'on peut employer le terme en ce sens, *polygraphique*, c'est-à-dire combinant plusieurs systèmes d'écriture : phonétique, idéographique, parfois anagrammatique : « Parfois l'écriture où je déchiffrais les mensonges d'Albertine, sans être idéographique, avait simplement besoin d'être lue à rebours »; c'est ainsi qu'une phrase comme « Je n'ai pas envie d'aller demain chez les Verdurin » est alors comprise comme « anagramme enfantin de cet aveu : j'irai demain chez les Verdurin, c'est absolument certain, car j'y attache une extrême importance [1] », l'extrême importance étant précisément connotée par la négation, comme un message écrit à l'envers prouve par ce seul effort, si élémentaire soit-il, de cryptographie, qu'il n'est pas tout à fait innocent.

De ces accidents de langage à interpréter comme autant de signes en quelque sorte extra-linguistiques, on trouvera un premier état dans ce que l'on pourrait nommer l'*allusion involontaire*. On sait que l'allusion — qui est une figure dûment répertoriée par la rhétorique, et que Fontanier range

1. III, p. 88. III, p. 91. Cf. I, p. 860; et II, p. 1023 : « les *signes inverses* par lesquels nous exprimons nos sentiments par leurs contraires ».

parmi les figures d'expression (tropes en plusieurs mots) par *réflexion*, où les idées énoncées évoquent indirectement d'autres idées non énoncées — est une des premières formes de langage indirect que rencontre Marcel, puisqu'elle anime, dès Combray, le discours des deux grand-tantes Céline et Flora (« Il n'y a pas que M. Vinteuil qui ait des voisins aimables » = « Merci de nous avoir envoyé une caisse de vin d'Asti [1] »). Fontanier définit l'allusion comme consistant à « faire sentir le rapport d'une chose qu'on dit avec une autre qu'on ne dit pas [2]. » Le lieu de ce rapport peut fort bien se réduire à un seul mot (auquel cas l'allusion rentre dans la catégorie des tropes proprement dits), comme dans l'exemple cité par Dumarsais [3], où une dame plus spirituelle que délicate rappelle à Voiture son origine populaire (il était fils d'un marchand de vin) en lui disant au cours d'un jeu de proverbes : « Celui-là ne vaut rien, *percez*-nous-en d'un autre. » Comme on le voit immédiatement, si une telle allusion avait été le fait de l'inadvertance, elle relèverait de ce que le langage social nomme la « gaffe » : l'allusion involontaire quand elle peut avoir une signification désobligeante, est une forme de la gaffe. Exemples simples, lorsque M. Verdurin, voulant signifier à Charlus qu'il le range parmi l'élite intellectuelle, lui déclare : « Dès les premiers mots que nous avons échangés, j'ai compris que vous *en étiez* », ou lorsque sa femme, agacée par la volubilité du même Charlus, s'écrie en le montrant du doigt : « Ah! quelle tapette! [4] » Mais ces occurrences n'ont qu'une valeur assez faible, parce qu'elles ne relèvent que de l'ignorance et de la coïncidence; M. et Mme Verdurin ne s'aperçoivent d'ailleurs nullement de l'effet de leurs paroles sur le baron. Plus grave est la situation de M. de Guermantes lorsque, voulant simplement rappeler à son frère sa passion précoce des voyages, il lui dit en public :

1. I, p. 25.
2. *Les Figures du discours*, p. 125.
3. *Les Tropes*, Slatkine Reprints, Genève, 1967, p. 189.
4. II, p. 941; III, p. 278.

« Ah! tu as été un type spécial, car on peut dire qu'en rien tu n'as jamais eu les goûts de tout le monde », énoncé dans lequel la proximité des mots « goûts » et « spécial », plus encore que l'affirmation d'une originalité essentielle, évoque dangereusement les « goûts spéciaux » de Charlus[1]. Plus grave, d'abord parce que, connaissant « sinon les mœurs, du moins la réputation de son frère », il peut craindre que celui-ci ne lui attribue à tort une intention désobligeante : aussi pique-t-il immédiatement un « soleil » plus accusateur encore que les deux mots malheureux; mais surtout parce que dans son cas l'allusion risque fort de n'être ni volontaire (comme il craint qu'elle n'apparaisse) ni vraiment fortuite (comme celles des Verdurin), mais bien, au sens le plus fort, involontaire, c'est-à-dire déterminée par la poussée d'une pensée réprimée, comprimée, et devenue pour cette raison même explosive. C'est le mécanisme bien connu de la gaffe par prévention, que Proust lui-même évoque dans un passage de *Jean Santeuil* où le héros, se rendant chez Mme Lawrence, qu'il sait snob et adultère, est troublé « comme s'il allait voir une personne atteinte d'une maladie particulière, à laquelle il faut prendre garde de faire allusion, et dès les premiers mots qu'ils échangèrent, il surveillait ses paroles comme quelqu'un qui se promène avec un aveugle fait attention à ne pas le cogner. Et il avait expulsé pour une heure de son cerveau les trois mots *snob, mauvaise conduite, M. de Ribeaumont*[2]. » Cette « expulsion » laisse craindre un « retour du refoulé » qui prendrait inévitablement la forme d'une gaffe, si en l'occurrence Jean n'était sauvé par l'empressement que met Mme Lawrence elle-même à parler — sous une forme détournée que nous considérerons de plus près tout à l'heure — de snobisme, d'adultère et de M. de Ribeaumont. Toute pensée obsédante est une menace constante pour la sécurité et l'intégrité du discours, « car le plus dangereux des recels,

1. Lequel reconstitue aussitôt le syntagme latent (II, p. 718).
2. Pléiade, p. 735.

c'est celui de la faute elle-même dans l'esprit du coupable [1] » de la faute, ou de n'importe quelle pensée refusée par le langage volontaire, et qui guette l'occasion de s'*exprimer* à travers ses failles. On se rappelle comment Swann, dans l'impossibilité de confier son amour pour Odette, saisit la perche involontairement tendue par Froberville, qui vient de prononcer les mots « massacré par les sauvages », pour évoquer Dumont d'Urville, puis La Pérouse — allusion métonymique (ô combien) à l'objet aimé, qui habite rue La Pérouse [2]. Des discours allusifs de Mme Desroches, Proust écrit dans *Jean Santeuil*, d'une façon énigmatique et décisive, « une force inconsciente soulevait ses paroles et la portait à révéler ce qu'elle disait vouloir cacher [3] ». On voit que l'allusion n'appartient pas seulement au répertoire de la comédie de salon : avec elle, nous entrons dans le domaine de ce que Baudelaire nous autoriserait peut-être à nommer la *rhétorique profonde*.

Sous sa forme la plus canonique, l'allusion consiste en l'emprunt d'un ou plusieurs éléments du discours allusif au matériel (par exemple, au vocabulaire) de la situation « allu-dée » : formes qui, proprement, trahissent leur origine, tout comme, dans la description bien connue de la mer à Balbec, l'apparition de mots comme *pentes, cimes, avalanches*, etc. révèle la comparaison implicite entre le paysage maritime et le paysage montagnard ; c'est évidemment le cas, par exemple, de l'adjectif « spécial » dans le discours de Basin à son frère. Quand Marcel, ayant enfin réussi à rencontrer la tante d'Albertine, annonce cette rencontre à Andrée comme s'il s'agissait d'une corvée, « 'Je n'en ai jamais douté un seul instant', s'écria Andrée d'un ton amer, pendant que son regard grandi et altéré par le mécontentement se rattachait à je ne sais quoi d'invisible. Ces paroles d'Andrée, ajoute le

1. II, p. 715.
2. I, p. 343.
3. Pléiade, p. 779.

Narrateur, ne constituaient pas l'exposé le plus ordonné d'une pensée qui peut se résumer ainsi : 'Je sais bien que vous aimez Albertine et que vous faites des pieds et des mains pour vous rapprocher de sa famille.' Mais elles étaient les débris informes et reconstituables de cette pensée que j'avais fait exploser, en la heurtant, malgré Andrée [1]. » Le commentaire de Proust, en insistant sur le caractère éclaté, informe et désordonné du discours d'Andrée, risque de masquer ce qui nous en paraît être le trait essentiel : « Je n'en ai jamais douté », dit Andrée, apparemment à propos de l'invitation d'Elstir qui permettra à Marcel de rencontrer Mᵐᵉ Bontemps; mais cette phrase se rapporte en fait à la volonté de Marcel, et donc à son amour pour Albertine — dénonçant du même coup la duplicité de celui-ci, la conscience qu'en a Andrée, et sans doute aussi sa jalousie à l'égard d'Albertine et donc son amour pour Marcel (à moins qu'il ne faille plutôt dire : sa jalousie à l'égard de Marcel, et donc son amour pour Albertine). Plus que d'un énoncé déformé, il s'agit encore, comme chez Basin, d'un énoncé *déplacé*.

C'est dans la même catégorie, me semble-t-il, qu'il faut ranger deux autres énoncés visiblement troublés et apparemment insignifiants, dont Proust lui-même, en tout cas, ne propose aucune interprétation. Le premier revient, une fois de plus, au duc de Guermantes : blackboulé à la présidence du Jockey Club par une cabale qui a réussi à utiliser contre lui les opinions dreyfusardes et les fréquentations juives d'Oriane, le duc ne manque pas de faire bonne figure et de manifester son juste dédain pour une fonction si fort au-dessous de son rang. « En réalité, il ne décolérait pas. Chose assez particulière, on n'avait jamais entendu le duc de Guermantes se servir de l'expression assez banale « bel et bien »; mais depuis l'élection du Jockey, dès qu'on parlait de l'affaire Dreyfus, « bel et bien » surgissait : « Affaire Dreyfus, affaire Dreyfus, c'est bientôt dit et le terme est impropre; ce n'est

1. I, p. 929.

pas une affaire de religion, mais *bel et bien* une affaire politique. » Cinq ans pouvaient passer sans qu'on entendît
« bel et bien », si pendant ce temps on ne parlait pas de
l'affaire Dreyfus, mais si, les cinq ans passés, le nom de
Dreyfus revenait, aussitôt « bel et bien » arrivait automatique-
ment [1]. » Il est évidemment imprudent de hasarder une
« interprétation » pour un exemple qui peut avoir été forgé
arbitrairement par Proust (c'est en fait peu probable), mais
on ne peut s'empêcher de penser que le « bel et bien » mécani-
quement lié dans le discours de Basin à l'affaire Dreyfus l'est
dans sa pensée à une conséquence, pour lui non négligeable,
de cette affaire, à savoir son propre échec au Jockey, où l'on a
vu un prince du premier rang *bel et bien* battu comme un
vulgaire hobereau de province : échec d'autant plus obsédant
que l'amour-propre l'empêche de manifester directement son
dépit, lequel trouve ainsi à s'exprimer d'une manière latérale,
par une métonymie de l'effet à la cause. L'autre exemple est
tiré d'animaux plus petits : Françoise étant entrée dans la
chambre de Marcel alors qu'Albertine était « toute nue contre
(lui) », celle-ci s'écrie : « Tiens, voilà la belle Françoise [2]. »
Mots si « anormaux » qu'ils « montrèrent d'eux-mêmes leur
origine » et que Françoise « n'eut pas besoin de regarder rien
pour comprendre tout et s'en alla en murmurant dans son
patois le mot de *poutana* ». On remarque ici que la seule
« anomalie » de l'énoncé suffit à Françoise pour inférer la
culpabilité d'Albertine; mais il ne s'ensuit pas qu'il faille
considérer cette anomalie comme aussi arbitraire dans sa
forme que semble l'indiquer Proust lorsqu'il écrit que
Françoise sentit ces mots « cueillis au hasard par l'émotion ».
Il n'y a évidemment pas de hasard dans ce genre de cueillette,
et si le détail du mécanisme nous échappe, avec tout ce que
le passé d'Albertine peut y introduire de motifs particuliers,
le lien entre la situation présente de la jeune fille et la « beauté »

1. III, p. 40.
2. III, p. 822.

que sa phrase prête à la vieille servante est assez manifeste, et donc, une fois de plus, la façon dont l'énoncé de surface emprunte à l'énoncé profond certains éléments qui, à tout le moins, troublent la « normalité » du premier, et parfois même permettent·de reconstituer le second. C'est sans doute au même type de mécanisme qu'il faut rapporter deux accidents de prononciation tout à fait parallèles : celui de l'ex-M\ue Bloch, à qui l'on demande brusquement son nom de jeune fille, et qui, sous le coup de la surprise, répond *Bloch* en prononçant à l'allemande, et celui de Gilberte qui dans les mêmes circonstances répond *Swann*, également à l'allemande : l'une et l'autre, sans doute, projetant dans l'énoncé même de leur nom l'attitude péjorative du milieu antisémite auquel elles se sont, autant que faire se peut, intégrées [1]. L'emprunt allusif ne porte ici que sur un seul phonème, produisant dans le discours un simple métaplasme, mais où il tient, comme on le voit, plus de choses qu'en « un long discours » [2].

Bien qu'il s'agisse dans tous ces cas (sauf les deux derniers, précisément) de productions de langage plus étendues, le rapprochement s'impose entre ces allusions involontaires et les lapsus étudiés par Freud. Dans les deux séries, il s'agit d'une contamination, d'ampleur variable, de l'énoncé de surface par l'énoncé profond censuré. On peut considérer la présence de « la belle » dans « voici la belle Françoise » comme

---

1. III, p. 823 et 585. Dans le second cas, Proust explique la déformation par le désir de « dénaturer un peu ce qu'elle avait à dire » pour rendre l'aveu moins pénible : cette explication n'exclut évidemment pas l'autre, le lapsus est ici surdéterminé, ou, si l'on préfère, déterminé à la fois par plusieurs aspects du complexe de reniement.

2. Dernier exemple de ce genre, la phrase du lift : « *Vous savez* que je ne l'ai pas trouvée *(Albertine)* » (II, p. 794) : en réalité, il sait très bien que Marcel l'apprend par cette phrase même, et il craint d'être réprimandé pour cette mission manquée ; « aussi disait-il « vous le savez » pour s'éviter à lui-même les affres qu'il traverserait en prononçant les phrases destinées à me l'apprendre ». Ici, un élément de l'énoncé de surface est emprunté à la situation souhaitée en profondeur, et qui se réalise utopiquement dans le discours.

équivalent à celle de « dig » dans « begleitdigen », *amalgame* [1] du « begleiten » que le locuteur voulait prononcer et du « beleidigen » qui obsède son inconscient [2]. Les « altérations de langage [3] » auxquelles s'attache Proust peuvent donc, dans leur forme comme dans leur genèse, être assimilées au lapsus freudien, quelles que soient d'autre part les différences qui séparent les deux théories; aux unes comme aux autres peut être appliquée la formule de Freud : « Comme la personne qui parle est décidée à ne pas faire apparaître (la tendance refoulée) dans le discours, elle commet un lapsus, c'est-à-dire que la tendance refoulée se manifeste malgré lui, soit en modifiant l'intention avouée, soit en se confondant avec elle, soit enfin en prenant tout simplement sa place [4]. » Aux unes comme aux autres, également, nous appliquerons cette formule de Proust, plus rigoureuse peut-être en son ambiguïté même : « magnifique langage, si différent de celui que nous parlons d'habitude, et où l'émotion fait dévier ce que nous voulions dire et épanouir à la place une phrase tout autre, émergée d'*un lac inconnu où vivent ces expressions sans rapport avec la pensée et qui par cela même la révèlent [5]* ».

Une variante de l'allusion à laquelle Proust accorde une attention toute particulière est la présence dans l'énoncé d'un terme non plus emprunté à la situation obsédante, mais indiquant d'une manière abstraite et en quelque sorte *vide* la référence à une situation qui n'est pas celle à laquelle se réfère explicitement cet énoncé. L'exemple typique de cette catégorie, instrument privilégié de la gaffe (et pas seulement chez Proust), c'est l'adverbe « justement », que Proust cite... justement dans la page analysée plus haut pour illustrer sa théorie de l'interprétation « idéographique » : M. de Cambremer, croyant Marcel écrivain, lui dit en parlant d'une récep-

1. Le mot est de Proust, III, p. 89.
2. *La Psychopathologie de la vie quotidienne*, trad. fr., Payot, 1963, p. 78.
3. II, p. 794.
4. *Introduction à la psychanalyse*, trad. fr., Petite Bibliothèque Payot, p. 53.
5. III, p. 822. Souligné par nous : est-il plus belle définition de l'inconscient?

tion chez les Verdurin : « Il y avait *justement* de Borelli ». Cet adverbe, dont la pertinence dans l'énoncé lui-même est évidemment nulle, fonctionne en réalité comme un geste, comme l'acte de se tourner en particulier vers l'un de ses auditeurs, pour lui signifier : « ceci vous concerne » : il ne sert qu'à manifester, sans le spécifier nommément, l'existence d'un rapport entre la situation à laquelle se rapporte l'énoncé et celle dans laquelle il est proféré, et, par ce rôle d'index de l'énonciation dans l'énoncé, il appartient à la catégorie de ce que Jakobson appelle *shifters*. Proust le dit « jailli dans une conflagration par le rapprochement involontaire, parfois périlleux, de deux idées que l'interlocuteur n'exprimait pas et duquel, par telles méthodes d'analyse ou d'électrolyse appropriées, je pouvais les extraire [1] ». Les deux idées qui se télescopent sont évidemment ici l'idée (référentielle) de la qualité d'écrivain de Borelli et l'idée (situationnelle) de la qualité d'écrivain de Marcel : rapport d'analogie, ou métaphorique. Métonymique, en revanche, celui que révèle ailleurs, par le même accident, le discours d'Andrée disant à Marcel : « J'ai *justement* vu la tante à Albertine. » [2] La traduction de l'adverbe est donnée cette fois par Proust lui-même : « J'ai bien démêlé sous vos paroles, jetées comme par hasard, que vous ne pensiez qu'à vous lier avec la tante d'Albertine. » Observons au passage que l'adverbe démasque ici, comme le « je n'en ai jamais douté un instant » de tout à l'heure, deux insincérités à la fois, celle d'Andrée (qui avait feint jusque-là d'être dupe) et celle de Marcel lui-même; mais relevons surtout le commentaire par lequel, une fois de plus, Proust rapproche ces accidents du discours des confidences muettes du corps : « (Le mot « justement ») était de la famille de certains regards, de certains gestes, qui, bien que n'ayant pas une forme logique, ration-

---

1. III, p. 89.
2. I, p. 928. Autre exemple, III, 178. Adverbe, ajoute Proust, « assez parent d'une expression chère à Mme Cottard : *Cela tombe à pic* ».

nelle, directement élaborée pour l'intelligence de celui qui écoute, lui parviennent cependant avec leur signification véritable, de même que la parole humaine, changée en électricité dans le téléphone, se refait parole pour être entendue. » Nous retrouvons ici le principe de l'interprétation « idéographique » : de telles paroles ne peuvent être directement absorbées (comprises) par l'intelligence de l'auditeur, pour qui, dans la continuité linéaire du discours, elles ne « font » pas sens; elles doivent être d'abord converties en gestes ou en regards, lues comme un geste ou un regard, et de nouveau traduites en paroles.

Ce premier type de révélation involontaire procède donc par insertion dans le discours proféré d'un fragment emprunté au discours réprimé (« bel et bien », « *belle* Françoise »), ou d'un terme qui ne peut s'expliquer que par référence au discours réprimé (« justement »). Un deuxième type comprend les énoncés dans lesquels la vérité refoulée s'exprime d'une manière en quelque sorte atténuée, soit par une diminution quantitative, soit par une altération qui, en l'arrachant à ses circonstances authentiques, la rend moins virulente et plus supportable. Exemple typique d'atténuation quantitative, dans le discours de la tante Léonie, et par contagion dans le discours de Combray en général, dont un des dogmes est l'insomnie perpétuelle de la valétudinaire, l'emploi de termes tels que « réfléchir » ou « reposer », qui désignent de façon pudique le sommeil de Léonie [1]. Lorsque Saint-Loup, longtemps et vivement sollicité par Marcel de le présenter à Oriane, doit enfin rendre compte de sa mission, il commence par dire qu'il n'a pas eu l'occasion d'aborder ce sujet : c'est le mensonge simple; mais il ne peut s'y tenir, et croit devoir ajouter : « Elle n'est pas gentille du tout, Oriane, ce n'est

1. I, p. 51.

plus mon Oriane d'autrefois, on me l'a changée. Je t'assure qu'elle ne vaut pas la peine que tu t'occupes d'elle. » Cette addition est évidemment destinée dans l'esprit de Saint-Loup à mettre fin aux instances de Marcel en détournant son désir, et de fait il lui propose aussitôt un autre objet en la personne de sa cousine Poictiers ; mais le choix du prétexte (« Elle n'est pas gentille ») est bien une trace (au sens chimique du terme : une quantité très faible, non mesurable) de la vérité, à savoir qu'Oriane a refusé, ou même que, sachant qu'elle refuserait, Robert n'a pas même essayé de lui faire rencontrer Marcel ; aussi celui-ci comprend-il bien qu'en parlant ainsi Saint-Loup « se trahit naïvement [1]. » Mais l'exemple le plus caractérisé de cet usage homéopathique de la vérité dans le mensonge est le discours où Bloch, dont on connaît la spectaculaire judaïté, parle de la « part, assez mince d'ailleurs (de ses sentiments), qui peut tenir à (ses) origines juives », ou d'un « côté assez juif chez (lui) qui reparaît », « en rétrécissant sa prunelle comme s'il s'agissait de doser au microscope une quantité infinitésimale de sang juif ». Il juge à la fois brave et spirituel de dire la vérité, mais cette vérité, il s'arrange pour « l'atténuer singulièrement, comme les avares qui se décident à acquitter leurs dettes, mais n'ont pas le courage d'en payer que la moitié [2] ». Il y a évidemment dans cet aveu atténué une part, encore, de manœuvre consciente, qui consiste (fort naïvement ici) à tenter d'écarter l'éventuel soupçon de l'interlocuteur en le fixant sur la petite part de vérité qu'on lui offre, un peu comme Odette mêle parfois à ses mensonges un « détail véritable » et inoffensif que Swann pourra contrôler sans dommage pour elle. Mais l'exemple même d'Odette montre que cette ruse n'est pas la raison essentielle de la présence d'une vérité-témoin dans le discours mensonger ; cette raison, c'est une fois de plus la présence obsédante du vrai, qui cherche par tous les moyens à se faire un chemin et à se produire au milieu

1. II, p. 146.
2. I, p. 746.

du faux : « Dès qu'elle se trouvait en présence de celui à qui elle voulait mentir, un trouble la prenait, toutes ses idées s'effondraient, ses facultés d'invention et de raisonnement étaient paralysées, elle ne trouvait plus dans sa tête que le vide, il fallait pourtant dire quelque chose, et elle rencontrait à sa portée précisément la chose qu'elle avait voulu dissimuler et qui, étant vraie, était seule restée là [1]. » Et l'on peut inférer des autres formes que prend chez Bloch, comme on le verra plus loin, l'aveu involontaire de sa judaïté, qu'elle est aussi pour lui une parole non pas certes inconnue, mais refusée, réprimée, et pour cette raison même irrépressible.

Si ces atténuations quantitatives relèvent de ce que la rhétorique considérerait comme une synecdoque descendante (dire une part de la vérité pour son tout), d'autres peuvent procéder au contraire par synecdoque ascendante : ce sont les généralisations grâce auxquelles la vérité particulière se dilue en quelque sorte dans un discours plus vague et d'allure théorique, universelle ou éventuelle, comme lorsque Joas dit « en pensant exclusivement à Athalie », mais sous forme de maxime générale,

> Le bonheur des méchants comme un torrent s'écoule [2].

Ainsi la princesse de Guermantes, amoureuse de Charlus, trouve-t-elle à exprimer cet amour à travers des considérations comme : « Je trouve qu'une femme qui s'éprendrait d'un homme de l'immense valeur de Palamède devrait avoir assez de hauteur de vues, assez de dévouement, etc. [3]. »

Le dernier mode d'atténuation, par modification des circonstances, procède plutôt par glissement métonymique : voulant à la fois exhiber en général ses relations avec Morel et cacher en particulier qu'il l'a rencontré dans l'après-midi, Charlus déclare qu'il l'a vu ce matin, ce qui n'est ni plus ni

1. I, p. 278.
2. Cité I, p. 108, à propos des récriminations obliques de Françoise.
3. II, p. 715.

moins innocent; mais « entre ces deux faits la seule différence, dit Proust, est que l'un est mensonger et l'autre vrai [1] ». En fait, seule la circonstance diffère, la vérité reste dite pour l'essentiel. La nécessité de mentir et le sourd désir d'avouer se composent ici non plus comme deux forces de sens opposés, mais comme deux forces de directions différentes, dont la résultante est une déviation : étrange mixte de l'aveu et de l'*alibi*.

La troisième et dernière forme d'aveu involontaire répond elle aussi à un principe énoncé, quelques années plus tard, par Freud : « Un contenu refoulé de représentation ou de pensée peut s'introduire dans la conscience sous la condition qu'il se fasse *nier*. La négation est une manière de prendre conscience de ce qui est refoulé, mais qui n'est cependant pas une admission de ce qui est refoulé [2]. » Cette intrusion du contenu refoulé dans le discours, mais sous forme négative, que Freud nomme *Verneinung* et que l'on traduit généralement, après Lacan, par *dénégation* [3], répond évidemment à la forme rhétorique de l'antiphrase [4]. Proust cite au moins deux exemples, d'ailleurs très proches, d'énoncés pour ainsi dire nécessairement dénégatifs, et qu'on ne profère jamais que pour (se) dissimuler une réalité précisément inverse. Le premier (« Cela n'a aucune espèce d'importance ») est produit par Bloch lorsqu'il apprend que sa prononciation « laïft » est incorrecte :

1. III, p. 213.
2. *Die Verneinung*, 1925, trad. fr. (« La négation ») in *Revue française de psychanalyse*, 1934, 7, n° 2, p. 174-177.
3. Le terme se trouve d'ailleurs chez Proust : « C'est le propre de l'amour de nous rendre à la fois plus défiants et plus crédules, de nous faire soupçonner, plus vite que nous n'aurions fait une autre, celle que nous aimons, et d'ajouter foi plus aisément à ses dénégations » (II, p. 833).
4. On a déjà vu que Proust qualifie métaphoriquement les dénégations d'Albertine d'*anagrammes*, parce qu'elles doivent être lues à l'envers.

occasion certes futile, mais cette phrase, observe Proust, est
« la même chez tous les hommes qui ont de l'amour-propre,
dans les plus graves circonstances aussi bien que dans les plus
infimes; dénonçant alors, aussi bien que dans celle-ci,
combien importante paraît la chose en question à celui qui la
déclare sans importance [1] ». Le second (« Après tout, on s'en
fiche ») est la phrase que répète toutes les deux minutes, devant
la porte de l'établissement de plaisir de Jupien, un jeune client
manifestement paralysé par une « extrême frousse », et qui ne
se décide pas à entrer [2]. On sait quelle production considérable de textes dénégatifs est commandée, dans la *Recherche*,
par ces deux grands « vices » que sont le snobisme et l'homosexualité, tous deux obsédants et tous deux inavouables,
comme en témoignent par exemple les discours respectifs
de Legrandin et de Charlus. Mais il faut remarquer immédiatement que le discours antisnob du snob et le discours
antihomosexuel de l'homosexuel représentent déjà un état
d'énoncé dénégatif plus complexe que ceux que l'on vient de
rapporter : il s'y agit en somme, et pour continuer d'emprunter au vocabulaire de la psychanalyse, d'un amalgame de
dénégation et de *projection*, amalgame qui permet à la fois de
rejeter loin de soi la passion coupable, et d'en parler sans cesse
à propos d'autrui. A vrai dire, la dénégation n'est ici présente
qu'à l'état implicite et comme présupposé : Legrandin ne dit
jamais « je ne suis pas snob », cette négation est le signifié
virtuel de ses incessantes prédications contre le snobisme;
Charlus n'a pas besoin de dire « je ne suis pas homosexuel »,
il compte bien que cela découle avec évidence de ses dissertations sur l'homosexualité des autres. L'aveu projectif est
donc une forme particulièrement économique, et c'est sans
doute à cette rentabilité qu'il faut attribuer ce que Proust
appelle « la mauvaise habitude de dénoncer chez les autres des
défauts précisément analogues à ceux qu'on a... comme si

1. I, p. 740.
2. III, p. 822. Sur ce cliché dénégatif, cf. II, 960.

c'était une manière de parler de soi, détournée, et qui joint au plaisir de s'absoudre celui d'avouer [1] ». Bloch en fournit un exemple naturellement caricatural dans un passage des *Jeunes filles en fleurs* qui perdrait beaucoup à n'être pas cité dans son accablante littéralité : « Un jour que nous étions assis sur le sable, Saint-Loup et moi, nous entendîmes d'une tente de toile contre laquelle nous étions, sortir des imprécations contre le fourmillement d'israélites qui infestait Balbec. « On ne peut pas faire deux pas sans en rencontrer, disait la voix. Je ne suis pas par principe irréductiblement hostile à la nationalité juive, mais ici il y a pléthore. On n'entend que : « Dis donc, Apraham, chai fu Chakop. » On se croirait rue d'Aboukir. » L'homme qui tonnait ainsi contre Israël sortit enfin de la tente, nous levâmes les yeux sur cet antisémite. C'était mon camarade Bloch [2]. » On voit que chez Bloch l'aveu involontaire prend alternativement les formes de la synecdoque (« mon côté juif ») et d'une antiphrase quelque peu hyperbolique. D'une manière à la fois plus dissociée (puisqu'il s'agit de deux « vices » différents) et plus synthétique (puisque dans le même discours), Mme Lawrence emploie les deux figures pour se disculper tout en se confessant : de son snobisme (et aussi de sa légèreté), qu'elle attribue à Mme Marmet, et de la liaison avec M. de Ribeaumont, qu'elle assume en la nommant amitié pure.

La dénégation projective trouve évidemment dans la relation amoureuse un terrain privilégié, puisque le coupable désigné s'y trouve être en même temps l'ennemi intime. Aussi la souffrance réciproquement infligée s'accompagne-t-elle presque constamment d'un aussi réciproque rejet de la culpabilité sur la victime — rejet dont l'énoncé archétypique, on le sait, est le « Sale bête » dont Françoise, à Combray, gratifie le poulet qui ne veut pas mourir [3]. Les mensonges d'Odette ne font bien souvent que répondre à ceux de

1. I, p. 743.
2. I, p. 738.
3. I, p. 122; cf. p. 285.

Swann [1], et les deux lettres que Marcel écrit à Albertine après sa fuite [2] en disent assez long sur les capacités de simulation du héros. Aussi n'est-il nullement interdit de considérer la jalousie de Swann, sinon celle de Marcel, comme une vaste projection de sa propre infidélité. Mais inversement le désir, la quête éperdue de l'autre, se prêtent tout aussi bien à ce genre de transfert, comme le montre l'immortelle Bélise des *Femmes savantes*. Charlus lui-même caresse parfois de ces « chimères ». Ainsi le voit-on prétendre, plusieurs années après leur rupture, que Morel regrette le passé et désire se rapprocher de lui, ajoutant qu'en tout cas ce n'est pas à lui, Charlus, de faire les premiers pas — sans s'apercevoir, comme le remarque immédiatement Marcel, que le seul fait de le dire est précisément un premier pas [3] : situation exemplaire en ce que l'acte d'énonciation, à lui seul, réfute et ridiculise l'énoncé, comme lorsqu'un enfant déclare à haute et intelligible voix : « Je suis muet. »

Dans ce tableau du discours dénégatif, il faut faire une place à part à l'emblématique Legrandin. La sémiotique de son prétendu antisnobisme est en effet plus diverse, plus riche et stylistiquement plus accomplie que toute autre. Elle commence avec son vêtement, où le petit veston droit et la lavallière flottante [4], s'opposant terme à terme à la redingote et à la cravate foulard du mondain, et accordés à l'ingénuité juvénile de son visage, signifient de façon très efficace la simplicité et l'indépendance du campagnard poète et inaccessible à toute ambition. De cette tenue il donne lui-même, comme il se doit, une justification toute pragmatique, lorsqu'il rencontre Marcel dans une rue de Paris : « Ah, vous

1. I, p. 360.
2. III, p. 454 et 469.
3. III, p. 803.
4. I, p. 68, 120, 125, 126; II, p. 154.

voilà, homme chic, et en redingote encore! Voilà une livrée
dont mon indépendance ne s'accommoderait pas. Il est vrai
que vous devez être un mondain, faire des visites! Pour aller
rêver comme je le fais devant quelque tombe à demi détruite,
ma lavallière et mon veston ne sont pas déplacés. » (On croirait lire une de ces pages de journaux de mode analysées par
Roland Barthes, où la valeur symbolique d'un habillement se
déguise en commodité : pour les week-end d'automne, un
shetland à col roulé; pour rêver devant une tombe à moitié
détruite, un veston droit et une lavallière flottante.) L'efficacité sémiologique de ce costume se mesure au moins en
deux circonstances : quand le père du narrateur, ayant rencontré Legrandin en compagnie d'une châtelaine et n'ayant
pas obtenu de réponse à son salut, commente ainsi l'incident :
« Je regretterais d'autant plus de le savoir fâché qu'au milieu
de tous ces gens endimanchés il a, avec son petit veston droit,
sa cravate molle, quelque chose de si peu apprêté, de si
vraiment simple, et un air presque ingénu qui est tout à fait
sympathique »; et quand, une deuxième rencontre ayant
confirmé son impolitesse, et donc son snobisme, la grand-
mère refuse encore l'évidence au nom de cet argument :
« Vous reconnaissez vous-même qu'il vient là avec sa tenue
toute simple qui n'est guère celle d'un mondain. » Ainsi,
en toute circonstance, même la plus compromettante, le
veston droit continue de protester contre « un luxe détesté », et
la lavallière à pois de flotter sur Legrandin « comme l'étendard
de son fier isolement et de sa noble indépendance ».

L'art de la mimique et de l'expression muette est également
plus développé chez lui que chez le commun des mortels.
Surpris par le choc d'une question directe comme « Connais-
sez-vous la châtelaine de Guermantes ? », il ne peut certes
dissimuler la « petite encoche brune » qui vient se ficher au
milieu de ses yeux bleus, l'abaissement du cerne de la pau-
pière, le pli amer de la bouche qui signifie fort clairement pour
son interlocuteur : « Hélas non! », mais il est au moins capable
de pallier cet aveu, non seulement par un discours dénégatif

(« Non, je ne les connais pas, je n'ai jamais voulu, au fond je suis un vieil ours, une tête jacobine, etc. »), mais aussi et d'abord par une reprise en main, si l'on peut ainsi dire, de ses traits, qui pourrait faire hésiter un spectateur moins prévenu : le rictus se « ressaisit » en sourire, la prunelle blessée réagit en « sécrétant des flots d'azur ». A une demande mal venue qu'il préfère ne pas entendre, il sait encore traverser du regard le visage de l'interlocuteur, comme si derrière ce visage devenu soudain transparent il apercevait au loin « un nuage vivement coloré qui lui créait un alibi mental ». Son chef-d'œuvre à cet égard est sans doute la façon dont il réussit, lors de la seconde rencontre en aristocratique compagnie, à adresser à Marcel et à son père un regard à la fois brûlant de sympathie pour eux et imperceptible pour sa compagne, « illuminant alors pour nous seuls, d'une langueur secrète et invisible à la châtelaine, une prunelle énamourée dans un visage de glace [1] ».

Mais c'est évidemment dans l'expression verbale que l'art de Legrandin trouve son plus heureux épanouissement. La grand-mère du Narrateur lui reproche de parler « un peu trop bien, un peu trop comme un livre [2] », de n'avoir pas autant de simplicité dans son langage que dans son habillement, et il peut en effet apparaître, à une lecture superficielle, que l'antisnobisme et le parler littéraire sont chez lui, comme souvent chez ces êtres composites que sont les « personnages » de Proust, deux traits indépendants l'un de l'autre et juxtaposés un peu au hasard. Il n'en est rien : la production textuelle (qui n'est d'ailleurs pas seulement orale, puisque Legrandin est aussi écrivain) est chez lui dans une relation fonctionnelle très étroite avec la protestation d'antisnobisme, la dénégation de ses échecs mondains et la dissuasion des importuns qui pourraient compromettre sa difficile carrière. Les discours les plus élaborés, les exemplaires apparemment les plus purement décoratifs de ce qui peut passer pour un pastiche

1. I, p. 127, 131, 125-126.
2. I, p. 68.

complexe de l'héritage stylistique chateaubrianesque à la fin du siècle, composent en réalité le signifiant proliférant d'un signifié presque unique, qui est tantôt « Je ne suis pas snob », tantôt « ne venez pas me gâcher le peu de relations que j'ai ». Et si ces signifiés fort simples peuvent prendre une forme littéraire si somptueuse, c'est grâce au relais d'un signifié-signifiant intermédiaire qui est à peu près : je ne m'intéresse pas aux gens, mais seulement aux choses; « quelques églises, deux ou trois livres, à peine davantage de tableaux, et le clair de lune »; « parfois c'est un castel que vous rencontrez sur la falaise, au bord du chemin où il s'est arrêté pour confronter son chagrin au soir encore rose où monte la lune d'or et dont les barques qui entrent en striant l'eau diaprée hissent à leurs mâts la flamme et portent les couleurs; parfois c'est une simple maison solitaire, plutôt laide, l'air timide mais romanesque, qui cache à tous les yeux quelque secret impérissable de bonheur et de désenchantement... [1] ». Cette musique paysagiste est bien un langage, mais ce dont elle parle n'est pas ce qu'elle nomme : et l'on sait que plus tard, devenu comte de Méséglise, familier des réceptions Guermantes, allié au baron de Charlus, rassasié de mondanité, l'homosexualité ayant en lui entièrement supplanté le snobisme, Legrandin perdra toute son éloquence [2]; Proust attribue à la vieillesse cette décadence verbale, mais on ne peut s'empêcher de penser qu'avec le snobisme c'est l'inspiration même, la source du « beau style » qui s'est tarie. L'étymon stylistique de Legrandin, c'est l'efflorescence foisonnante d'un discours intégralement antiphrastique, qui ne cesse de dire nature, paysage, bouquets de fleurs, couchers de soleil, clair de lune rose dans ciel violet, parce qu'il ne cesse de penser monde, réceptions, châteaux, duchesses. Proust évoque à son propos cet « escroc érudit » qui employait tout son labeur et toute sa science à fabriquer de « faux palimpsestes » qu'il

1. I, p. 128, 132.
2. III, p. 934.

vendait pour vrais : telle est bien la fonction de Legrandin, à ceci près que son discours est un vrai palimpseste, c'est-à-dire, plus qu'une parole, un *texte*, écrit sur plusieurs couches et qu'il faut lire à plusieurs niveaux : celui du signifiant paysagiste, celui du signifié proposé *(je ne suis pas un mondain)*, celui du signifié réel, refoulé et obsédant : *je ne suis qu'un snob*. La grand-mère ne croyait pas tout à fait si bien dire : Legrandin parle *comme un livre*. Cette parole ambiguë, plusieurs fois repliée sur elle-même, qui dit ce qu'elle tait et avoue ce qu'elle nie, c'est d'abord un des plus beaux exemples du langage indirect proustien ; mais n'est-ce pas aussi, de quelque façon, l'image de toute littérature ?

A tout le moins, peut-être, de la *Recherche du temps perdu* elle-même, qui, pour se présenter comme une infatigable quête et un message de vérité, ne laisse pas d'apparaître aussi bien comme un immense texte à la fois allusif, métonymique, synecdochique, (métaphorique, bien sûr) et dénégatif, d'aveu involontaire, où se révèlent, mais en se dissimulant et en se travestissant sous mille transformations successives, un petit nombre d'énoncés simples concernant son auteur, ses origines, ses ambitions, ses mœurs, tout ce qu'il partage secrètement avec Bloch, avec Legrandin, avec Charlus, et dont il a soigneusement exempté son héros, image à la fois falote et idéalisée de lui-même. On sait avec quelle sévérité peut-être naïve André Gide jugeait une telle tricherie ; à quoi Proust répondait que l'on peut tout dire à condition de ne pas dire « je ». *Pouvoir* signifiait là, bien entendu, « avoir le droit » ; mais peut-être faut-il donner au verbe un sens plus fort : peut-être n'y a-t-il pas, en littérature comme ailleurs, de langage véridique hors du langage indirect [1]. Peut-être, ici encore, la vérité a-t-elle pour condition, au double sens de clause nécessaire et de manière d'être,

---

1. Comme en toute règle, surtout chez Proust, il faut en celle-ci réserver la part de l'exception. C'est l'infatigable Bloch qui s'en charge, et par deux fois. Lors de la matinée Villeparisis, comme le duc de Châtellerault refuse de

c'est-à-dire en somme pour *lieu*, le mensonge [1] : habitant l'œuvre, comme elle habite toute parole, non en tant qu'elle s'y montre, mais en tant qu'elle s'y cache.

s'entretenir avec lui de l'affaire Dreyfus, arguant que c'est un sujet dont il a « pour principe de ne parler qu'entre Japhétiques », ce garçon toujours prêt à plaisanter sur son « côté juif » se trouve pris de court et ne peut que balbutier, toutes défenses rompues : « Mais comment avez-vous pu savoir ? Qui vous a dit ? » (II, p. 247). Un peu plus tard, chez la même Mme de Villeparisis, apprenant qu'une vieille dame avec qui il vient d'être à peine poli n'est autre que Mme Alphonse de Rothschild, il s'écrie devant elle : « Si j'avais su ! » Preuve, ajoute Proust, « que parfois dans la vie, sous le coup d'une émotion exceptionnelle, on dit ce que l'on pense » (II, p. 506).

1. Comme on a déjà pu le remarquer, le « mensonge » n'est presque jamais chez Proust une conduite pleinement consciente et délibérée. Qui ment se ment aussi à soi-même, comme Legrandin, s'il n'est « pas tout à fait véridique », n'en est pas moins « sincère » quand il tonne contre les snobs, car « nous ne connaissons jamais que les passions des autres » (I, p. 129). Swann, par exemple, se tient de longs discours mensongers : ainsi, sur la magnanimité des Verdurin, quand ils favorisent ses rencontres avec Odette (I, 249) ; sur la bassesse des mêmes Verdurin, après la rupture (286-288) ; sur le désir qu'il a d'aller visiter Pierrefonds justement quand Odette s'y trouve (293) ; et surtout lorsque, tout en envoyant de l'argent à Odette, il proteste intérieurement contre sa réputation de « femme entretenue », la rencontre fâcheuse de ces deux idées étant évitée par un de ces accès de cécité mentale qu'il a hérités de son père, exemple typique de censure par « scotomisation » : « sa pensée tâtonna un instant dans l'obscurité, il retira ses lunettes, se passa la main sur les yeux, et ne revit la lumière que quand il se trouva en présence d'une idée toute différente, à savoir qu'il faudrait tâcher d'envoyer le mois prochain six ou sept mille francs à Odette au lieu de cinq, à cause de la surprise et de la joie que cela lui causerait » (268). Marcel n'est pas à l'abri de ce genre de mauvaise foi intérieure (voir les propos qu'il se tient après le départ d'Albertine, III, 421-422), et il dit bien que les mensonges qu'il adresse à Françoise, par exemple, sont si automatiques qu'il n'en est pas conscient (II, 66). Lorsqu'un snob comme Legrandin ou M. Bloch père dit d'un personnage hors de sa portée « je ne veux pas le connaître », le *sens intellectuel* (la vérité, pour l'interlocuteur « perspicace ») est « je ne *peux* pas le connaître », mais « le sens passionné est bien : « je ne veux pas le connaître ». On sait que cela n'est pas vrai, mais on ne le dit pas cependant par simple artifice, on le dit parce qu'on éprouve ainsi » (I, 771). Le mensonge, chez Proust, c'est donc beaucoup plus que le mensonge : c'est pour ainsi dire l'être même de ce que l'on nomme ailleurs la « conscience ».

Il est donc légitime de rapporter la « théorie » proustienne du langage, telle qu'elle se produit explicitement ou telle qu'on peut la dégager des principaux épisodes où elle s'illustre, à une critique de cette illusion réaliste qui consiste à chercher dans le langage une image fidèle, une expression directe de la réalité : utopie cratylienne (ignorante ou « poétique ») d'une motivation du signe, d'un rapport naturel entre le nom et le lieu, le mot et la chose (c'est l'*âge des noms*), peu à peu ruinée par le contact du réel (voyages, fréquentation du « monde ») et par le savoir linguistique (étymologies de Brichot); « naïveté » d'un Bloch, d'un Cottard, qui s'imagine que la vérité s'exprime « à la lettre » dans le discours, démentie par l'expérience constante, obsédante, universelle, du mensonge, de la mauvaise foi et de l'inconscience, où se manifeste de manière éclatante le décentrement de la parole, fût-elle la plus « sincère », par rapport à la « vérité » intérieure, et l'incapacité du langage à révéler cette vérité autrement que d'une manière dérobée, déplacée, déguisée, retournée, toujours indirecte et comme seconde : c'est l'*âge des mots* [1].

Le titre envisagé un instant pour la dernière partie, donc pour le futur *Temps retrouvé*, synthèse et aboutissement spirituel de toute l'expérience proustienne : l'*âge des choses*, pourrait faire croire à une sorte de « dernière illusion à perdre » qui n'aurait pas été perdue, à une rechute finale dans l'utopie réaliste d'un rapport à la fois direct et authentique avec le monde. Il n'en est évidemment rien, et déjà une page des *Jeunes filles en fleurs* mettait le lecteur en garde contre cette erreur en opposant le « monde visible » au « monde vrai », et en rapprochant de l'illusion nominale cet autre mirage qu'est la perception par les « sens » [2]. La seule réalité authen-

---

1. A cette critique de la parole, il faudrait naturellement rapporter les pages sévères que l'on sait sur l'amitié (I, 736 et II, 394), considérée comme pure conversation, dialogue superficiel, sans authenticité morale ni valeur intellectuelle.

2. « Sans doute, les noms sont des dessinateurs fantaisistes, nous donnant des gens et des pays des croquis si peu ressemblants que nous éprouvons sou-

tique, on le sait, c'est pour Proust celle qui se donne dans l'expérience de la réminiscence et se perpétue dans l'exercice de la métaphore — présence d'une sensation dans une autre, « miroitement » du souvenir, profondeur analogique et différentielle, transparence ambiguë du texte, palimpseste de l'écriture. Loin de nous reconduire à une quelconque immédiateté du perçu, le *Temps retrouvé* nous enfoncera sans retour dans ce que James appelait la « splendeur de l'indirect », dans l'infinie médiation du langage.

En ce sens, la théorie « linguistique » — critique des conceptions « naïves », privilège de révélation reconnu au langage second, renvoi du discours immédiat à la parole indirecte, et donc du discours à l'écriture (au discours comme écriture) — tout cela n'occupe pas dans l'œuvre de Proust une place marginale; c'en est au contraire, théoriquement et pratiquement, une condition nécessaire, et presque suffisante : l'œuvre, pour Proust, comme le « vers » pour Mallarmé, « rémunère le défaut des langues ». Si les mots étaient l'image des choses, dit Mallarmé, tout le monde serait poète, et la poésie ne serait pas; la poésie *naît* du défaut (au défaut) des langues. La leçon de Proust est à peu près parallèle : si le langage « premier » était véridique, le langage second n'aurait pas lieu d'être. C'est le conflit du langage et de la vérité qui *produit*, comme on l'a pu voir, le langage indirect; et le langage indirect, par excellence, c'est l'écriture — c'est l'œuvre.

vent une sorte de stupeur quand nous avons devant nous, au lieu du monde imaginé, le monde visible (qui d'ailleurs n'est pas le monde vrai, nos sens ne possédant pas beaucoup plus le don de la ressemblance que l'imagination, si bien que les dessins enfin approximatifs qu'on peut obtenir de la réalité sont au moins aussi différents du monde vu que celui-ci l'était du monde imaginé) » (I, 548).

TABLE

IMPRIMERIE HÉRISSEY À ÉVREUX (2-86)
DÉPÔT LÉGAL 4ᶜ TR. 1979. Nᵒ 5323-3 (39058)

Collection Points

SÉRIE ROMAN

SÉRIE ACTUELS

SÉRIE HISTOIRE

Nouvelle histoire de la France contemporaine

SÉRIE SCIENCES

dirigée par Jean-Marc Lévy-Leblond